Marco Volken

Zentralschweiz

Zwischen Rigi und Gotthard

53 ausgewählte Skitouren und eine Durchquerung auf Ski

ROTHER BERGVERLAG

ROTHER SKITOURENFÜHRER

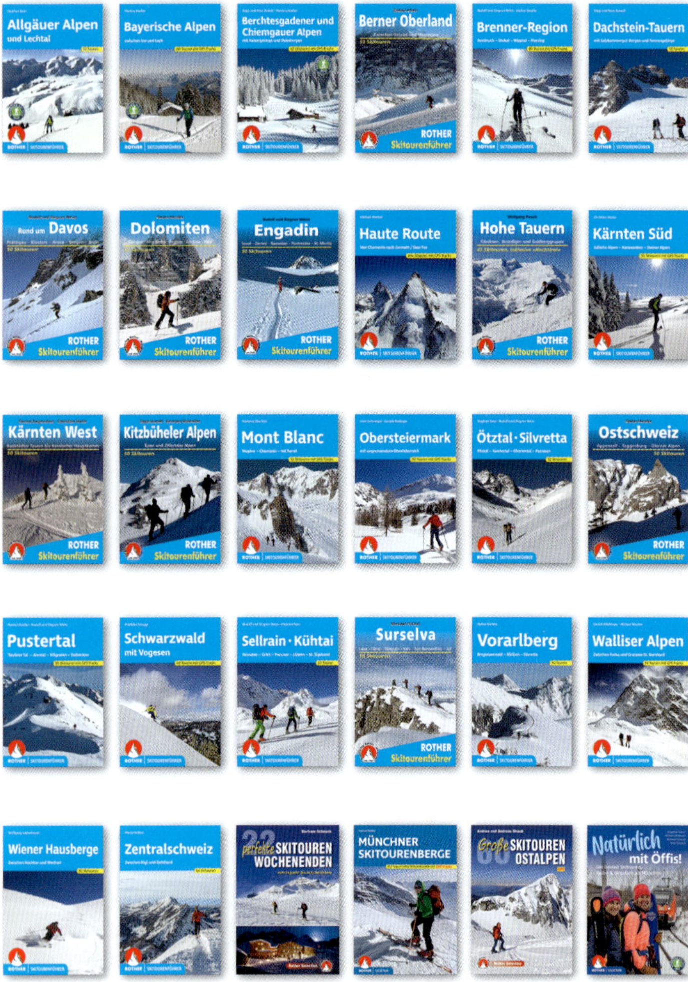

Vorwort

Am 5. Januar 1896 erreichen Wilhelm Paulcke, Victor de Beauclair, Erwin Baur und Peter Steinweg den Oberalpstock in den Urner Alpen. Das ist nicht etwa deshalb erwähnenswert, weil die vier Alpinisten auf ihrem Weg zum Gipfel mehrmals zur Kokaindose greifen – zur Leistungssteigerung und Erfrischung, wie sie schreiben –, sondern weil sie damit die erste bekannte Besteigung eines Schweizer Dreitausenders mit Ski schaffen.

Innerhalb kürzester Zeit breitet sich das Skibergsteigen wie ein Schneebrett aus. Der erste Clubführer der Urner Alpen, 1905 vom Akademischen Alpen-Club Zürich veröffentlicht, beinhaltet bereits ein Kapitel über »Empfehlenswerte Skitouren«, was ihn nebenbei zum vielleicht ersten Skiführer der Schweiz macht, und empfiehlt in einer Selbstverständlichkeit Skiziele wie Dammastock, Galenstock, Triftgebiet, Sustenhorn, Titlis, Brunnistock, Piz Giuv oder Pizzo Centrale. Beim Oberalpstock steht: »Bei Winterbesteigungen lassen sich die Skier mit grösstem Vorteil verwenden.«

Die ersten Skitourenführer des Schweizer Alpen-Clubs folgen ab 1962. Band 1 beschreibt die Zentralschweiz. Im offiziellen Geleitwort erinnert der SAC-Zentralpräsident an die »Zunahme der Veteranen« in seinen Reihen und gibt der Hoffnung Ausdruck, der neue Skitourenführer möge junge Männer (die Frau wurde offenbar erst später erfunden) »aus der Masse der oft geistig recht armen Pistenrutscher« befreien und übers Skibergsteigen in den Schoß des Clubs holen. Etwas nüchterner äußert sich Autor Fritz Ineichen selbst; in seiner Einleitung schreibt er: »Gefährliche Touren, wie es zum Beispiel die Besteigung des Reissend Nollen bei Engelberg mit Ski darstellt, wurden weggelassen, dagegen wurden Routen, die bei günstigen Verhältnissen dem geübten Alpinisten – wir denken hier an den Staldenfirn im Maderanertal – hohen Genuss versprechen, aufgeführt.« Staldenfirn, so viel sei verraten, heißt eine Abfahrt am Oberalpstock. Eine der besten der Schweiz.

Und nun liegt die aktualisierte Neuauflage des Rother-Skitourenführers für die Zentralschweiz vor. Mit dem Staldenfirn. Mit dem Reissend Nollen bei Engelberg. Und mit vielen anderen Zielen, großen und kleinen. Seit Paulcke & Co. ist ein gutes Jahrhundert vergangen, ein Jahrhundert voller Schwünge und süchtig machendem Schnee. Schnee, nicht Kokain. Viel Spaß, und verwenden Sie die Skier mit größtem Vorteil.

Zürich, im Winter 2023/24 — Marco Volken

PS: Herzlichen Dank an Daniel Anker, Willy Auf der Maur, Alexandra Capeder, Christian Ferrari, Caroline Fink, Remo Kundert, Michael Loretan, Martin Maier, Andrea Montali, Reto Rufer, Fabrizio Scanavino, Claudia Selmi, Flavia Spinelli, Claudia Surdmann, Petra Vögeli, Yvonne Vögeli, Barbara von Werra, Susanna Widmer.

Inhaltsverzeichnis

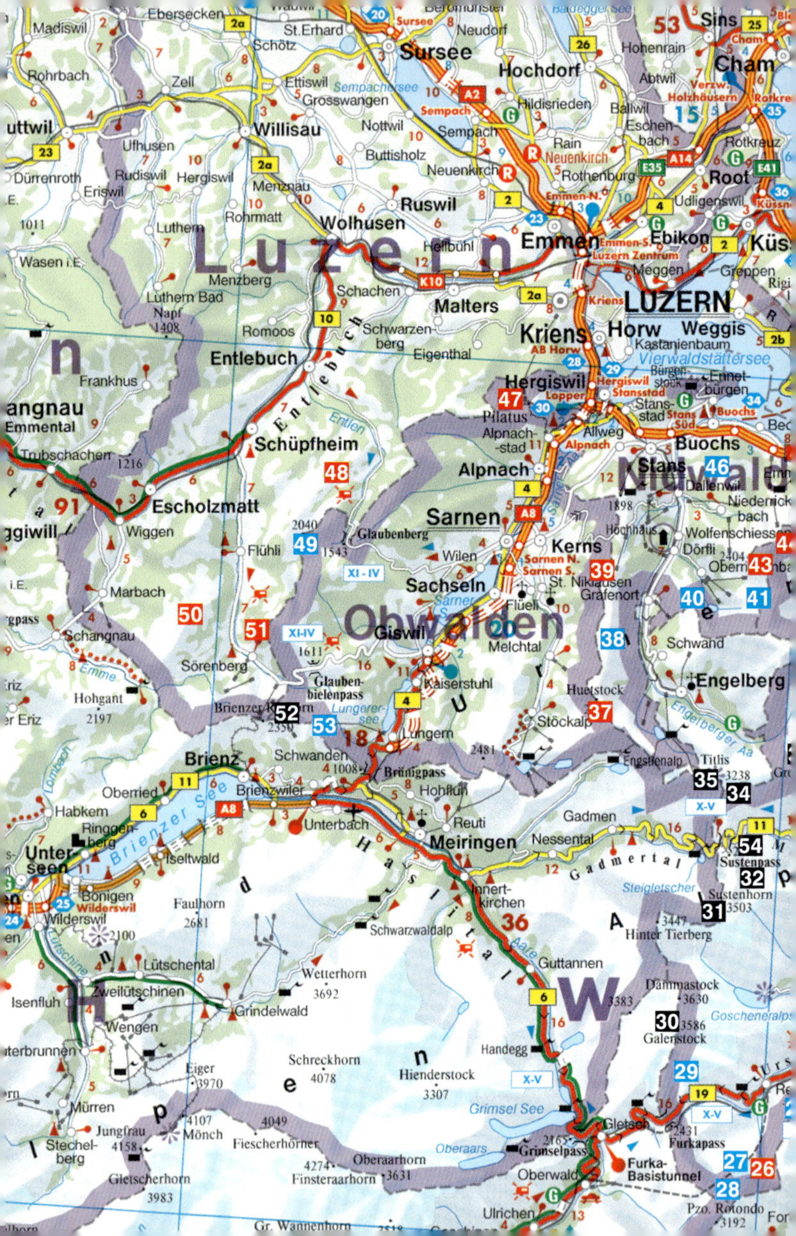

Ebersecken
Madiswil
St.Erhard
Beromünster
Neudorf
Sursee
Schötz
Hochdorf
Hohenrain
Sins
Cham
Rohrbach
Zell
Ettiswil
Sempachersee
Grosswangen
Hildisrieden
Ballwil
Holzhäusern
Rotkreuz
Huttwil
Willisau
Nottwil
Sempach
Rain
Neuenkirch
Eschenbach
Ufhusen
Buttisholz
Dürrenroth
Rudiswil
Hergiswil
Eriswil
Menznau
Rothenburg
Root
Udligenswil
Ruswil
Rohrmatt
Wolhusen
Luthern
Emmen
Ebikon
Küssnacht
Hellbühl
Wasen i.E.
Luzern
Meggen
Greppen
Menzberg
Schachen
Luthern Bad
Malters
Kriens
LUZERN
Napf
1408
Romoos
Schwarzenberg
Horw
Weggis
Kastanienbaum
Eigenthal
Vierwaldstättersee
Entlebuch
Bürgenstock
Ennetbürgen
Frankhus
Hergiswil
Pilatus
Stansstad
Langnau
Emmental
Alpnachstad
Allweg
Buochs
Trubschachen
1216
Schüpfheim
Alpnach
Stans
Nidwalden
Escholzmatt
Dallenwil
Niederrickenbach
Sarnen
1898
Wiggen
2040
Glaubenberg
Kerns
Wolfenschiessen
Flühli
1543
Wilen
Dörfli
Sachseln
St. Niklausen
Grafenort
Marbach
Obwalden
Flüeli
Schangnau
Giswil
Melchtal
1611
Schwand
Sörenberg
Emme
Kaiserstuhl
Engelberg
Hohgant
2197
Glaubenbielenpass
Huetstock
Brienzer Rothorn
Lungerersee
Stöckalp
Engelberger Aa
2350
Lungern
2481
Engstlenalp
Titlis
3238
Brienz
Schwanden
1008
Brünigpass
Oberried
Brienzwiler
Hohfluh
Habkern
Brienzer See
Unterbach
Reuti
Gadmen
Ringgenberg
Meiringen
Nessental
Sustenpass
Unterseen
Iseltwald
Gadmertal
Bönigen
Innertkirchen
Steigletscher
Sustenhorn
3503
Wilderswil
Faulhorn
2681
3447
Hinter Tierberg
2100
Schwarzwaldalp
Haslital
Lütschental
Aare
Guttannen
Zweilütschinen
Wetterhorn
3692
Dammastock
3630
Isenfluh
3383
Grindelwald
3586
Galenstock
Wengen
Goscheneralp
Lauterbrunnen
Schreckhorn
4078
Handegg
Eiger
3970
Hienderstock
3307
Mürren
Grimsel See
Gletsch
4107
Mönch
4049
Jungfrau
4158
Fiescherhörner
2431
Furkapass
2165
Grimselpass
Stechelberg
Oberaarhorn
3631
Furka-Basistunnel
4274
Finsteraarhorn
Oberwald
Gletscherhorn
3983
Ulrichen
Pzo. Rotondo
3192
Gr. Wannenhorn

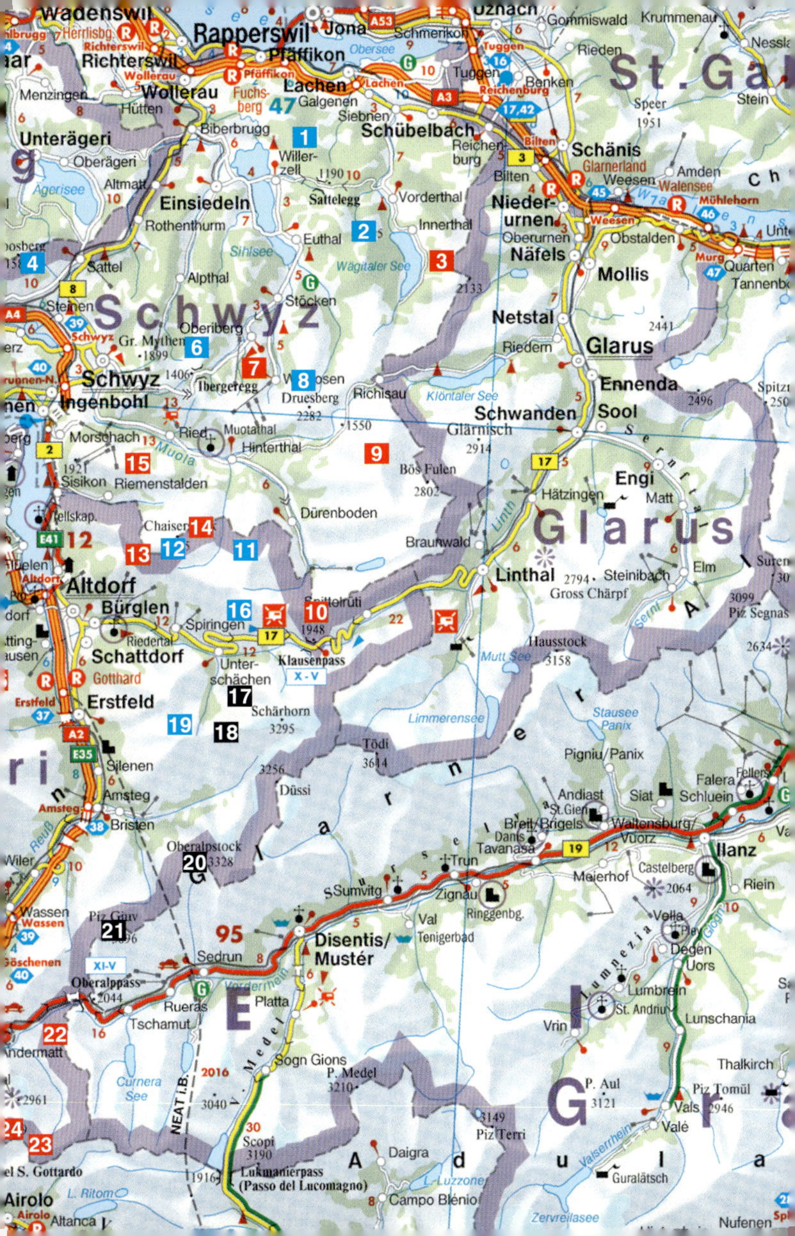
Rapperswil
Jona
Pfäffikon
Richterswil
Wollerau
Lachen
Obersee
Tuggen
Benken
Reichenburg
St. Gallen
Galgenen
Siebnen
Schübelbach
Menzingen
Hütten
Biberbrugg
Unterägeri
Oberägeri
Ägerisee
Altmatt
Einsiedeln
Rothenthurm
Willerzell
Sattelegg
Vorderthal
Innerthal
Euthal
Sihlsee
Wägitaler See
Bilten
Schänis
Glarnerland
Weesen
Amden
Walensee
Mühlehorn
Niederurnen
Oberurnen
Obstalden
Näfels
Mollis
Murg
Quarten
Tannenboden
Sattel
Alpthal
Stöcken
Steinen
Schwyz
Oberiberg
Gr. Mythen
Ibergeregg
Druesberg
Richisau
Klöntaler See
Netstal
Riedern
Glarus
Ennenda
Ingenbohl
Morschach
Ried
Muotathal
Hinterthal
Muota
Schwanden
Sool
Glärnisch
Sernf
Sisikon
Riemenstalden
Bös Fulen
Engi
Hätzingen
Matt
Tellskap.
Chaiserstock
Dürenboden
Braunwald
Linth
Linthal
Elm
Steinibach
Gross Chärpf
Piz Segnas
Altdorf
Bürglen
Spiringen
Riedertal
Schattdorf
Spitteltrüti
Klausenpass
Unterschächen
Gotthard
Erstfeld
Mutt See
Hausstock
Schärhorn
Limmerensee
Stausee Panix
Tödi
Silenen
Amsteg
Düssi
Pigniu/Panix
Falera
Siat
Schluein
Andiast
Bristen
Oberalpstock
Breil/Brigels
Waltensburg/Vuorz
Dardin
Tavanasa
Ilanz
Trun
Castelberg
Meierhof
Riein
Sumvitg
Zignau
Ringgenbg.
Wassen
Piz Giuv
Val
Tenigerbad
Disentis/Mustér
Vella
Degen
Uors
Göschenen
Sedrun
Oberalppass
Rueras
Tschamut
Vorderrhein
Platta
Lumbrein
St. Andriu
Lunschania
Vrin
Andermatt
Curnera See
Sogn Gions
P. Medel
Thalkirch
P. Aul
Piz Tomül
Vals
Valé
Piz Terri
NEAT I.B.
Scopi
Lukmanierpass (Passo del Lucomagno)
Daigra
L. Luzzone
Valserrhein
Guralätsch
Campo Blenio
Zervreilasee
Nufenen
S. Gottardo
Airolo
L. Ritom
Altanca
Schwyz
Glarus
Glarner Alpen
Graubünden
Uri

Aufbau des Skitourenführers

Jede Tour ist nach einheitlichem Schema beschrieben. Die Kopfzeile informiert auf einen Blick über Aufstiegszeit und -höhenmeter (die Anzahl der Abfahrtshöhenmeter steht dann im Infoteil unter »Höhenunterschied«). Gleich daneben gibt eine kleine Grafik Auskunft über die Ausrichtung der Hänge; ein weißer Pfeil bezeichnet dabei die Haupthangrichtung, das umschließende hellblaue Segment die übrigen relevanten Hangrichtungen. Bei einigen Touren kann aufgrund ihrer Eigenart keine eindeutige Haupthangrichtung festgelegt werden. In diesen Fällen entfällt der Richtungspfeil. Führt die Tour über einen spaltenreichen Gletscher, der entsprechende Erfahrung und Ausrüstung erfordert, so wird dies in der Grafik mit einem unterlegten Gletscherbruch angezeigt.

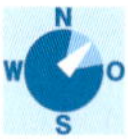

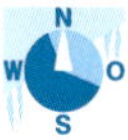

Unter der Kopfzeile steht eine kurze Einführung über die Besonderheiten der Tour. Dann folgt der Infoteil mit Angaben wie Talort, Ausgangs- und Endpunkt, Anforderungen, Lawinengefährdung, Einkehr und benötigte Kartenblätter der Landeskarte der Schweiz im Maßstab 1:25.000. Ein Kärtchen mit eingezeichnetem Routenverlauf und Varianten ergänzt die eigentliche Routenbeschreibung.

Die Graspassage wird fröhlich gemeistert, denn in der Nordflanke wartet Pulverschnee: am Arnihaaggen (Tour 52).

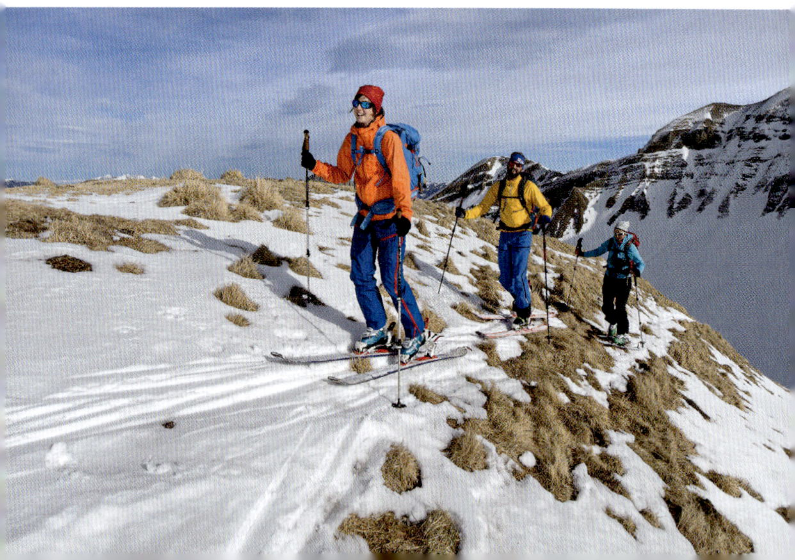

Die Top-Touren in der Zentralschweiz

Lidernengebiet

Die grösste Auswahl auf kleinem Raum (Touren 12, 13 und 14, 1–4 Tage).

Oberalpstock

Die Tour mit dem rassigsten Heimweg (Tour 20, 2.30 Std.).

Pizzo Centrale

Der Gipfel mit der umfassendsten Aussicht (Tour 24, 1.50 Std.).

Pizzo Lucendro

Der Berg mit der längsten Skisaison (Tour 26, 4 Std.).

Galenstock

Der Aufstieg mit dem alpinsten Anstrich (Tour 30, 8.15 Std.).

Titlis-Rundtour

Die Abfahrt mit den schönsten Abseilstellen (Tour 35, 1.45 Std.).

Wissigstock, Brunnistock

Die Überschreitung mit der eindrücklichsten Kulisse (Tour 42, 8 Std.).

Brisen – Risetenstock

Das Gespann mit den vielen Möglichkeiten (Tour 43 und 44, 3 Std. und 1.45 Std.).

Pilatus

Das Ziel mit dem besten Höhenmeterverhältnis (Tour 47, 2 Std.).

Arnihaaggen

Die Flanke mit dem idealtypischsten Gelände (Tour 52, 2 Std.).

Talorte, Ausgangs- und Endpunkte

Mit Talort ist jene dem Ausgangspunkt nächste Ortschaft gemeint, die über eine gewisse Infrastruktur verfügt (Lebensmittelladen, Übernachtungsmöglichkeit etc.). Die An- und Rückreisemöglichkeiten beziehen sich stets auf den öffentlichen Verkehr, da sich so gut wie jede beschriebene Tour bequem per Bahn, Bus und Alpentaxi erreichen lässt. Im Vertrauen, dass Skitourenfahrer auch Bahnhöfe selbstständig anfahren können, wird jeweils nur die »letzte Meile« beschrieben – also jene Strecke ab dem (bzw. bis zum) nächsten Bahnhof, die per Bus, Seilbahn, Schiff oder Taxi zurückgelegt werden muss. Ortschaften ohne Anreiseinfos liegen stets an einer Bahnstrecke (weitere Informationen zu öffentlichen Verkehrsmitteln → S. 18).

Taxis sollte man nach Möglichkeit immer am Vortag reservieren. Im Falle von Bergbahnen (Seilbahnen, Sessel- und Skilifte) ermöglichen die angegebenen Internetadressen oder Telefonnummern, sich im Zweifelsfalle über aktuelle Betriebszeiten und Einschränkungen zu erkundigen. Die meisten Bergbahnen bieten Einzelfahrten oder Tourenkarten an, einzelne Anlagen gewähren Bahnabo-Besitzern (Halbtax/GA) weitere Vergünstigungen. Das gilt nicht für kleine Privatseilbahnen, die aber in der Regel sehr preiswert sind.

Aufstiegszeit und Höhenunterschied

Die Zeitangaben gelten für durchschnittlich trainierte Skitourenfahrer bei günstigen Bedingungen. Bei schwierigen Verhältnissen (z. B. anstrengende Spurarbeit, Nebel, Wind, Nachmittagshitze) kann der Zeitbedarf rasch anstei-

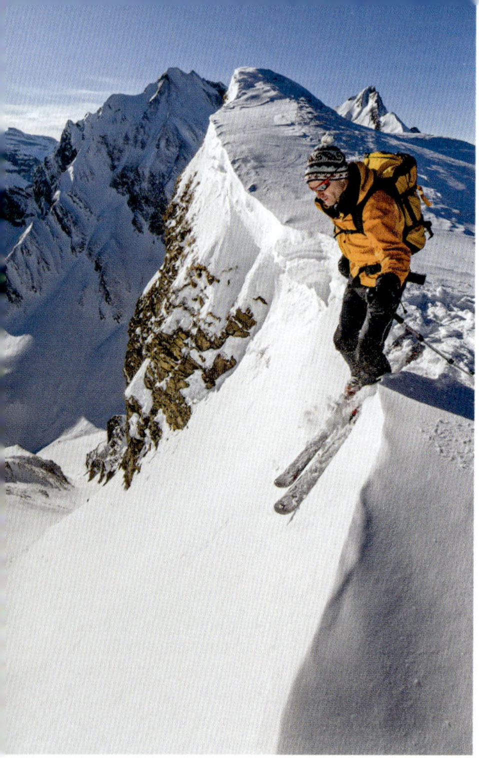

Varianten sind oft schwieriger und einsamer. Einfahrt ins Chüewandeli (Tour 44).

gen. Im Übrigen beziehen sich die Zeitwerte nur auf die reine Gehzeit. Pausen, Anfellen, Aufbinden der Ski etc. sind also nicht inbegriffen. Abfahrtszeiten sind schwer abschätzbar und deshalb nicht angegeben. Sämtliche Höhenunterschiede beinhalten auch Gegenanstiege und werden stets auf zehn Meter gerundet.

Anforderungen

Abgesehen von der Schneebeschaffenheit sind die Hangneigung und die Ausgesetztheit (also die Abrutschgefahr im Sturzfall) die zentralen Kriterien bei der Schwierigkeitsbewertung von Skitouren. Deshalb werden bei Touren mit Stellen ab 30° Hangneigung jeweils die steilsten Passagen erwähnt – und auch, ob sie ausgesetzt sind (z. B. unten in Felswänden abbrechen). Die drei Farbstufen Blau, Rot und Schwarz kennzeichnen die Gesamtanforderungen einer Skitour und umfassen ski- wie alpintechnische Schwierigkeiten wie folgt:

Leicht Einfache Touren, die sich auch für Anfänger eignen. Die Hangneigung überschreitet 25°, wenn überhaupt, nur für kurze Abschnitte. Keine nennenswerten alpintechnischen Anforderungen.

Mittel Mäßig schwierige Touren. Die Hangneigung reicht bis 35°, kann auf kurzen Abschnitten auch etwas darüberliegen. Das Gelände kann neben Steilflanken auch unangenehme Engstellen, Gratpassagen oder sonstige Hindernisse aufweisen. Gute Aufstiegstechnik wird vorausgesetzt (Spitzkehren). Mäßige alpintechnische Anforderungen.

SAC-Schwierigkeitsskala für Skitouren

Grad	Steilheit	Geländeform (Aufstieg und Abfahrt)	Engpässe (in der Abfahrt)	Ausgesetztheit	Beispiele
L +	bis 30°	weich, hügelig, glatter Untergrund	keine Engpässe	keine Ausrutschgefahr	Stöckli-chrüz (Tour 1)
– WS +	ab 30°	überwiegend offene Hänge mit kurzen Steilstufen, Hindernisse mit Ausweichmöglichkeiten (Spitzkehren nötig)	Engpässe sind kurz und wenig steil	kürzere Rutschwege, sanft auslaufend	Silberen (Tour 9), Rossstock (Tour 12)
– ZS +	ab 35°	kurze Steilstufen ohne Ausweichmöglichkeiten, Hindernisse in mäßig steilem Gelände erfordern eine gute Reaktion (sichere Spitzkehren nötig)	Engpässe sind kurz, aber steil	längere Rutschwege mit Bremsmöglichkeiten (Verletzungsgefahr)	Blüemberg (Tour 14), Pizzo Lucendro (Tour 26)
– S +	ab 40°	Steilhänge ohne Ausweichmöglichkeiten, viele Hindernisse erfordern eine ausgereifte und sichere Fahrtechnik	Engpässe sind lang und steil, Kurzschwingen ist für Könner noch möglich	lange Rutschwege, teilweise in Steilstufen abbrechend (Lebensgefahr)	Wäspen (Tour 17), Piz Giuv (Tour 21), Titlis-Rundtour (Tour 35)

Abkürzungen: L = leicht, WS = wenig schwierig, ZS = ziemlich schwierig, S = schwierig.

■ **Schwierig** Steilgelände über 35°, schmale Rinnen, felsdurchsetztes Gelände, ausgesetzte Abschnitte mit Absturzgefahr. Gute Aufstiegstechnik (inkl. Spitzkehren im Steilgelände) und sichere Fahrweise unbedingt erforderlich. Erhöhte alpintechnische Anforderungen.

Zur skitechnischen Bewertung der Touren wird zudem die Skala des Schweizer Alpen-Clubs SAC verwendet (siehe Kasten oben). Diese Skala berücksichtigt allfällige alpintechnische Anforderungen (Fußanstiege, Gletscher usw.) explizit nicht; kommen solche vor, wird im Text unter dem Stichwort »Anforderungen« separat darauf hingewiesen.

Europäische Lawinengefahrenskala

Stufe 1, gering

Die Schneedecke ist allgemein gut verfestigt (oder vollständig locker) und stabil. Lawinenauslösung ist nur bei großer Zusatzbelastung** an sehr wenigen, extremen Steilhängen möglich. Spontan sind nur kleine und mittlere Lawinen möglich. Allgemein günstige Lawinensituation.

Stufe 2, mäßig

Die Schneedecke ist an einigen Steilhängen* nur mäßig verfestigt, ansonsten allgemein gut verfestigt. Lawinenauslösung ist insbesondere bei großer Zusatzbelastung** vor allem an den angegebenen Steilhängen möglich. Sehr große spontane Lawinen sind nicht zu erwarten. Mehrheitlich günstige Lawinensituation. Vorsichtige Routenwahl, vor allem an Steilhängen der angegebenen Exposition und Höhenlage.

Stufe 3, erheblich

Die Schneedecke ist an vielen Steilhängen* nur mäßig bis schwach verfestigt. Lawinenauslösung ist bereits bei geringer Zusatzbelastung*** vor allem an den angegebenen Steilhängen möglich. Fallweise sind spontan einige große, vereinzelt aber auch sehr große Lawinen möglich. Kritische Lawinensituation. Optimale Routenwahl und Anwendung von risikomindernden Maßnahmen nötig. Sehr steile Hänge der angegebenen Exposition und Höhenlage meiden.

Stufe 4, groß

Die Schneedecke ist an den meisten Steilhängen* schwach verfestigt. Lawinenauslösung ist bereits bei geringer Zusatzbelastung*** an zahlreichen Steilhängen wahrscheinlich. Fallweise sind spontan viele große, mehrfach auch sehr große Lawinen zu erwarten. Sehr kritische Lawinensituation. Sich auf mäßig steiles Gelände beschränken. Auslaufbereiche sehr großer Lawinen beachten.

Stufe 5, sehr groß

Die Schneedecke ist allgemein schwach verfestigt und weitgehend instabil. Spontan sind viele sehr große, mehrfach auch extrem große Lawinen zu erwarten. Außerordentliche Lawinensituation. Verzicht auf Schneesport abseits geöffneter Abfahrten und Routen empfohlen.

Erklärungen:
* im Lawinenbulletin im Allgemeinen näher beschrieben (z. B. Höhenlage, Exposition, Geländeform);
**große Zusatzbelastung: z. B. Skifahrergruppe ohne Abstände, Pistenfahrzeug, Lawinensprengung;
***geringe Zusatzbelastung: z. B. einzelner Schneesportler, Schneeschuhgeher;
spontan = ohne menschliches Dazutun;
Exposition = Hangrichtung;
mäßig steiles Gelände = Hänge flacher als rund 30°;
Steilhänge = Hänge steiler als rund 30°;
extreme Steilhänge = besonders ungünstig bezüglich Neigung (meist steiler als etwa 40°), Geländeform, Kammnähe, Bodenrauigkeit.

Orientierung

Viele der vorgestellten Skitouren sind Klassiker und werden regelmäßig begangen. Bei guten Wetter- und Schneeverhältnissen darf man dort an Wochenenden, oft auch unter der Woche, nahezu immer mit vorhandenen Spuren rechnen.
Die Angaben zur Häufigkeit der Begehung und Befahrung sind dabei bloße Richtwerte: Ungünstige Wetter- und Schneeverhältnisse können aus einer Modetour rasch ein einsames Abenteuer ohne Spuren machen. Zudem sollte man sich einer vorhandenen Spur nie blind anvertrauen – vielleicht wurde sie schlecht angelegt, vielleicht führt sie in einen lawinengefährdeten Hang, auf einen andern Gipfel, in eine andere (Abfahrts-) Richtung.

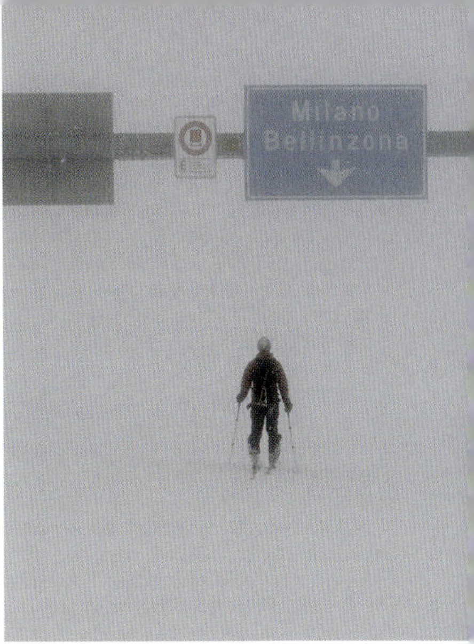

Im Nebel helfen selbst die größten Wegweiser wenig: auf dem Gotthardpass (Tour 23).

Besonders anspruchsvoll sind Touren, bei denen Aufstieg und Abfahrt durch unterschiedliche Geländekammern führen. Im Aufstieg hat man ja meist genug Zeit, um sich zu orientieren; während der Abfahrt läuft aber alles viel schneller, und im Pulverschneerausch ist die wichtige Abzweigung, die auf der Karte so deutlich aussah, plötzlich schon verpasst. Im Zweifelsfalle sollte man dann nicht versuchen, sich durch kompliziertes und unbekanntes Terrain durchzuschlagen, sondern anfellen und zum verpassten Abzweiger zurücksteigen. Wie sagen doch Orientierungsläufer, die es ja wissen müssen: »keine Zeit für Abkürzungen«.

Hangrichtung

Ohne den Blick in die detaillierte Karte ersetzen zu können, ermöglicht die Angabe der Hangrichtung(en) eine erste, summarische Beurteilung der zu erwartenden Schneeverhältnisse und Gefahrenstellen. In Südhängen setzt sich der Schnee beispielsweise recht schnell, wandelt sich aber auch rasch zu Bruchharsch um oder schmilzt dahin, während in Nord- und Osthängen oft und lange schöner Pulverschnee wartet oder gefährlicher Triebschnee lauert.

Lawinengefährdung

Nach Möglichkeit wurden die lawinengefährdeten Einzelstellen erwähnt. Grundsätzlich kann sich aus jedem Hang über 30° eine Schneebrettlawine lösen und selbst Hänge unter 30° können bedroht sein – durch spontane oder fernausgelöste Lawinen aus darüberliegenden Hängen (besonders ab Lawinenstufe 3 »erheblich«). Nassschneelawinen können überdies auch aus Hängen unter 30° abgehen. Es wird deshalb dringend angeraten, sich stets über die allgemeine und örtliche Lawinensituation zu informieren (Internetadressen und Telefonnummern zum Lawinenlagebericht → S. 19; Lawinengefahrenskala → S. 12).

Günstigste Zeit

Beim Tourenskilauf beginnt die Sicherheit mit der Auswahl eines der Jahreszeit (und natürlich den entsprechenden Verhältnissen) angepassten Zieles. Die eine Tour ist in der Regel im Februar am günstigsten und lohnendsten, die andere erst im Mai. Mit den verrückten Wintern der letzten Jahre müssen die aktuellen Verhältnisse jedoch viel stärker berücksichtigt werden als früher. Frühlingsskitouren locken nun plötzlich schon im Januar, falls sie nicht über zerschrundete Gletscher führen. Und Voralpentouren in tieferen Lagen sind vielleicht erst im März und nur für wenige Tage möglich, wenn der Schnee bis in die Niederungen fällt.

Einkehr und Unterkunft

Hier finden Restaurants entlang der Route sowie Unterkünfte (Hütten, Berggasthäuser) Erwähnung, die sich als Stützpunkte für eine Tour eignen. Öffnungs- und Bewartungszeiten können sich oft ändern, weshalb man sich – besonders im Falle von Unterkünften – vorab erkundigen sollte. Auf Übernachtungsmöglichkeiten in den Talorten wird dagegen nicht hingewiesen, da diese über die Websites der lokalen oder regionalen Tourismusorganisationen rasch und einfach zu finden sind.

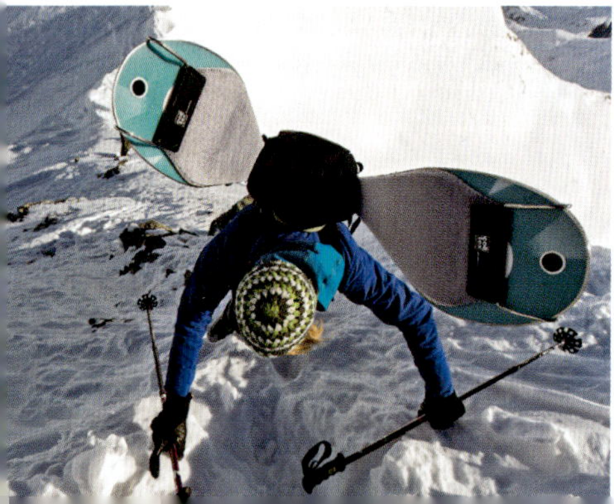

Karten

Gute Karten sind sowohl bei der Planung wie auch auf Tour unverzichtbar. Sämtliche Routenbeschreibungen im vorliegenden Führer basieren auf der Landeskarte der Schweiz im Maßstab 1:25.000.

Ski an den Rucksack: unterwegs im Pazolagebiet (Tour 22).

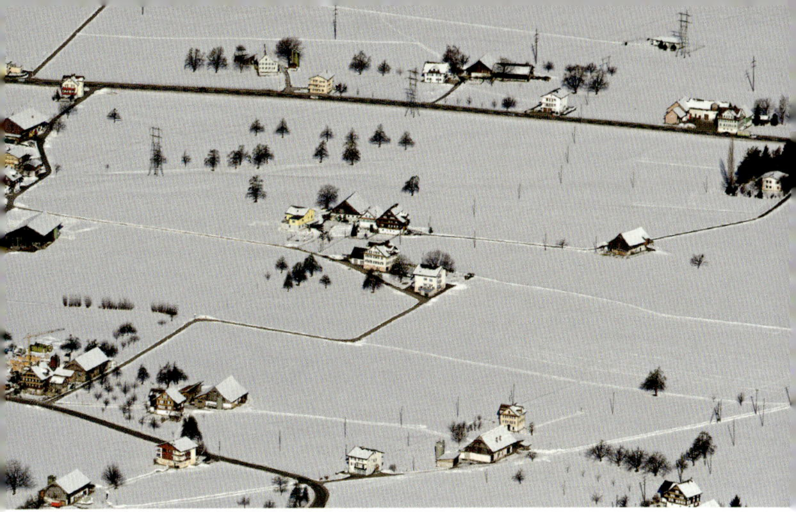

Wenn der Schnee bis ins Tal reicht, wird die Tourenauswahl größer. Tiefblick vom Stoos (Tour 15).

Wer mit der Schweizer Landeskarte im Maßstab 1:50.000 unterwegs ist, wird einzelne Höhenkotierungen und Flurnamen vergeblich suchen – dieser Maßstab ist für anspruchsvolles Gelände oder schlechte Sichtverhältnisse oft schon zu ungenau. Für klassische Touren oder zur Übersicht dagegen reicht er in der Regel vollauf. Sehr empfehlenswert sind die auf besonders robustem und wasserabweisendem Papier gedruckten 1:50.000er-Blätter mit eingezeichneten Skitouren, die von swisstopo gemeinsam mit dem SAC herausgegeben werden. Eine Übersicht der Blattschnitte beider Maßstäbe findet sich unter swisstopo.ch.
Das gesamte Sortiment der Landeskarten ist im Buchhandel erhältlich. Oft führen auch Kioske vor Ort die Blätter der Region. Die Karten stehen auch online zur Verfügung, unter map.geo.admin.ch (im Navigationsfenster links am besten beim Menüpunkt »Geokatalog« auf »Thema wechseln« klicken, dann »Schneesport« wählen).

Ausrüstungstipps

Die normale Ausrüstung für Skitouren in unvergletschertem Gelände und ohne alpinistische Passagen umfasst u. a. Lawinenverschüttetensuchgerät (LVS) inkl. Ersatzbatterien, Schneeschaufel und Sonde, Harscheisen, 1:25.000er-Karte und Höhenmesser, Proviant und Getränk, Sonnenbrille und -creme, Notfallapotheke und Rettungsdecke, Mobiltelefon und Stirnlampe. Und dann natürlich warme Kleidung inkl. Mütze und Ersatzhandschuhe.

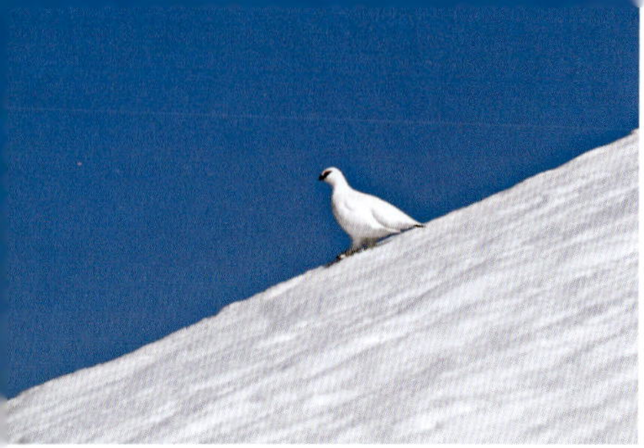

Bitte nicht stören: Schneehuhn an der Silberen (Tour 9).

Nützlich sind auch etwas Skiwachs (für die Laufflächen, aber auch für die Felle zur Vermeidung von Stollen), ein Taschenmesser mit Zange und Kreuzschraubenzieher sowie etwas Klebeband von der robusteren Sorte (z. B. Tape), um kleinere Reparaturen vorzunehmen oder unwillige Felle zu fixieren. Im Falle einer auseinandergebrochenen Skibindung oder Schuhschale können ein paar dieser federleichten Kabelbinder Gold wert sein.
Pickel und Steigeisen sind gute Helfer auch abseits der Gletscher, etwa wenn es gilt, harte Hänge zu queren, über schmale Grate zu balancieren oder Fußaufstiege in kombiniertem Gelände erfolgreich zu meistern. Das gilt insbesondere für Snowboarder mit Softboots. Auf Skihochtouren und auf spaltenreichen Gletschern sind Steigeisen und Pickel sowieso dabei, und außerdem noch ein Anseilgurt, einige Reepschnurstücke und Karabiner, zwei Eisschrauben, ein Seil für jeweils 3 bis 4 Personen und eine gute Portion alpine Erfahrung.

Routenbeschreibung

Die Richtungsangaben links/rechts erfolgen im Sinne des Aufstieges bzw. der Abfahrt. Aber: auf der (orografisch) rechten Talseite, auf dem rechten Ufer des Gletschers. Die Ortsbezeichnungen stammen aus der Landeskarte der Schweiz im Maßstab 1:25.000. Unsere Empfehlung bei der Tourenplanung, besonders für anspruchsvolle Unternehmungen: Führer und Skitourenkarte 1:50.000 studieren, dann den Routenverlauf inkl. Varianten mit Bleistift in die Karte 1:25.000 einzeichnen und mit Kommentaren versehen (heikle Stellen, Zeitbedarf der einzelnen Abschnitte, wichtige Informationen für die Orientierung usw.).
Bei der Auswahl und Beschreibung der Routen wurden die bestehenden Wildschutzbestimmungen – soweit bekannt oder in Erfahrung zu bringen – berücksichtigt. Wenn eine Route nicht verlassen werden darf, weil sie auf einem erlaubten Korridor durch ein Schutzgebiet führt, wird nach Möglichkeit darauf hingewiesen. Die Festlegung der Schutzgebiete und der darin erlaubten Tätigkeiten ist allerdings ein laufender Prozeß und grundsätzlich können Behörden und kantonale Fachstellen auch bestehende, bisher gebräuchliche Skirouten jederzeit streichen. Für Skitourenfahrer gilt deshalb: stets die aktuelle Wildruhekarte konsultieren (respektiere-deine-grenzen.ch bzw. wildruhezonen.ch) und Verbotstafeln vor Ort beachten.

Skitourenland Zentralschweiz

Die beschriebene Region umfasst die Kantone Uri, Ob- und Nidwalden, Luzern und Schwyz (sowie ein paar Minuten Zug). Hinzu kommt, wie auch in SAC-Führern üblich, das in den Kantonen Wallis und Bern liegende Gebiet von Rhonegletscher und Trift-Steingletscher. Die vielen Höhenstufen zwischen 406 und 3630 Meter über Meer und die große landschaftliche und geologische Vielfalt bescheren uns eine riesige und äußerst abwechslungsreiche Auswahl an Tourenzielen. Namen wie Gotthard-Gebiet, Brisen, Lidernenhütte, Wägital, Sörenberg oder Meiental sind längst klassisch, und dies gewiss nicht zu Unrecht. Mit Andermatt und Engelberg finden sich in unserem Einzugsgebiet gar zwei Freeride- und Variantengebiete von Weltrang.
Daneben gibt es aber auch viele Gipfel und Täler, die eher spärlich Besuch erhalten. Dort wird man immer wieder selber anspuren müssen – oder besser dürfen. Und wer mit offenen Augen unterwegs ist, kann in der Zentralschweiz sogar noch Neuland entdecken, sollte sich dabei aber stets über die geltenden Wild- und Waldschutzbestimmungen ins Bild setzen.
Die Zentralschweiz gilt als sehr schneesicher. Mal ist es die Gotthard-Region, die besonders gut eingeschneit ist, dann wieder das Lidernengebiet, der Brisen oder das Hoch-Ybrig. Nicht selten dauert die Skitourensaison in der Zentralschweiz neun Monate, von November bis Juli, sofern man dies denn will.

Das Rotondogebiet schließt die Zentralschweiz im Süden ab. Dahinter liegt das Tessin.

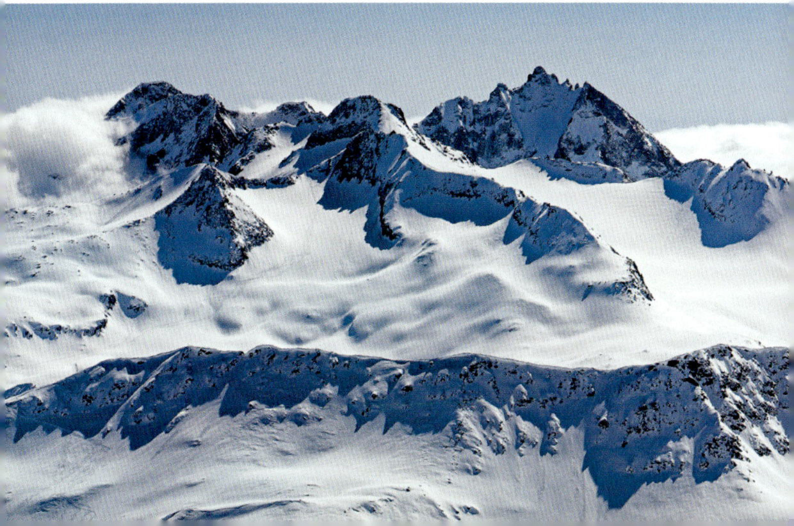

Informationen und Adressen

An- und Rückreise

Erste Adresse bei der Planung ist der Online-Fahrplan sbb.ch, der sämtliche Bahn- und die allermeisten Buslinien berücksichtigt. Die einzelnen Linienfahrpläne sind zudem unter fahrplanfelder.ch zu finden.
Was die Seilbahnen angeht, so findet man eine gute Übersicht unter alternatives-wandern.ch/bergbahnen.htm. Zudem ist seilbahnen-uri.ch eine gute Adresse – nicht nur für Urner Bahnen.
Taxibetriebe im Alpenraum findet man am besten mit der von Mountain Wilderness Schweiz betriebenen Internet-Seite alpentaxi.ch. Für kurze Mitfahrstrecken lohnt es sich manchmal, in der Dorfbeiz etwas zu trinken und dann den Gastwirt oder einheimische Gäste freundlich danach zu fragen (und den Taxidienst dann auch zu bezahlen).

Tourismus und Unterkunft

Schweiz Tourismus bietet mit myswitzerland.com einen guten Überblick zum Ferienland Schweiz (Tel. 00800 100 200 29). Die Internetauftritte der lokalen Verkehrsvereine findet man hingegen am schnellsten via Google. Spezifischer ausgerichtet sind sac-cas.ch (Berghütten), naturfreunde.ch (Naturfreundehäuser) und skihaeuser.ch.

Es muss nicht immer eine grosse Gondel sein. Tristel, Ausgangspunkt zum Mettener Butzli (Tour 16).

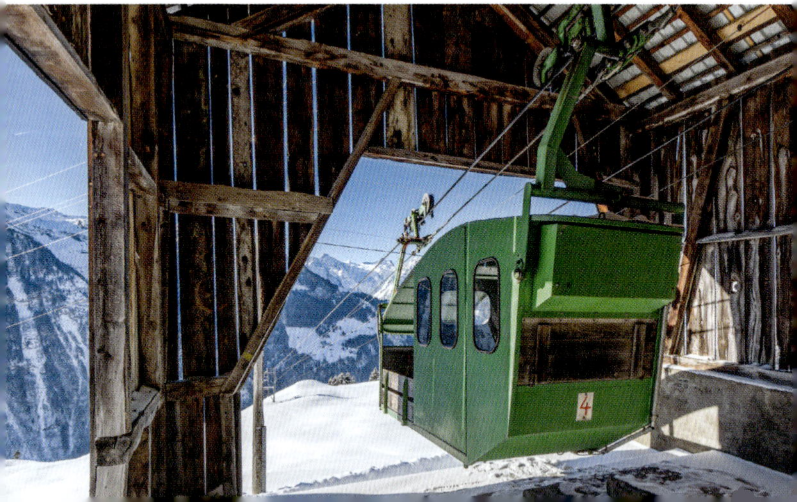

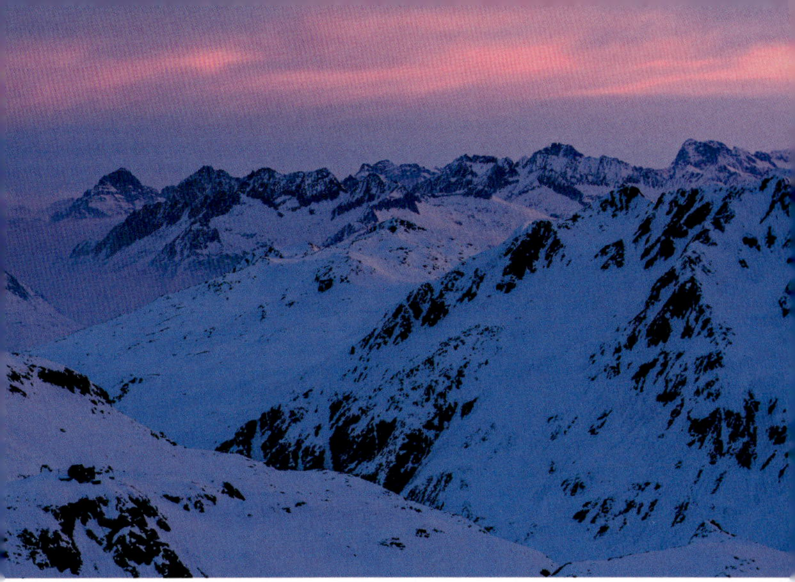

Wie wird das Wetter? Im Aufstieg zum Witenwasserenstock (Tour 28).

Wer es lieber in Buchform hat, greift für SAC- und Nicht-SAC-Hütten zum entsprechenden Führer: Hütten der Schweizer Alpen, SAC Verlag 2023.

Wetter

Meteoschweiz ist hier die beste Adresse. Besonders einfach lassen sich die Vorhersagen, Meßwerte und Karten über die MeteoSwiss-App nachschlagen. Der staatliche Wetterdienst bietet auch persönliche Wetterberatungen unter der kostenpflichtigen Nummer 0900 162 333 (rund um die Uhr).
Nützlich bei der Planung sind auch die vielen Livekameras im Gebirge, die man z. B. über myswitzerland.com oder swisswebcams.ch findet.

Pistenberichte

Zahlreiche Bergbahnen bieten auf ihren Websites Schnee- und Pistenberichte an. Einen Überblick über die gesamte Schweiz liefert snow.myswitzerland.com.

Lawinen und Schnee

Das nationale Lawinenbulletin des Eidgenössischen Institutes für Schnee- und Lawinenforschung Davos (SLF) erscheint im Winter und Frühling täglich um 8.00 und 17.00 Uhr. Auf der Website des SLF (slf.ch) finden sich zudem

Schneehöhenkarten und weitere interessante Informationen. Dies alles lässt sich auch von unterwegs abrufen, über die Lawinen-App »White Risk«. Interessant ist auch die Website skitourenguru.ch, die das aktuelle Lawinenbulletin mit einer umfangreichen Routensammlung kombiniert und für jede Route und Geländestelle das Risiko errechnet.

Unter den zahlreichen Veröffentlichungen zum Thema Lawinen und Wintersport können wir folgende Titel besonders empfehlen:

- Kurt Winkler/Hans-Peter Brehm/Jürg Haltmeier: Bergsport Winter – Technik, Taktik, Sicherheit. SAC Verlag 2021.
- Markus Stadler: Skitouren – Ausrüstung, Technik, Sicherheit. Rother Bergverlag 2021.
- Stephan Harvey/Hansueli Rhyner/Jürg Schweizer: Lawinen – Verstehen, beurteilen und risikobasiert entscheiden. Bruckmann 2022.
- White Risk, Portal zur Lawinenprävention, Ausbildung und Tourplanung von SLF und SuvaLiv: whiterisk.ch.

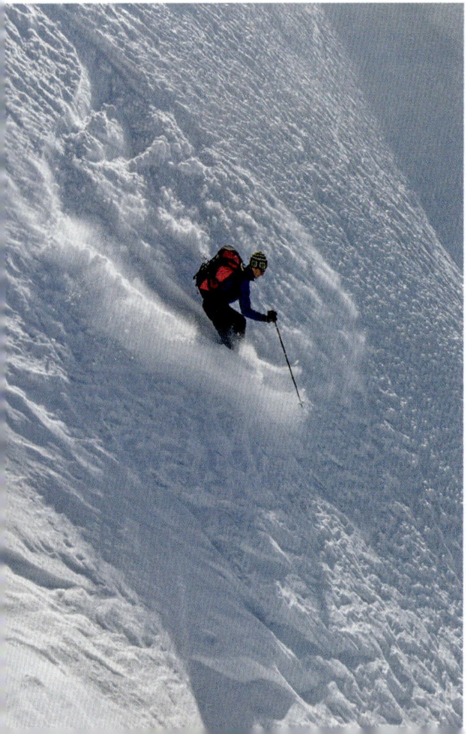

Unfälle

- REGA (schweizerische Rettungsflugwacht), Bergrettung: 1414
- Polizeinotruf: 117 und 112
- Notfallnummer: 144

Die Mitnahme eines Mobiltelefons auf Tour empfiehlt sich immer, obwohl die Netzabdeckung im unbewohnten Gebiet recht lückenhaft ist. Viele SAC-Hütten und -Biwaks verfügen im Übrigen über ein Nottelefon oder Notfunkgerät, das auch bei unbewarteter Hütte zugänglich ist.

Skitouren-Websites

Mittlerweile veröffentlichen unzählige Bergsportler ihre Touren im Internet. Diese Angaben sollten stets mit Vor-

Geht das? In der Variantenabfahrt am Glatten (Tour 19) ist lawinenkundliche Beurteilung gefragt.

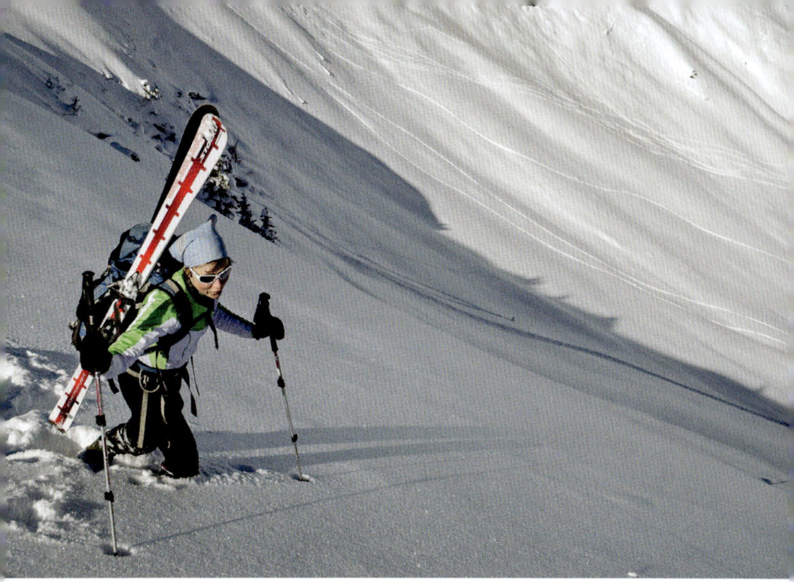

Im unverspurten Gelände ist Eigenverantwortung besonders gefragt. Zwischen Hängst und Sisiger Sitz (Tour 15).

sicht genossen werden; denn wenn jemand schreibt, die Eigernordwand sei »derzeit ein Spaziergang«, dann stimmt das (vielleicht) für ihn selbst, aber kaum für Normalsterbliche. Trotzdem kann man sich mit dem Internet einen guten Überblick verschaffen über Schneequalitäten (die sich allerdings rasch ändern können), über Schneemengen und bereits gespurte Routen. Die Kehrseite der Medaille ist freilich, dass am Freitagabend ins Netz gestellte und gelobte Touren am Wochenende oft überlaufen sein werden.
Übrigens: Die Internet-Gemeinde freut sich über jeden, der nicht nur profitiert, sondern auch mal etwas zum Erfahrungsaustausch beiträgt.

- skitouren.ch, hikr.org, camptocamp.org

Führer

- Martin Maier: Skitouren Zentralschweizer Voralpen und Alpen, SAC Verlag 2022.
- sac-cas.ch (digitales Tourenportal des SAC)

Bild Seite 22/23: Rein in den Hang, aber sicher! Gipfelhang am Hängst (Tour 15), dahinter das Lidernengebiet mit Blüemberg ganz links (Tour 14) und Rossstock ganz rechts (Tour 12).

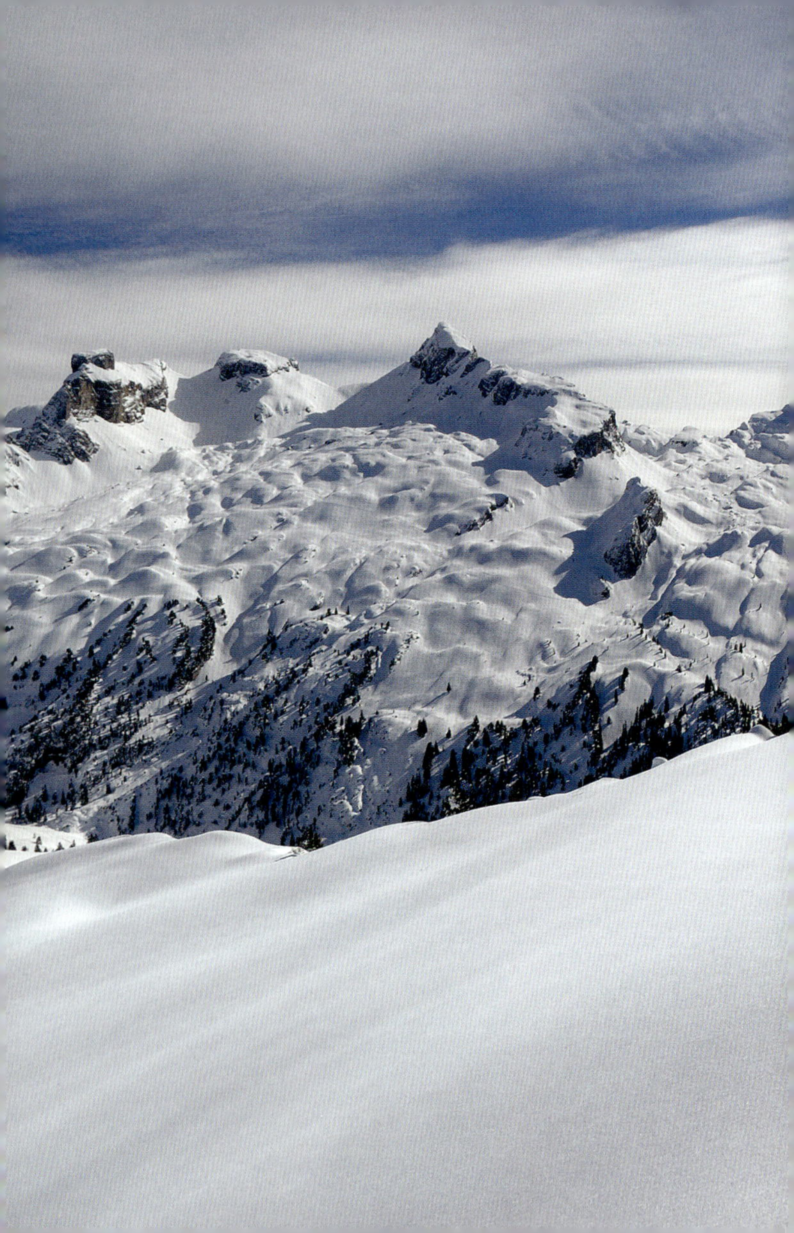

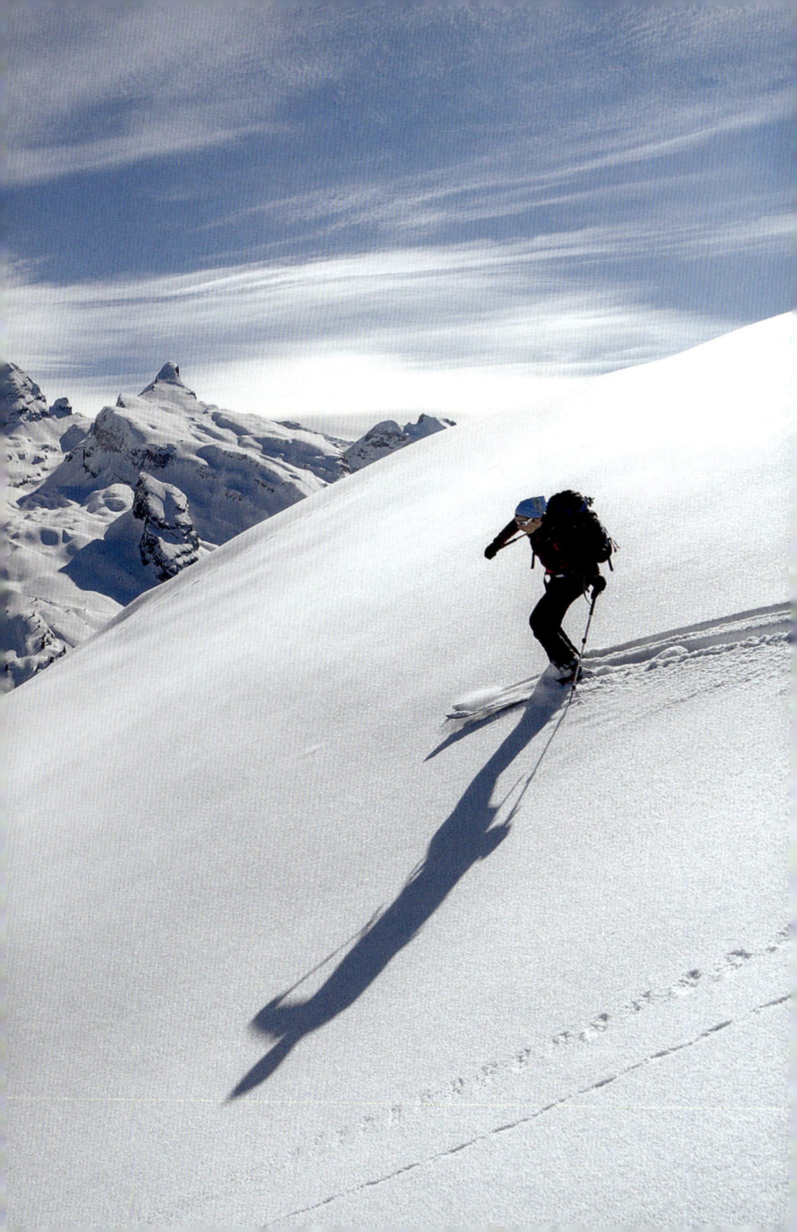

1 Stöcklichrüz, 1246 m

N W O S

420 Hm

1.30 Std.

Keiner zu klein, ein Skiberg zu sein

Derweil in den Alpen manche Skitour auf 1250 m noch nicht mal anfängt, ist sie am voralpinen Stöcklichrüz bereits zu Ende. Und wenn anderswo nach Eineinhalbstunden die erste Pause angesagt ist, können wir hier die Felle schon endgültig verstauen. Andererseits: Welche Skitour bietet gleichzeitige Aussicht auf Tödis Eiskappe und Zürichs Häusermeer, auf Windgällen und Schornsteine, auf Wasserberg und Pfannenstiel? Und eine Abfahrt vom frostigen Schneetreiben bis zu den blühenden Forsythien an Zürichsees Gestade?

Ausgangspunkt: Egg SZ (857 m). Bus ab Bahnhof Einsiedeln (880 m).
Endpunkt: Lachen (416 m).
Höhenunterschied: Aufstieg 420 m, Abfahrt 860 m.
Anforderungen: L. Leichte Halbtages-Skitour, auch für Anfänger geeignet.
Orientierung: Problemlos.
Hangrichtung: West über Nord bis Ost.

Lawinengefährdung: Weitgehend sicher, bei richtiger Spuranlage nirgends über 25°.
Günstige Zeit: Dezember – Februar (bzw. wenn der Schnee bis ins Tal reicht).
Einkehr: Restaurant bei der Körnlisegg (Mo/Di geschlossen), Alpwirtschaft Diebishütten (nur an Wochenenden offen).
Karte: 1132 Einsiedeln.

Von der Dorfkreuzung in **Egg** auf der Straße (oder über die offenen Hänge) nordostwärts ansteigen. Man gelangt so zu einer Ebene und dreht sogleich nach rechts hinauf, um an Buechhalden und **Körnlisegg** vorbei zu P. 1092 zu gelangen. Nun auf einem Flurweg über den breiten Rücken in die Lichtung von

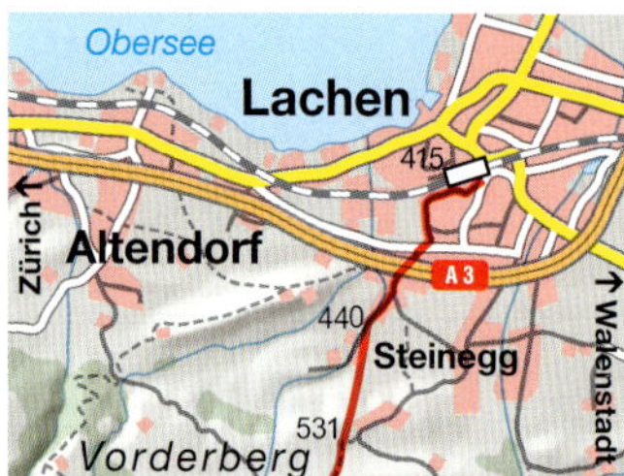
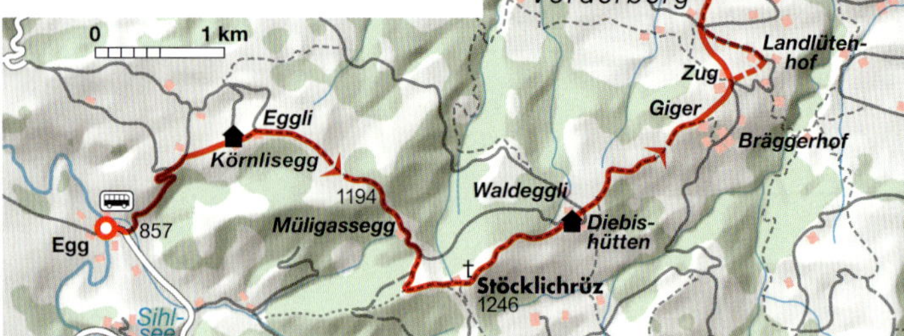

Beeristofel, an deren östlichem Rand in den Wald hinein zu P. 1194. In leichtem Gefälle zur **Müligassegg**. Wenige Minuten nach dem Alpgebäude bei einem Wegweiser das Sträßchen nach rechts verlassen, in einem Bogen auf die Wissegg zu und auf dem Kamm hinauf zum **Stöcklichrüz**. Vom vorderen Gipfel, dem Vermessungspunkt, fährt man nordostwärts hinab gegen die Hütte bei P. 1142 dann durch eine Schneise zu den **Diebishütten** (1080 m). Weiter zum **Waldeggli**, wo über den Gigerli-Hang auf die nächste Stufe abgefahren wird. Die nun bevorstehenden Hänge sind die schönsten, die Ecknamen dazu: Giger, Zug, Schwendihof (über 30° steil, lässt sich rechts über Landlütenhof umfahren), P. 531 und Tschuopis. Dort ist der Spaß zu Ende und der Bahnhof **Lachen** 15 Spazierminuten entfernt.

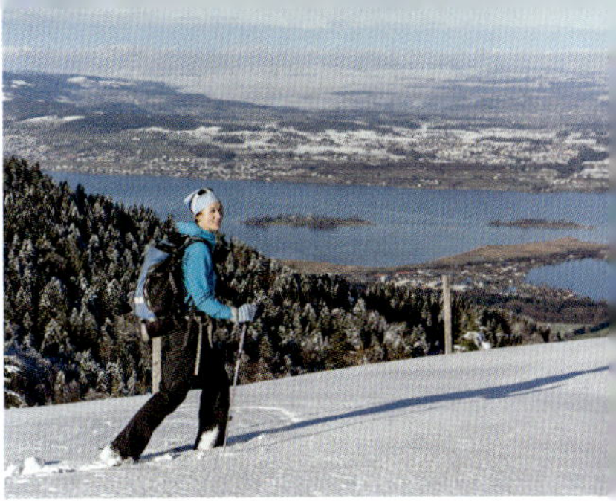

Kurz vor dem Gipfel, mit Blick auf den Zürichsee.

Lachen ist, wenn Forsythien den Skitourenfahrer begrüßen.

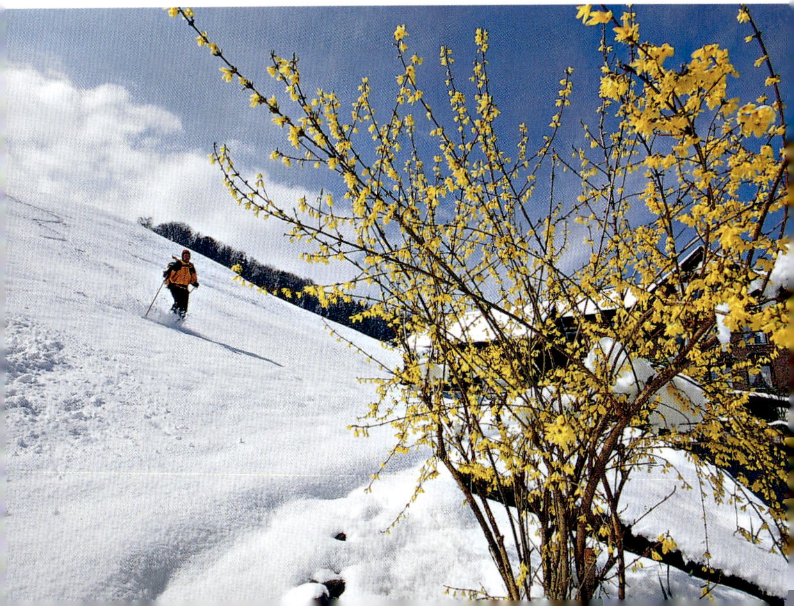

2 Chli Aubrig, 1642 m

N W O S

800 Hm
2.45 Std.

Die See-See-Skitour

Die großen Trümpfe des hinteren Wägitals sind seine Schneesicherheit und die skifreundliche Topografie. Etwas weniger optimal ist, dass die Ausgangspunkte nur per Privatauto erreichbar sind, dass man im Hochwinter oft stundenlang im Schatten läuft (was wiederum gut für den Schnee ist) und dass die Touren von A nach A führen. Anders der am Taleingang gelegene Chli Aubrig. Seine Abfahrt mag vielleicht nicht die ultimative sein, aber Start- und Endpunkt liegen am Postautonetz, die Tour ist sehr sonnig und sie führt von A nach B: von See zu See.

Ausgangspunkt: Innerthal Staumauer (902 m) am Wägitalersee. Bus ab Bahnhof Siebnen-Wangen (446 m).
Endpunkt: Euthal (892 m) am Sihlsee. Bus nach Einsiedeln.
Höhenunterschied: Aufstieg 800 m, Abfahrt 810 m.
Anforderungen: WS–.
Orientierung: Bei Nebel im Bereich von Nüssen tückisch, ansonsten problemlos.
Hangrichtung: Ost, Süd, West.
Lawinengefährdung: Im Chilentobel nach intensiven Schneefällen oder bei Tauwetter Schneerutschgefahr.
Günstige Zeit: Dezember – März.
Variante: Falls der Skilift Vorderthal in Betrieb ist (Tel. +41 55 4465151), dann von Dorlaui über Ahoreli, Rothärd, Ober Alten und P. 1474 zum Gipfel (L+, 1.30 Std.).
Bei sicherer Schneelage: Vom Gipfel über die offene Flanke südwestwärts abfahren und den Sommerweg auf ca. 1500 m einfädeln. Auf diesem nach rechts (kurze Engstelle 41°) in die steile Westflanke, dann stark links haltend über Bärlaui zum Chrummflüeli und auf dem Flurweg nach Euthal (ZS–).
Einkehr: Bäsä-Beizli bei P. 912 in Euthal, Do/Sa/So offen, besenbeizli.ch.
Karten: 1133 Linthebene, 1152 Ibergeregg, 1153 Klöntal.

Von der Bushaltestelle über die **Staumauer** hinweg und auf der Uferstraße an **Brandhaltli** vorbei zu P. 905, kurz dem Schlierenbach folgen und auf dem Waldsträsschen nach **Rohr**. Im Bereich des Sommerwegs nordwestwärts zum breiten Rücken, der über Eggstofel zum Wegkreuz P. 1439 führt. Etwas links ausholen und von Süden her zur Kuppe von **Nüssen** (1529 m), von wo man in kurzer Abfahrt zum Sattel P. 1474 gelangt. Ab hier dem breiten Grat folgend, oder leicht links davon, zur

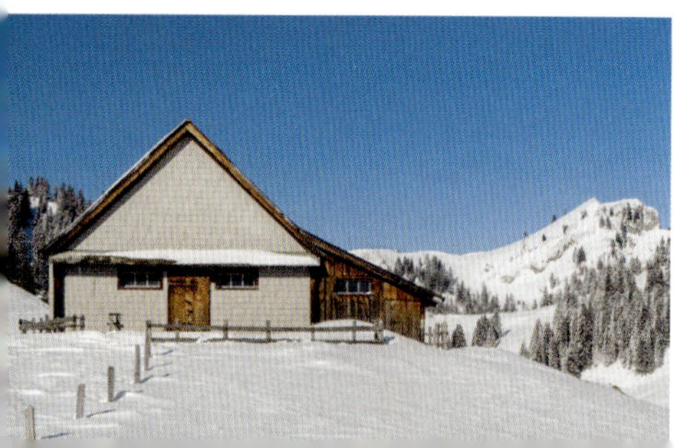

Alphütte 1: Eggstofel, mit Chli Aubrig.

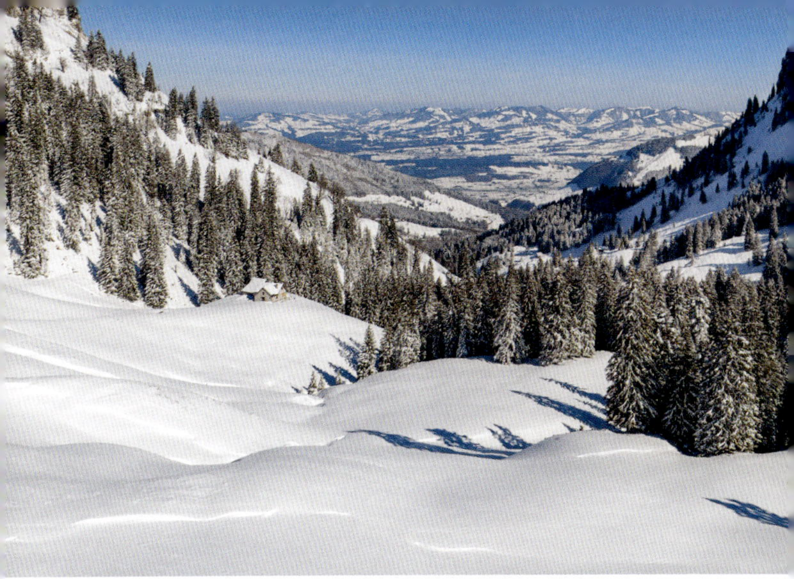

Alphütte 2: Ober Alten, mit Mittelland.

Schulter mit dem Berg, dann über die offene Flanke zum markanten Gipfelkreuz des **Chli Aubrig**.

Die Abfahrt führt zunächst zurück, hinab zur **Wildegg**. Dann folgen wir dem breiten Rücken südwestwärts – aber nur kurz, um auf ca. 1480 m (Schneeschuh-Wegweiser) nach rechts zu einer Weggabelung abzufahren. Durch den Wald zum Trittli. Unterhalb der **Vorder Chrummflue** führt eine Brücke über den Bach zum breiten **Chilentobelweg**, der spektakulär durch die linke Schluchtflanke führt. Im Talboden angelangt, zuerst rechts, später links des Eubachs nach **Euthal**.

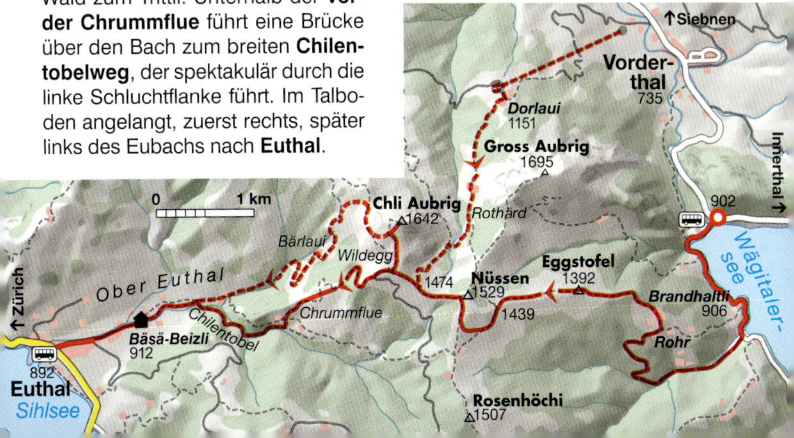

3 Schiberg, 2044 m

1130 Hm

3.15 Std.

Wenn das kein Skiberg ist

»Geheimtipp« wäre für das Wägital das falsche Wort. An schönen Wochenenden scheint das Gebiet vor Aufsteigerinnen und Abfahrern nur so zu wuseln. Wesentlich zur Beliebtheit des Gebiets tragen die unmittelbare Nähe zum Großraum Zürich und die rasche Erreichbarkeit bei – wobei letztere nur für jene gilt, die über eine Blechkarosse verfügen. Entsprechend begehrt sind die raren Parkplätze. Wobei die meisten Autos am hinteren Ende des Sees abgestellt werden, wo die Spuren Richtung Mutteristock und Redertengrat ansetzen. Es gibt aber auch eine Tour, die auf halbem See beginnt, dort, wo es meist viel weniger Autos hat …

Der Schiberg erhebt sich als breiter Rücken über dem Wägitalersee. Deutlich zu erkennen ist die nach links ansteigende Rampe der Fanenhöli. Rechts im Bild die Zindlenspitz-Gruppe.

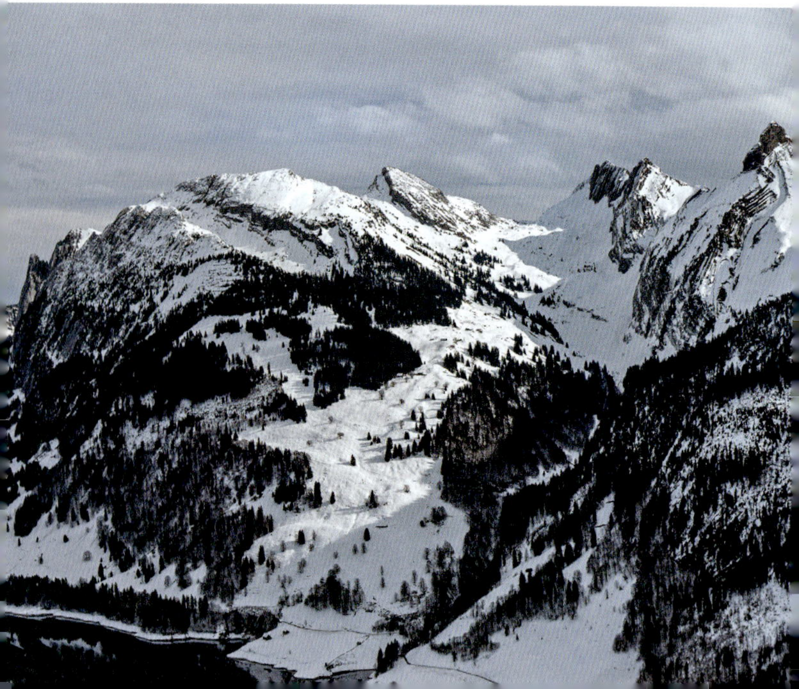

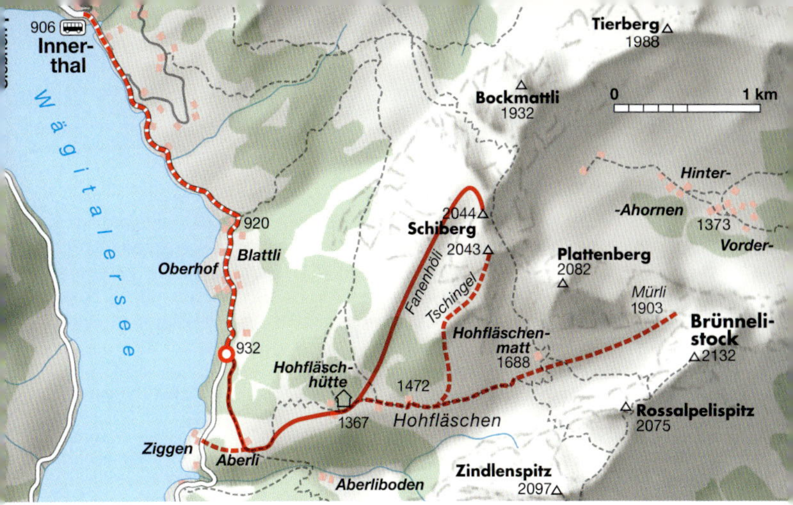

Ausgangspunkt: Wägital Uferstraße, P. 932, zwischen Oberhof und Ziggen. Parkplätze beschränkt.
Aufstiegszeiten: P. 932 – Hohfläschhütte 1.15 Std., Hohfläschhütte – Schiberg 2 Std.
Anforderungen: WS+. Im untersten Teil bis Aberli etwas ruppig (bis 36°). Schlussaufstieg zu Fuß kraxelig.
Orientierung: Optimale Routenwahl im Almismattwald etwas trickreich, ansonsten problemlos.
Hangrichtung: West bis Süd.
Lawinengefährdung: Relativ sicher, der einzige Hang über 30° ist tief gelegen (1000 m) und westexponiert.
Günstige Zeit: Januar – März (im unteren Teil rasch ausapernd).
Varianten: Mit öffentlichen Verkehrsmitteln: Ab Innerthal Post in 45 Min. zu Fuß auf der Straße nach P. 932.
Schiberg-Südgipfel (2043 m): Auf der Hauptroute zur Hohfläschhütte und weiter bis Hohfläschen (1472 m), dort links hinauf über steile Südhänge (bis 36°), eine Geländerippe (Tschingel) und den Gipfelhang zum Südgipfel (ZS–, 3.15 Std.). Abfahrt auf gleicher Route.
Mürli (1903 m): Von Hohfläschen geht es weiter über Hohfläschenmatt bis zum Grat knapp östlich von P. 1903, am Fuß des Brünnelistocks (WS+, 3 Std. ab P. 931).
Karte: 1153 Klöntal.

Vom etwas südlich des Oberhofs gelegenen Wegweiser **P. 932** auf dem Sommerweg steil und teils waldig nach **Aberli** queren (hierher auch direkter von Ziggen). Weiter im Bereich der Materialseilbahn zur **Hohfläschhütte** und bis auf eine Höhe von rund 1450 mweiter aufsteigen . Links abzweigend gegen eine Lücke im **Almismattwald** ansteigen. Durch den Wald hindurch zur **Fanenhöli**. Die breite Mulde vollständig emporsteigen, nach rechts zum Grat queren und auf diesem zu Fuß südwärts zum **Schiberg-Nordgipfel**.
Auf der gleichen Route zurück zum **Ausgangspunkt**.

4 Wildspitz, 1580 m

850 Hm
2.30 Std.

Wo das Schöne doch so nah liegt

Bei Tourenwetter wird der Bahnhof Arth-Goldau zu einem Umschlagplatz von Skitourenfahrern. Was wird da umgestiegen oder vorbeigefahren, morgens auf dem Weg in die Alpen, abends auf dem Weg nach Hause. Nur wenige steigen dagegen in den nebenan wartenden Zug der Südostbahn um. Das sollte man aber unbedingt ausprobieren, wenn der Wildspitz wieder mal von Kopf bis Fuß weiß ist – was zugegebenermaßen nicht gerade jeden Tag vorkommt, dann aber ein ganz besonderes Erlebnis bietet. In Arth-Goldau sitzen bleiben und Richtung Alpen weiterfahren kann man ja das nächste Mal wieder.

Ausgangspunkt: Bahnhof Sattel-Aegeri (769 m).
Endpunkt: Steinerberg (591 m).
Aufstiegszeiten: Sattel – Halsegg 1.30 Std., Halsegg – Wildspitz 1 Std.
Höhenunterschied: Aufstieg 850 m, Abfahrt 1030 m.
Anforderungen: L+. Einfaches Gelände. Bei Hinter Gwandelen kurz um 30°.
Orientierung: Bei genügend Schnee oft begangen.
Hangrichtung: Südost, Ost, Nordost.
Lawinengefährdung: Schneerutsche nicht ausgeschlossen beim Felsband nach Hinter Gwandelen.
Günstige Zeit: Dezember – März (bzw. wenn der Schnee bis Steinerberg reicht).
Variante: Falls der Schnee in der sonnigen Südostflanke schon arg mitgenommen (oder weg) ist, auf der Aufstiegsroute zurückfahren.
Einkehr: Bergrestaurant auf dem Wildspitz. Restaurants in Steinerberg.
Karten: 1151 Rigi, 1152 Ibergeregg.

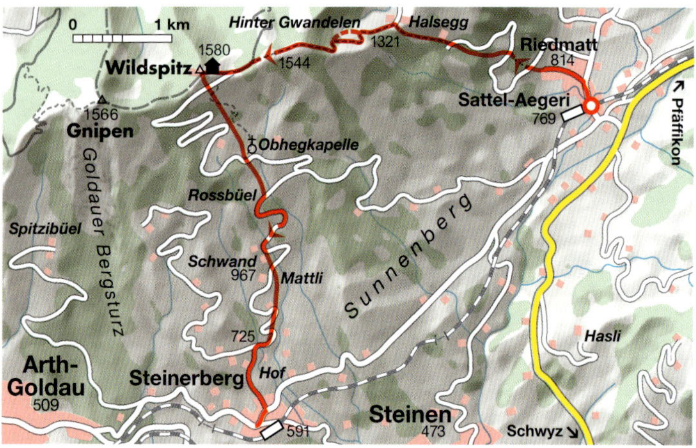

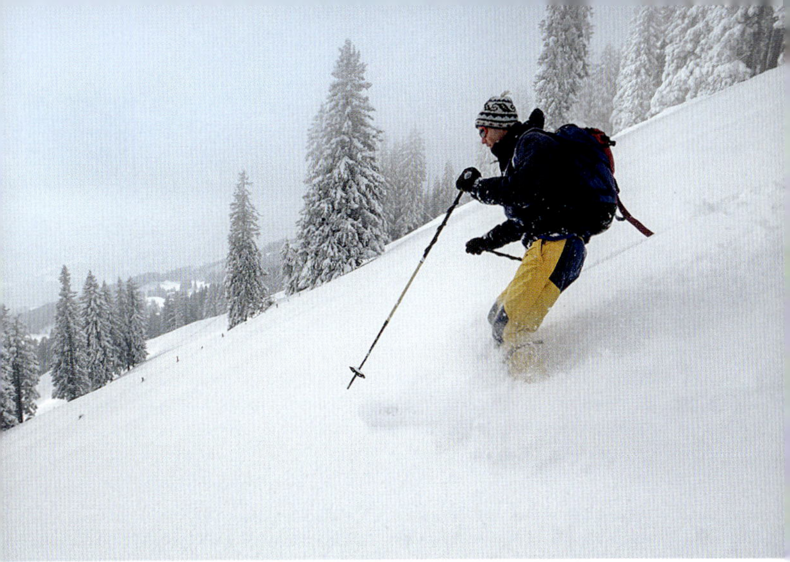

Der Natur sei gedankt für die Beschneiung: Kurzwedeln am Wildspitz.

Der Winteraufstieg entspricht weitgehend dem markierten Sommerweg. Vom **Bahnhof Sattel-Aegeri** nordwestwärts zu P. 814 am westlichen Rand der Riedmatt. Links empor durch eine Schneise zu P. 972, westwärts in den Wald, durch diesen bis ca. 1090 m und anschließend direkt zur **Halsegg** (1321 m) hinauf. Die Gratfelsen oberhalb **Hinter Gwandelen** je nach Schneelage süd- oder nordseitig umgehen, dann zur **Langmatt** (1544 m) und dem Grat nach in leichtem Auf und Ab zum **Wildspitz**.

Vom Gipfel Richtung Südosten hinab über Waldhütte und Obhegkapelle nach **Rossbüel**. Teilweise auf der Straße nach **Schwand**. Nun über die offenen Hänge von Mattli-Wilersegg abfahren, über den Bach nach rechts zu P. 725 queren und schließlich via Hof zur Kirche von **Steinerberg** und zum daruntergelegenen Bahnhof.

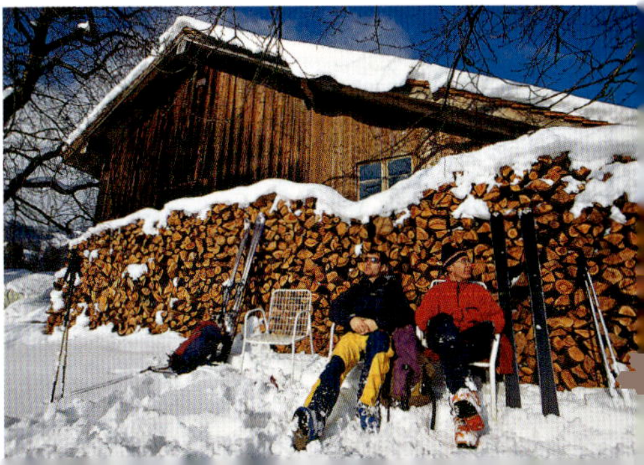

Dem Bauern sei gedankt für die Bestuhlung: Verschnaufen vor Steinerberg.

5 Rigi Kulm (1797 m) – Dosse – Rigi Scheidegg

600 Hm
2.00 Std.

Genau wie Mark Twain, nur ganz anders

Der Tag beginnt mit einer gemütlichen Bahnfahrt – sei es von Vitznau aus, auf einer aussichtsreichen Strecke, sei es von Arth-Goldau aus, durch die überraschenden Falten des kleinen Massivs namens Rigi. Von Arth-Goldau zum Rigi Kulm dauert es rund 40 Minuten. Genau richtig, um das 28. und 29. Kapitel aus Mark Twains »Bummel durch Europa« zu lesen. Darin schildert der Schriftsteller mit meisterlicher Selbstironie eine sommerliche Besteigung der Rigi mit dem Ziel, dort selbst den Sonnenaufgang zu erleben. Die Bergwanderung nimmt wegen mehrerer Zwischenfälle einige Tage in Anspruch, weshalb sich Twain beim Abstieg eine Bahnfahrt genehmigt. Wir machen es ihm genau nach. Genau umgekehrt: mit der Bahn hoch und aus eigener Kraft runter. Und im Winter. Und ohne Zwischenfälle. Aber mit viel Humor. Ski Plaisir.

Ausgangspunkt: Rigi Kulm (1749 m). Bergbahn (rigi.ch) ab Arth-Goldau (509 m) oder Vitznau (435 m).
Endpunkt: Lauerz (457 m). Bus nach Schwyz.
Aufstiegszeiten: Klösterli – Dosse 1.30 Std., Obermatt – Rigi Scheidegg 30 Min.
Höhenunterschied: Aufstieg 600 m, Abfahrt 1940 m.
Anforderungen: WS. Meist unpräpariertes Gelände, ab und zu Winterwanderwege.
Orientierung: Die Waldstrecke vom Gätterlipass nach Lauerz erfordert etwas Spürsinn.
Hangrichtung: Alle.
Lawinengefährdung: Im Dosse-Nordosthang (bis 35°) oft Triebschnee, die Flanke lässt sich aber umgehen.
Günstige Zeit: Dezember – Februar (bzw. wenn der Schnee bis ins Tal reicht).
Variante: Vom Sattel nach dem Dosse (P. 1545) auf schmalem Weg südwestwärts zur Gletti, dort nach links und über einen Rücken zum Eselberg/Hinterbergen (WS+, Seilbahn nach Vitznau, hinterbergen.ch).
Einkehr: Gastwirtschaften auf Kulm, Klösterli, Unterstetten, Scheidegg, Burggeist, Gätterli.
Karte: 1151 Rigi.

Von der **Bahnstation Rigi Kulm** gehts zuerst zum Gipfel (1797 m) – das gehört irgendwie dazu. Dann zurück zur Station und auf der nicht präparierten, aber mit Stangen markierten Abfahrtsstrecke (Piste Nr. 10) via P. 1560 und Riedboden zum **Klösterli**. Anfellen und auf breitem Winterwanderweg um Schild und Würzestock herum nach **Unterstetten**. Dort den gepfadeten Weg verlassen und über den Rücken zu Chli Dosse und **Dosse** (1685 m). Über den Nordosthang steil hinab zur **Obermatt**, Aufstieg zum Sattel **P. 1545** (falls heikel, vom Dosse auf dem Grat hierher) und auf präpariertem Weg bis **Scheidegg** (1659 m).

Blick von Norden auf den Dosse, einen ruhigen Hügel abseits der Bahnen.

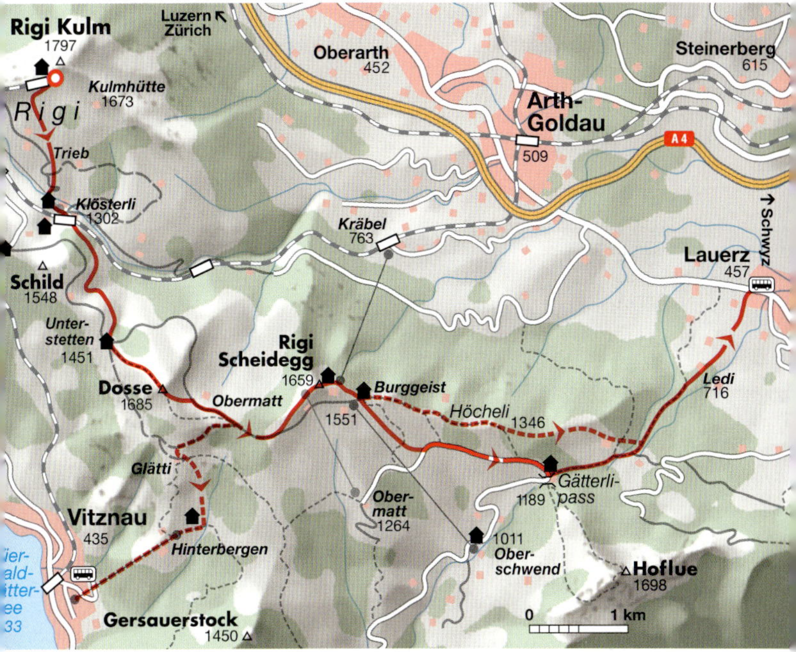
Rigi Kulm
1797
Luzern
Zürich
Oberarth
452
Steinerberg
615
Kulmhütte
1673
Rigi
Arth-
Goldau
A4
509
Trieb
Klösterli
1302
Kräbel
763
Schwyz
Lauerz
457
Schild
1548
Unter-
stetten
1451
Rigi
Scheidegg
1659
Burggeist
Ledi
716
Dosse
1685
Obermatt
1551
Höcheli
1346
Glätti
Gätterli-
pass
1189
Vitznau
435
Ober-
matt
1264
1011
Ober-
schwend
Hinterbergen
Hoflue
1698
Gersauerstock
1450
0
1 km

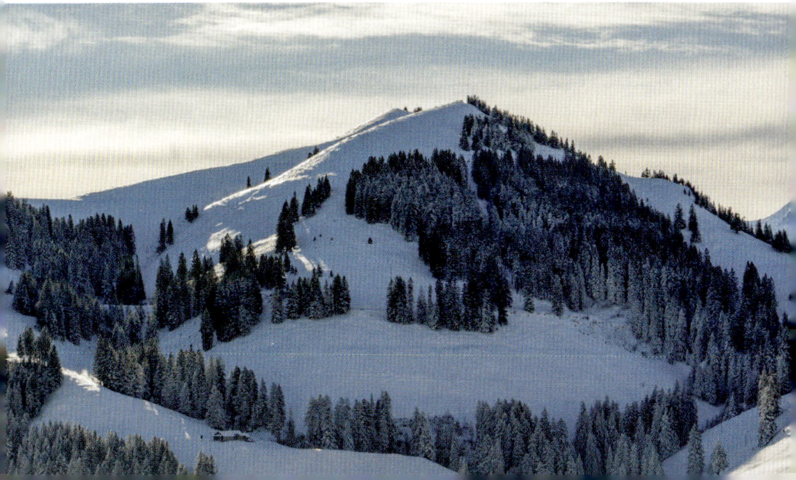

Abfahrt Richtung Südost zum **Burggeist**, links der Seilbahn nach Guggertrüllen und auf der Straße links haltend bis **Gätterlipass**. Ostwärts durch den Wald zum Wegkreuz P. 1047 (von der Scheidegg hierher auch über Höcheli – P. 1346). Eine fast durchgehende Waldschneise führt nun Richtung Nordosten über Langerli nach **Ledi**, wo sich der Bergrücken weitet. Auf diesem zur Kirche von **Lauerz**.

Flinker als Twain: Eva (8 Jahre) am Burggeist.

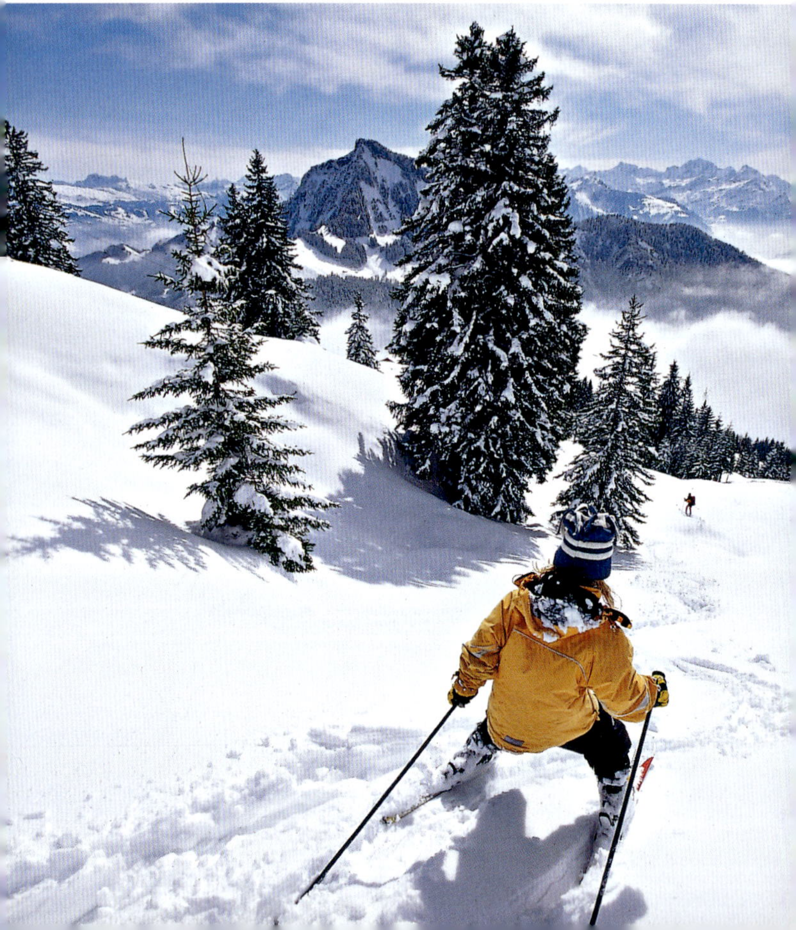

600 Hm
2.00 Std.

N W O S

Furggelenstock, 1656 m

6

Keine freie Fahrt – den Wildtieren zuliebe

Humel, Amselspitz, Gämschspitz, Spital, Gschwändstock, Rägenegg, Buziflue, Brünnelistock: Der lange Bergrücken, der sich von Einsiedeln südwärts bis zur Ibergeregg zieht, ist eine fantasievolle Flurnamenlandschaft. Fantasie beweist auch die natürliche Landschaft mit ihrem Flickenteppich aus unzähligen kleinen Geländekammern, Lichtungen, Moorflächen und mal dichtem, mal offenem Fichtenwald. Die Gegend gefällt aber auch den Auer- und Haselhühnern sowie weiteren Tierarten, die im Winter auf Ruhe angewiesen sind. Um den Besucherstrom zu kanalisieren, wurden deshalb im Gebiet des Furggelenstocks – des höchsten Gipfels der Kette – einige Trails markiert und die nördlich davon gelegenen Gebiete im Gegenzug gesperrt. Also: Route nicht verlassen!

Ausgangspunkt: Hoch-Ybrig, Talstation Laucheren (1097 m), Endstation der Buslinie Einsiedeln – Oberiberg.
Endpunkt: Brunni SZ (1090 m), Bus nach Einsiedeln.
Höhenunterschied: Aufstieg 600 m, Abfahrt 610 m.
Anforderungen: L. Eher Skiwanderung denn Skitour: nur beim Gipfelhang kurz 30°, sonst liebliches Gelände.
Orientierung: Als Schneeschuhtrail markiert, oft besucht – auch von Schneeschuhläufern.
Hangrichtung: Ost, Nord, West.
Lawinengefährdung: Bei sehr heiklen Verhältnissen Vorsicht am Gipfelhang.
Günstige Zeit: Dezember – März.
Varianten: Die im Gebiet erlaubten Wege sind vor Ort als Trails markiert und unter wildruhezonen.ch publiziert.
Einkehr: Hütte auf der Furggelen, an Wochenenden offen und bewartet. Hotel beim Endpunkt Brunni.
Karte: 1152 Ibergeregg.

Wälder und Lichtungen prägen die Landschaft zwischen Oberiberg und Furggelenstock.

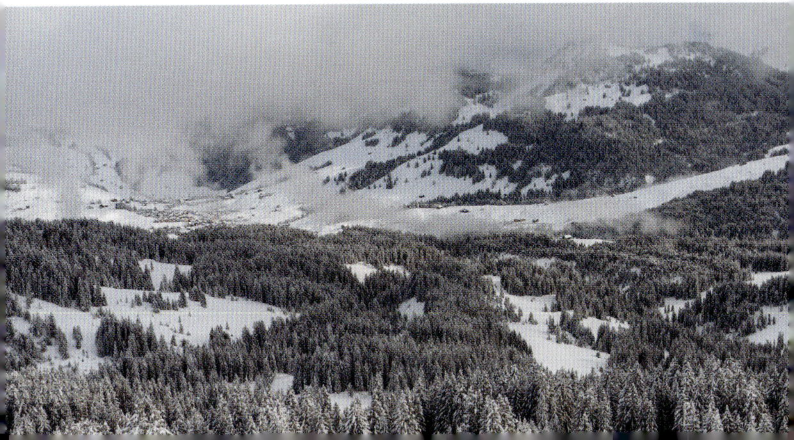

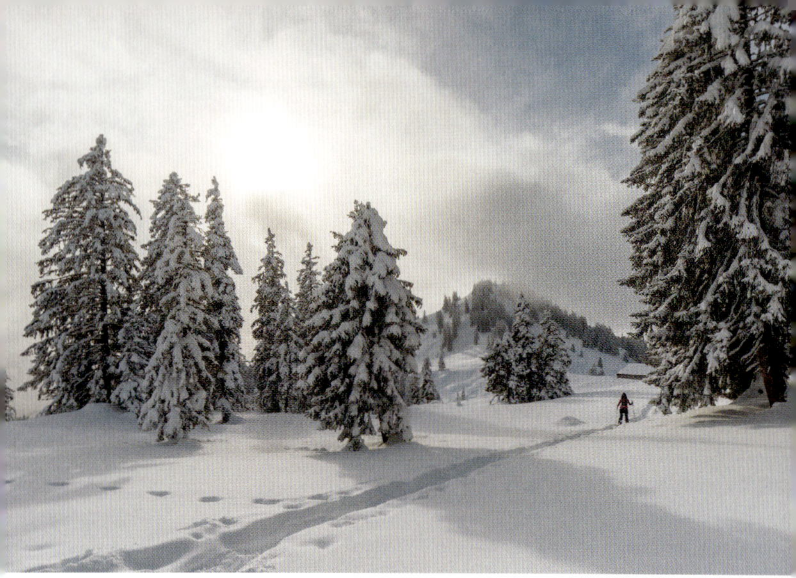

Kurz vor der Furggelen, unser Gipfelziel in Griffweite.

Von der **Talstation der Laucherenbahn** etwas nordwärts zum markierten **Furggelen-Trail**, der via Petersboden und Heikenhütte auf einen breiten Kamm führt. Diesem folgend über Leimgütsch mit etwas Auf und Ab fast bis P. 1539 und nach links zur **Furggelen** (-hütte, 1526 m) traversieren. Nun etwas steiler, leicht links des Gratverlaufs ausholend, auf den **Furggelenstock**. Zurück zur **Furggelen** und westwärts hinab, auf dem ebenfalls markierten **Alpthal-Trail** über P. 1329, Langried und Erlenblätz bis ins **Brunni**.

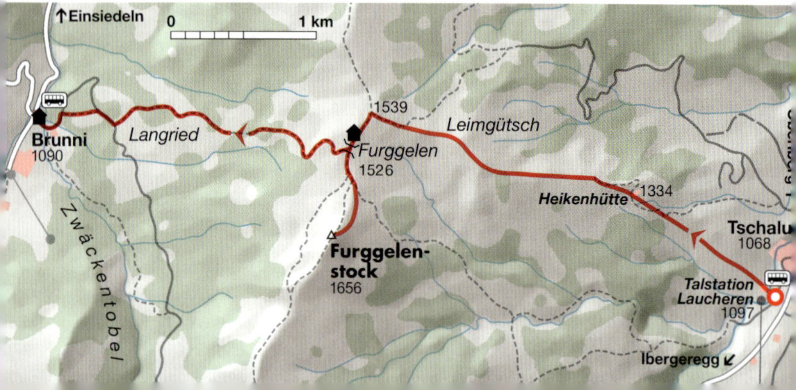

710 Hm
2.00 Std.

Roggenstock, 1777 m

7

Mitten in Zürichs verwehrtem Olymp

1969 verweigerten die Zürcher Stimmbürger (die -bürgerinnen waren noch nicht erfunden) ihrem Stadtpräsidenten die Unterstützung seiner Pläne für die Olympischen Winterspiele 1976. Für die alpinen Disziplinen hatte dieser die Region Hoch-Ybrig vorgesehen, die damals erst einen Skilift auf Hesisbol hatte – der nur in einem halbstündigen Fußmarsch vom Roggenstocklift aus zu erreichen war. 1970 wurde dann die Seilbahn ab Weglosen gebaut und seither ist am Roggenstock wieder Ruhe. Geblieben ist die Lage des Bergs: schön frei stehend und genau in der Mitte eines fast olympischen Talkessels.

Der Roggenstock: klein, aber fein und freistehend. Hier seine Südostseite.

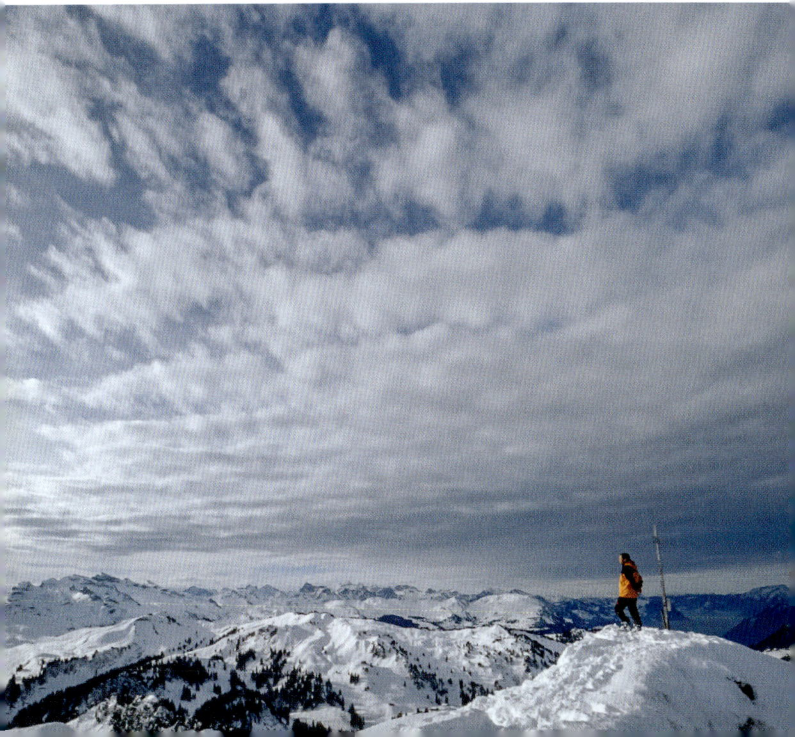

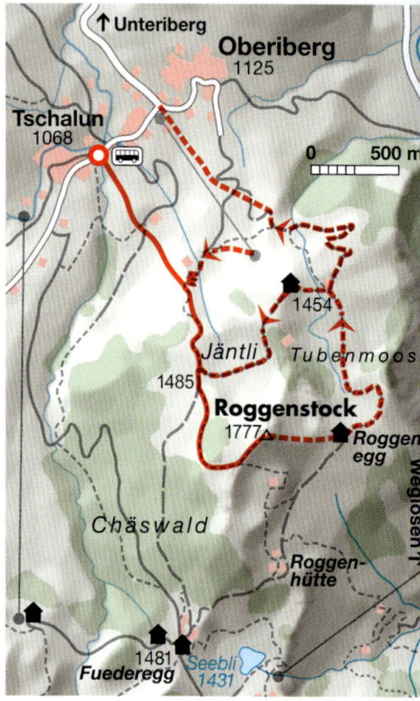

Ausgangspunkt: Oberiberg/Tschalun (1068 m), Bus ab Bahnhof Einsiedeln.
Anforderungen: WS+. Zwei kurze Abschnitte bis knapp 35° (einer auf 1600 m, der andere am Gipfelaufbau).
Orientierung: Beliebte Tour, meist gespurt, dazu recht logische Routenführung.
Hangrichtung: Nord, West.
Lawinengefährdung: Die zwei Steilpassagen sind zwar eher schattig, aber kurz und von recht dichtem Wald umgeben, der sich bei der Routenwahl gut ausnützen lässt.
Günstige Zeit: Dezember – März.
Varianten: Wenn der Skilift von Oberiberg in Betrieb ist, lässt sich der Aufstieg etwas verkürzen (von der Bergstation auf der Piste bis 1260 m abfahren, anfellen und zur Aufstiegsroute queren). Nur bei sicheren Verhältnissen: Abfahrt vom Gipfel über den Ostgrat (zuerst kurz rechts, dann links und dann wieder rechts von der Schneide, ZS+, bis 39°) zur Alpwirtschaft Roggenegg. Von dort nordwärts zum Tubenmoos und entweder auf dem Sträßchen über die Schlipfauweid zur Skipiste nach Oberiberg; oder kurzer Gegenanstieg zur Alpwirtschaft Adlerhorst (1499 m) und über Jäntli zur Aufstiegsroute zurück.
Einkehr: Alpwirtschaft Roggenegg.
Karte: 1152 Ibergeregg.

Von der **Bushaltestelle Oberiberg/Tschalun** (Abzweig zum Laucheren-Parkplatz) über offene Hänge südostwärts, rechts am **Gütsch** vorbei, und zur Grossweid aufsteigen. Bald darauf öffnet sich linker Hand die weite Mulde des **Jäntli** am Nordfuss des Roggenstocks. Am Rand der Mulde, etwas links vom bestockten Grat, geht es weiter zur Weggabelung P. 1485. Dort nur kurz dem breiten Flurweg nach rechts folgen, um ihn gleich wieder zu verlassen und genau südwärts (also schräg) durch die **Westflanke** anzusteigen. Ab etwa 1560 m vermittelt eine schmale, etwas steilere Rampe durch einen Wald- und Felsgürtel den Zugang zu einem sanften Plateau. Dort etwas Richtung **Südwestgrat** und links von diesem zunehmend steil durch locker bewaldetes Gelände, zuletzt allenfalls zu Fuß, zum Gipfel des **Roggenstocks**.
Dies ist zugleich die übliche Abfahrtsroute.

Roggenstock, Roggenegg und Roggenhund. Vorsicht verspielt!

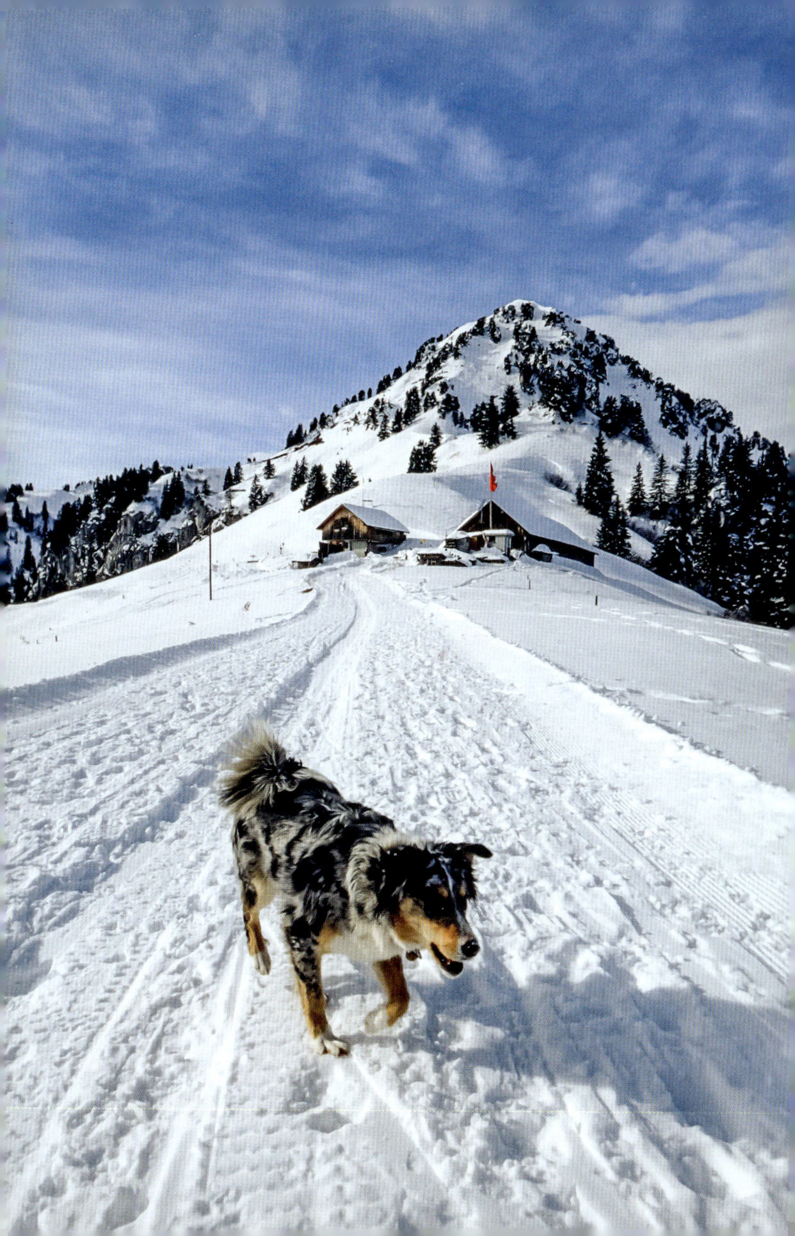

8 Rütistein, 2025 m

N W O S

1000 Hm

3.00 Std.

Im Zweifelsfall links wählen

An schönen Winterwochenenden sieht es bei der Talstation der Bergbahnen Hoch-Ybrig oft aus, als hätte sich die halbe Agglomeration Zürich im engen, kalten Talkessel verabredet. Zwar schweben die meisten Besucher von dort mit der Seilbahn nach rechts in die präparierte Welt. Aber es sind nicht wenige, die nach links in den Wald einbiegen. Weiter oben erwartet sie nicht unbedingt die große Einsamkeit, aber eine weite Talflanke mit Platz für viele Spuren, wo sie sich erneut entscheiden müssen. Nach links geht es zum Rütistein, nach rechts zum Forstberg. Jene, die es gerne gemütlich mögen oder auf heikler Schneedecke unterwegs sind, sollten eher links wählen.

Ausgangspunkt: Hoch-Ybrig/Talstation Weglosen (1036 m). Bus ab Bahnhof Einsiedeln.
Aufstiegszeiten: Weglosen – Druesberghütte 1.45 Std., Druesberghütte – Rütistein 1.15 Std.
Anforderungen: WS–. Einfach, auch für Anfänger geeignet.
Orientierung: Bis Druesberghütte sehr einfach, darüber bei Nebel etwas kniffliger. Sehr oft besucht.
Hangrichtung: West, Nord.
Lawinengefährdung: Bei guter Routenwahl kaum gefährdet.

Spuren im Aufstieg zum Rütistein …

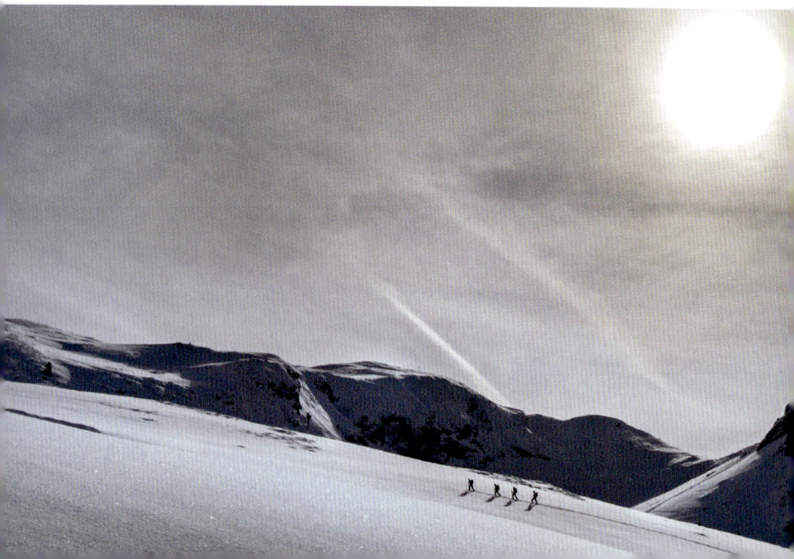

Günstige Zeit: Dezember – März.
Variante: Forstberg (2215 m): Bei der Abzweigung P. 1349 im Chäserenwald die rechte Straße einschlagen, ab 1370 m durch eine Lichtung südostwärts und zum Steinhüttli hinauf. In die Mulde zwischen Druesberg und Forstberg empor, um zunehmend steil anzusteigen. Ab ca. 2020 m etwas nach links ausqueren (kurz bis 41°), zurück nach rechts und nordseitig am Fuß der Grattürme entlang zum Gipfelaufbau (ZS+, 3.15 Std. ab Weglosen).
Einkehr: Druesberghütte, 1582 m, derzeit (2023) kein Winterbetrieb, druesberghuette.ch.
Karte: 1152 Ibergeregg.

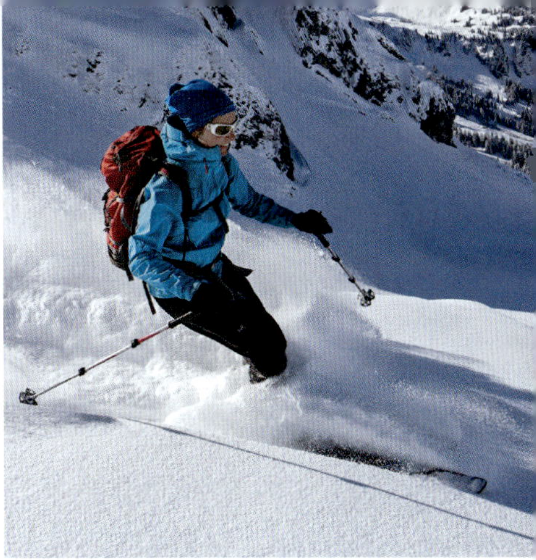

… und Stieben auf der Abfahrt.

Von der **Talstation Weglosen** am Rand (!) der Abfahrtspiste hinauf, über die Brücke (1054 m), dort links über einen offenen Hang schräg gegen das Laueli ausholen und hinauf zur Alpstraße kurz vor P. 1210. Die Straße führt links durch den **Chäserenwald** (Vorsicht vor entgegenkommenden Rodlern) zur Kurve bei P. 1421, von wo man ostwärts zur **Druesberghütte** aufsteigt. Weiter an einer markanten Kapelle vorbei zu den **Pfannenhütten** und über sanft gewellte Hänge bis kurz vor den Hauptgrat südlich P. 1879. Nun auf der Westseite des Grats um einen kleinen Aufschwung herum und über den Gipfelhang auf den **Rütistein**. Vorsicht vor weit nach Osten ausladenden Wechten!
Auf gleichem Weg (oder über Twäriberghütte) zur Druesberghütte und nach **Weglosen** zurück.

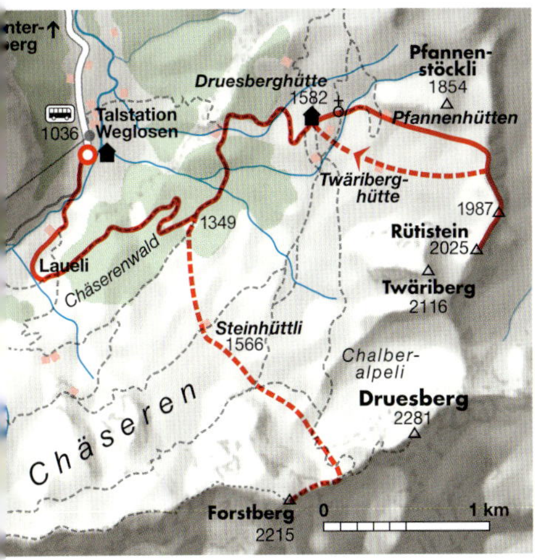

9 Silberen, 2318 m

N W O S

1130 Hm

4.00 Std.

Geheimnisvoller Berg am Ende des Muotatals

Nichts an der Silberen ist gewöhnlich. Ungewohnt sind die Dimensionen der größten Schrattenlandschaft der Schweiz. Ungewöhlich ist der Bödmerenwald, der größte Fichtenurwald Europas. Ungewöhnlich ist das Hölloch, mit etwa 200 km vermessenen (und bis zu 1000 km vermuteten) Gängen das größte Höhlensystem Westeuropas. Und ungewöhnlich ist die Silberen, wenn sie noch silbriger ist: im Winter. Dann verwandeln sich der Karst und seine Dolinen in eine faszinierende Landschaft aus tausendundein Tälchen, die wie Falten die sanfte Kuppe der Silberen überziehen. Und nicht selten horten diese Falten auch Pulverschneetaschen.

Ausgangspunkt: Fruttli (1190 m) an der Pragelpassstraße. Die Straße ist oft geräumt, evtl. Ketten nötig, wenig Parkmöglichkeiten. Anreise von Muotathal (609 m) per Pkw oder Taxi (Heinz Schelbert, Tel. +41 41 8301181, pragel-garage.ch).
Aufstiegszeiten: Fruttli – Pragelpass (Stafel) 1.15 Std., Pragelpass – Silberen 2.45 Std.
Anforderungen: WS+. Abgesehen vom Chalberloch (32° auf 50 Hm, lichter Wald, ruppig) keine steilen Passagen.
Orientierung: Zwischen Chalberloch und Gipfel sehr unübersichtlich, bei Nebel dringend abzuraten. Oft besucht.
Hangrichtung: West, Nord.
Lawinengefährdung: Nur das Chalberloch übersteigt die 30°-Grenze. Das stark gegliederte Gelände lässt sich gut zum eigenen Vorteil ausnützen.
Günstige Zeit: Januar – April, nur bei genug Schnee (Karstspalten, Löcher).
Hinweis: Ab Guetentalboden befindet man sich in einem Jagdbanngebiet und sollte sich aus Wildschutzgründen an die offizielle, hier beschriebene und im Gelände spärlich mit Metallstangen markierte Skiroute halten.
Variante: Wer mit öffentlichen Verkehrsmitteln unterwegs ist, fährt von Schwyz

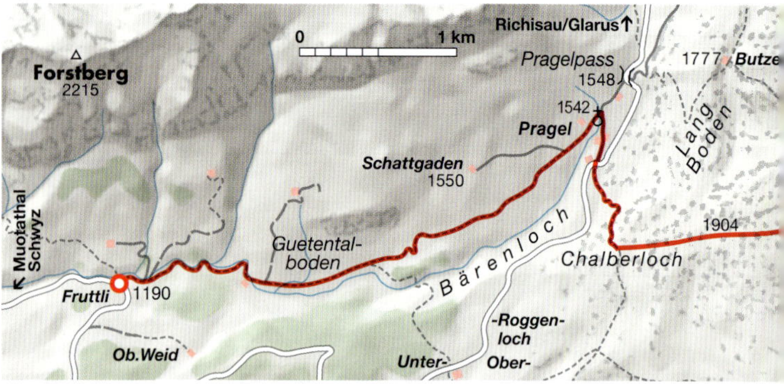

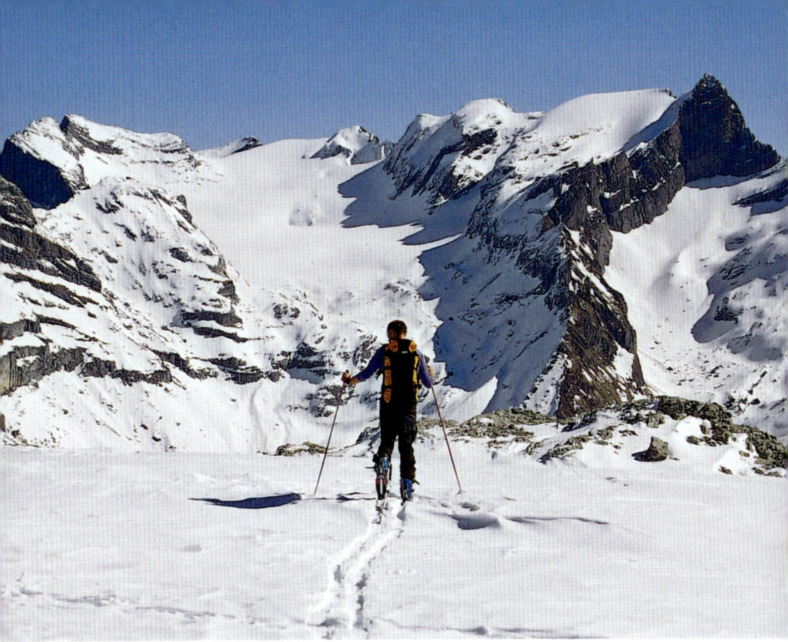

Auf dem weiten Gipfelplateau der Silberen, gegenüber dem Glärnisch.

via Muotathal zur Busendstation Stalden (663 m) und steigt über Riedbachberg – Mittenwald – Roggenloch auf (WS+, 5.30 Std., 1700 Hm!).

Karten: 1172 Muotatal, 1173 Linthal, 1153 Klöntal.

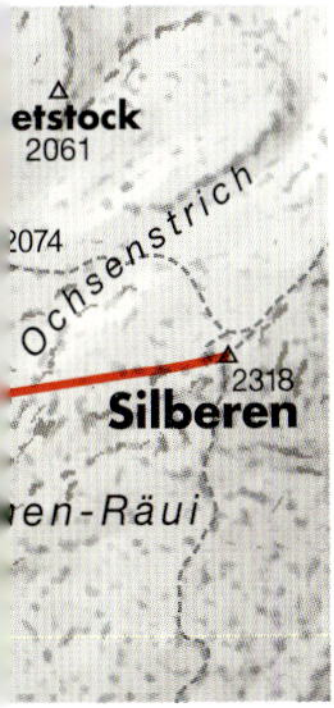

Bei **Fruttli** wird die alte Pragelpassstraße eingeschlagen, die zunächst durch die Starzlen-Schlucht führt, dann über **Guetentalboden** und Gruebi zum **Pragelpass** (Pragel, 1542 m).

Dort nach Süden peilen und durch einen zunehmend steilen Hang ansteigen, um gleich nach dem **Chalberloch** nach links gegen P. 1904 abzudrehen. Weiterhin ostwärts, über welliges, zunehmend flaches Gelände, bis zum weitläufigen Gipfelplateau der **Silberen**.

Für die **Abfahrt** wählen wir die gleiche Route. Aus Wildschutzgründen ist die Abfahrtsvariante via Butzen – Lang Boden nicht (mehr) erlaubt; möglich bleibt jene via Butzen – Fürstein, die aber auf die falsche Seite des Pragelpass führt.

10 Glatten, 2505 m

1560 Hm
5.00 Std.

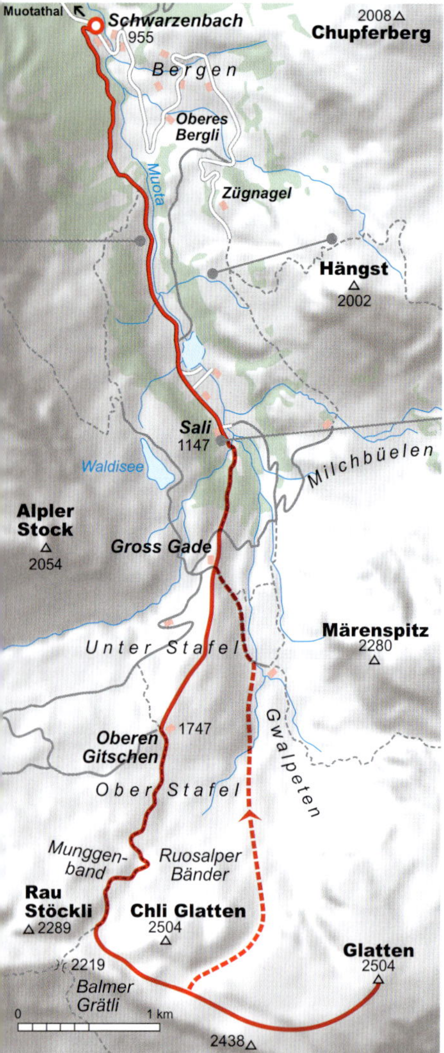

Platte Kalotte mit idealen Nordhängen

Glatt ist er gewiss, der Glatten, aber nur oben. Wie es sich für einen stark verkarsteten Berg ziemt, fällt er nach allen Seiten mit Tälchen und Furchen, Felswänden und Abbrüchen ab. Im Winter wird er meist von Norden her besucht, auf einer landschaftlich sehr schönen Route, die zudem dank schattiger Exposition und windgeschützter Mulden oft besten Pulverschnee bietet. Alleine ist man dort selten, aber der Berg ist weit und breit …

Ausgangspunkt: Schwarzenbach (955 m), zuhinterst im Bisistal. Im Winter ist die Straße ins Sali in der Regel ab P. 1036 aus Sicherheitsgründen gesperrt. Dort, unmittelbar bei der Barriere, befinden sich einige wenige Parkplätze (Zeiteinsparung rund 15 Min.). Anreise: an Schultagen (Mo–Fr, Schulferien beachten) einige wenige Busverbindungen ab Muotathal, ansonsten per Pkw oder Taxi (Heinz Schelbert, Tel. +41 41 8301181, pragel-garage.ch).

Aufstiegszeiten: Schwarzenbach – Sali 1 Std. – Oberen Gitschen 1.30 Std., Oberen Gitschen – Glatten 2.30 Std.

Anforderungen: WS+. Auf ca. 1950 m eine Rinne mit knapp 35° auf 50 Hm.

Orientierung: Im Bereich des Gipfelplateaus nur schwach ausgeprägtes Gelände, bei Nebel

sehr anspruchsvoll.
Hangrichtung: Nord, Nordwest, West.
Lawinengefährdung: Einzige kritische Stelle ist der Aufschwung nach dem Ober Stafel.
Günstige Zeit: Januar – März/April.
Variante: Abfahrt nach Gwalpeten: Auf 2280 m nach rechts, durch eine Rinne östlich des Chli Glatten und über offene Hänge nordwärts hinab (ZS, bis 38°, nur bei sicheren Verhältnissen).
Einkehr: Unterwegs keine. Im Bisistal: Gasthaus Schwarzenbach, Gasthaus Schönenboden.
Karten: 1172 Muotatal, 1192 Schächental, 1193 Tödi.

Die Tour beginnt mit einem gemütlichen Einlaufen auf der meist schneebedeckten Straße, vom **Schwarzenbach** an der Barriere vorbei bis zum **Sali**. Von dort durch den Ruosalper Wald südwärts zu einem Geländerücken, dem man über Gross Gade nach **Oberen Gitschen** (1747 m) und Ober Stafel folgt. Weiter in gleicher Richtung zu einer Steilstufe und von rechts her möglichst weit oben in die Kehle zwischen **Munggenband** und **Ruosalper Bänder** queren. Durch die steile Rinne (ca. 1950 m) zur Mulde von Wächters Butzen. Nun gemütlicher weiter, anfänglich südwestwärts, dann nach links in ein Tälchensystem zwischen Balmer Grätli und Chli Glatten. Darin eher rechts haltend zu einer Rinne, die ein Felsband auf 2300 m durchbricht. Anschließend in einem weiten Bogen, etwas nördlich an P. 2438 vorbei (eine kurze Steilstufe), zum Plateau und zum Steinmann des **Glatten**. Gipfel genießen, Ski umdrehen und zurück.

Unverspurt: die Abfahrtsvariante im Nordosten des Chli Glatten.

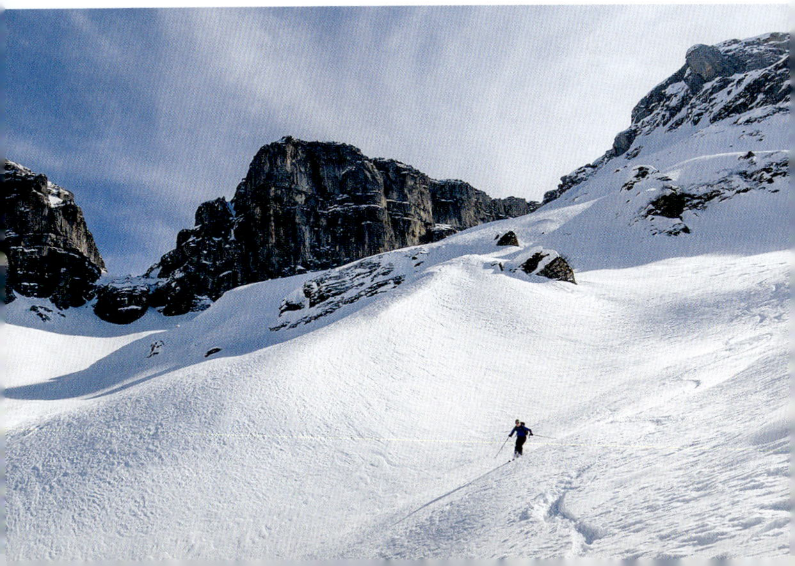

11 Firsthöreli, 2129 m

1180 Hm
3.30 Std.

Durch den Wald an die Sonne

Das Bisistal, wie der Oberlauf der Muota heißt, verdankt seine Schneesicherheit überdurchschnittlichen Niederschlagsmengen. Zudem verliert sich im Winter kaum ein Sonnenstrahl ins tief eingeschnittene Tal, weshalb die Schneedecke hier länger als anderswo bis zum Talboden reicht. Oberhalb der Waldgrenze allerdings weitet sich die Topografie zu ausgedehnten Hochebenen und sanften Kuppen, die da und dort von reizvollen Felsgipfeln unterbrochen sind. Kein Wunder, dass das Bisistal – trotz spärlichem öV-Anschluss – zu den viel besuchten Skitourendestinationen der Zentralschweiz zählt. Was sich an Wochenenden durchaus in Parkplatzknappheit niederschlagen kann.

Ausgangspunkt: Schwarzenbach (955 m), zuhinterst im Bisistal. Anreise: an Schultagen (Mo–Fr, Schulferien beachten) einige wenige Busverbindungen ab Muotathal, ansonsten per Pkw oder Taxi (Heinz Schelbert, Tel. +41 41

Fünfzig Leute am Firsthöreli, nur zwei Spuren im Gipfelhang des Mattner First.

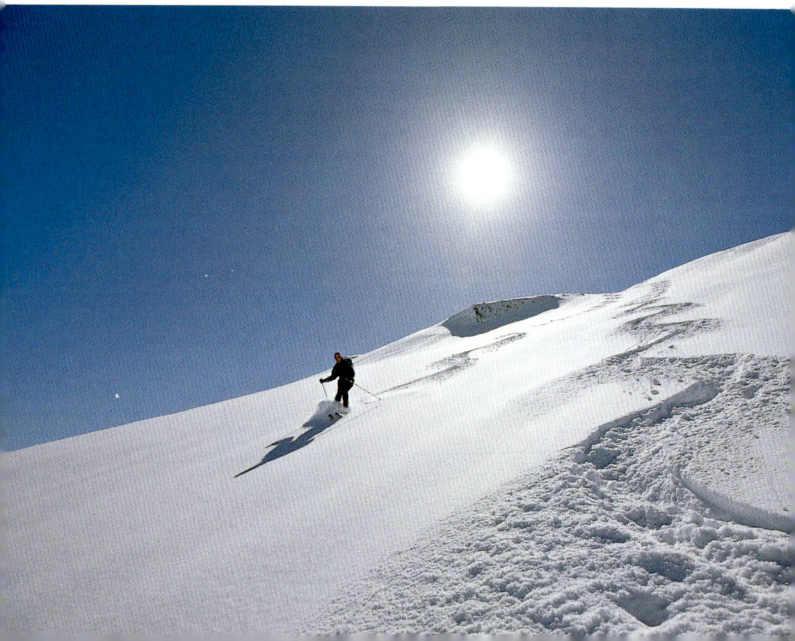

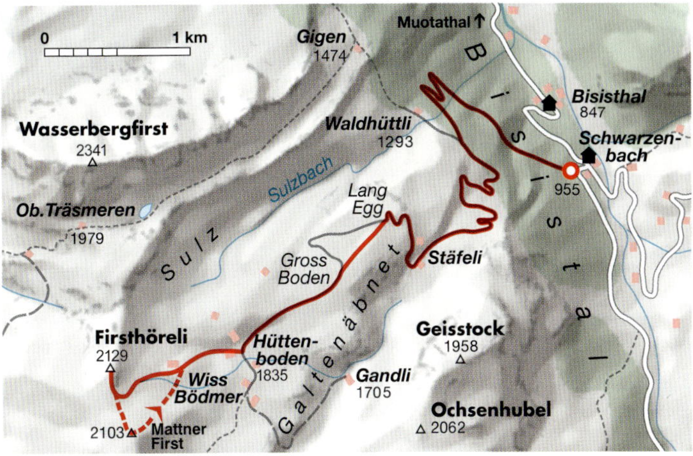

8301181, pragel-garage.ch).
Aufstiegszeiten: Schwarzenbach – Stäfeli 2 Std., Stäfeli – Firsthöreli 1.30 Std.
Anforderungen: WS–. Nach dem Stäfeli kurz um 30°. Bei Hartschnee erfordert die Abfahrt auf dem Waldsträßchen ein Minimum an Fahrtechnik.
Orientierung: Bis Stäfeli problemlos (Straße), darüber weite Hänge. Schwierig nur, wenn nicht gespurt (selten) und neblig.
Hangrichtung: Nordost bis Ost.
Lawinengefährdung: Weitgehend sicher, beim Stäfeli kann etwas Vorsicht allerdings nicht schaden.
Günstige Zeit: Dezember – März.
Einkehr: Unterwegs keine. Im Bisistal: Gasthaus Schwarzenbach, Gasthaus Schönenboden.
Karte: 1172 Muotatal.

Vom **Gasthaus Schwarzenbach** zwei kurze Haarnadelkurven auf der Straße talaufwärts, um gleich danach in den rechts abzweigenden Waldweg einzubiegen. In weiten Schlaufen auf dem Weg durch die steile Flanke über Fadtöbeli zum **Stäfeli** (ca. 1550 m, ohne Name in der LK). An dessen oberen Hütten vorbei nordwärts (kurz 30°) und auf den sanften Rücken des Lang Egg. Über **Gross Boden** quert man in den schönen Kessel von **Hüttenboden** (1835 m). Ein kurzer, etwas steilerer Hang vermittelt den Zugang südwestwärts zu Wiss Bödmer, von wo man direkt den Sattel nördlich des **Mattner First** erreicht. Rechts über den kurzen, sich oben verjüngenden Grat zum **Firsthöreli** (im Gipfelbereich oft nach Osten ausladende Wechten).
Die **Abfahrt** erfolgt meist auf der gleichen Route. Schöner indes ist, vom Sattel zum Mattner First aufzusteigen und in dessen Nordosthang nach Pulverschnee zu suchen. Weiter unten, beim Gross Boden, nicht nach links in das einladende Tälchen des Sulz-/Gigenbachs abfahren Wildruhezone.

12 Rossstock, 2461 m

N W O S

750 Hm

2.00 Std.

Erste Annäherung ans Lidernengebiet

Die offizielle Grenze zwischen Voralpen und Alpen verläuft längs durchs Riemenstaldner Tal, weshalb die Berge auf der südlichen Talseite, vom Rophaien bis zum Chaiserstock, als die ersten alpinen Gipfel gelten, wenn man von Norden kommt. Da ist etwas dran, denn felsig, schroff und rau sind sie allemal. Inmitten dieser attraktiven Kulisse findet man zahlreiche landschaftlich wie fahrerisch überaus lohnende Skitouren. Zur Beliebtheit der Gegend tragen noch weitere Faktoren bei: die rasche Erreichbarkeit, die praktische Kleinseilbahn vom Chäppeliberg aus und die sympathisch geführte Lidernenhütte. Wir beginnen die Runde mit dem Hausberg der Hütte, dem Rossstock.

Ausgangspunkt: Gitschen (1717 m), Bergstation der Seilbahn Chäppeliberg-Spilau, spilau.ch. Bus ab Sisikon bis Talstation Riemenstalden/Chäppeliberg, nur 2–3 Kurse täglich, keine Extrafahrten für Einzelpersonen oder Kleingruppen mehr möglich.
Endpunkt: Talstation Riemenstalden/Chäppeliberg (1177 m).
Höhenunterschied: Aufstieg 750 m, Abfahrt 1280 m.
Anforderungen: WS. Am Schluss Fußaufstieg über einen wenig ausgesetzten Grat. Die Talabfahrt durchs Broholz ist schwieriger (ZS–, ganz kurz um 40°), lässt sich mit der Bahn aber vermeiden.
Orientierung: In aller Regel vorgespurt.
Hangrichtung: West, Nordwest, Nord.
Lawinengefährdung: Höchstens beim Mälchbödeli und beim Gipfelhang kurz gefährdet (32°), bei guter Routenwahl fast immer machbar. Die Talabfahrt ist steil, aber selten heikel, da tief gelegen und waldig.
Günstige Zeit: Dezember – April.
Variante: Abfahrt vom Mälchbödeli zum Ober Hüttli, anfellen, Schmalstöckli umgehen und auf der Blüembergroute ostwärts zum Schnüerstocksattel aufsteigen. Von dort nordwärts über Lang Eggen, Alt Stafel und Hochtännli (ZS–, 35°, auf Wunsch auch steiler, bei Nebel nicht trivial), dann auf der rechten Talseite via P. 1232 zum Chäppeliberg.
Unterkunft: Lidernenhütte (1727 m), 87 Plätze (Winterraum 12 Plätze), während der Tourensaison oft bewartet, Tel. +41 41 8202970, lidernen.ch.
Karte: 1172 Muotatal.

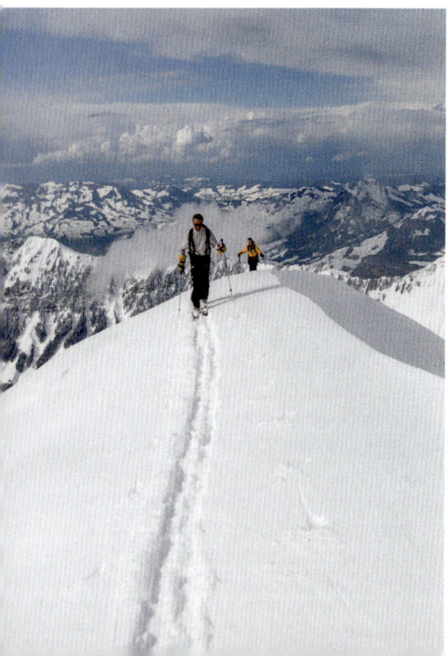

Freie Sicht: die letzten Meter zum Gipfel.

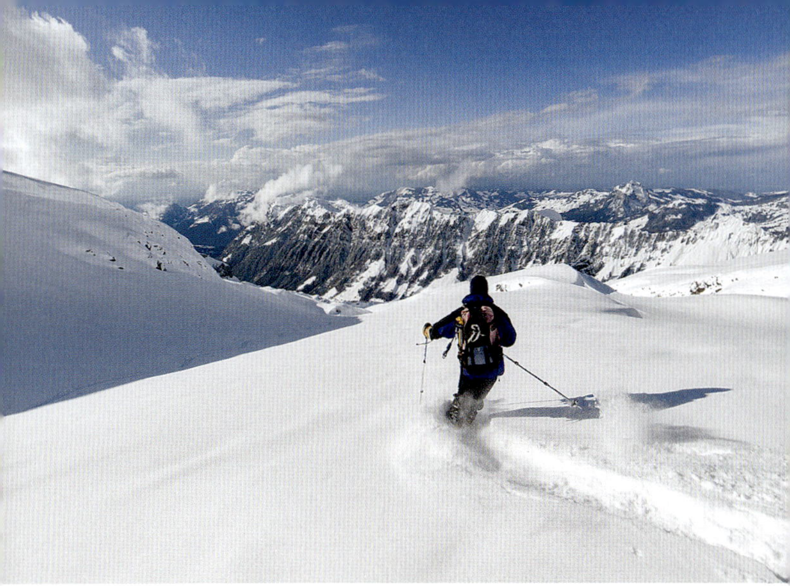

Freie Fahrt: einige der gut 700 Meter zwischen Gipfel und Lidernenhütte.

Von der Bergstation **Gitschen** steigt man Richtung Spilauhütten und kurz vor diesen links hinauf gegen das **Mälchbödeli** (von der **Lidernenhütte** kommend über Abedweid oder Ober Hüttli hierher). Beim Sattel kurz steil auf einen Rücken, dann südostwärts über den weiten, mit Mulden durchsetzten Hang hinauf. Die letzten Meter auf dem Grat zum **Rossstock** werden meist zu Fuß zurückgelegt.

Auf gleicher Route geht es zurück zum Mälchbödeli, dann links oder rechts um das Rossstöckli herum zur **Lidernenhütte** und, etwa dem Sommerweg folgend, durchs **Broholz** (waldig, kurz 40°) zum **Chäppeliberg**.

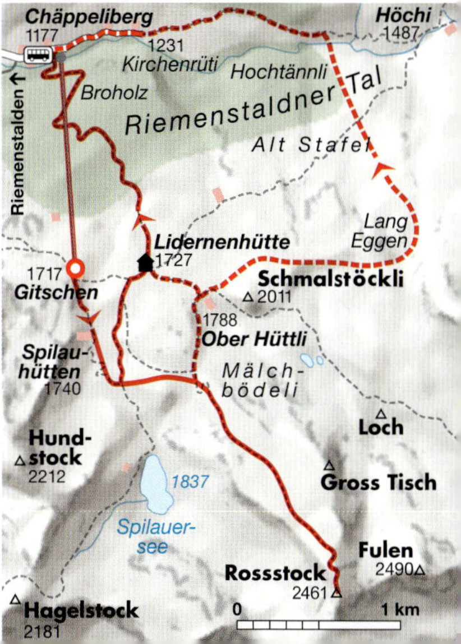

13 Hagelstock, 2181 m

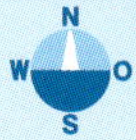

480 Hm
1.30 Std.

Ideale Überschreitung mit wenig Aufstieg und viel Abfahrt

Unser zweiter Vorschlag im Lidernengebiet führt auf den aussichtsreichen Hagelstock. Selbstverständlich könnte man von dort zum Ausgangspunkt zurückkehren, und bei heiklen Lawinen- oder Sichtverhältnissen ist das auch kein dummer Gedanke. Wenn aber alles stimmt und ausreichend Schnee liegt, sollte man sich die lange, dankbare Abfahrt über Rotenbalm genauer anschauen. Das gilt auch für jene, die in der Lidernen einquartiert sind: Den nachmittäglichen Wiederaufstieg zur Hütte übernimmt ja die Seilbahn.

Ausgangspunkt: Gitschen (1717 m), Bergstation der Seilbahn Chäppeliberg-Spilau, spilau.ch. Bus ab Sisikon bis Talstation Riemenstalden/Chäppeliberg, nur 2–3 Kurse täglich, keine Extrafahrten für Einzelpersonen oder Kleingruppen mehr möglich.
Endpunkt: Talstation Riemenstalden/ Chäppeliberg (1177 m).
Höhenunterschied: Aufstieg 480 m, Abfahrt 1010 m.
Anforderungen: ZS–. Der Tibi-Hang ist bis 37° steil, ansonsten recht liebliche Abfahrt. Leichter ist der Aufstieg (WS–).
Orientierung: Im Aufstieg einfach, auf der Abfahrt jedoch komplizierte Wegfindung, besonders zwischen 1800 m und 1500 m.
Hangrichtung: Ost, Nord, West.
Lawinengefährdung: Der Aufstieg ist recht sicher (im Spurbereich nie über 30°). Bei der Abfahrt im Tibi-Hang, evtl. auch unter dem Hundstock besteht Schneebrettgefahr.
Günstige Zeit: Dezember – April, nur bei genug Schnee im Tibi-Hang (ruppige Unterlage).
Varianten: Von Spiringen mit Seilbahn und Skilift via Ratzi zur Gisleralp, über Geissgrätli und Chinzig Chulm auf das Spilauer Grätli, runter zum Spilauersee und weiter wie beschrieben (WS).
Siwfass-Abfahrt: Vom Sattel P. 2140 waagrecht durch die Westflanke des Siwfass gegen den ersten Felsaufschwung des Hundstocks, diesen rechts umgehen und in den Osthang am Fuss des Hundstocks hinein (ZS, bis 37°).
Hundstock (2212 m): Von Gitschen über teils steile, rassige Nordhänge hinauf (ZS).
Unterkunft: Lidernenhütte (1727 m), 87 Plätze (Winterraum 12 Plätze), während der Tourensaison oft bewartet, Tel. +41 41 8202970, lidernen.ch.
Karte: 1172 Muotatal.

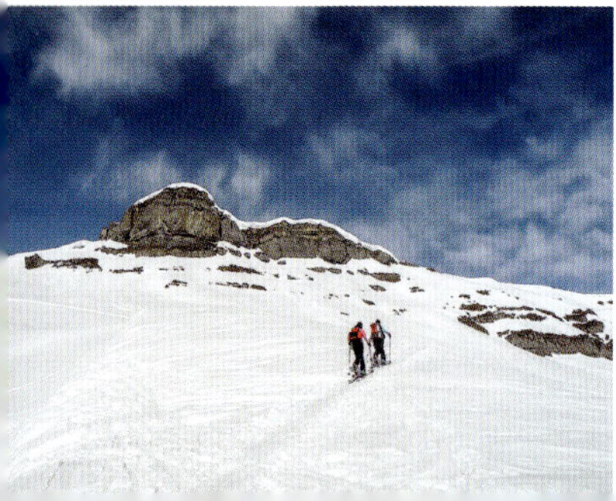

Von **Gitschen** über Spilauhütten, von der **Lidernenhütte** über Abedweid, südwärts zum **Spilauersee** und durch die weite Mulde zum **Sattel P. 2140**. Von dort über den breiten Rücken zum **Hagelstock**.
Abfahrt vom Sattel (oder vom Gipfel) westwärts zum **Schön Chulm**

Bergwärts am Hagelstock ...

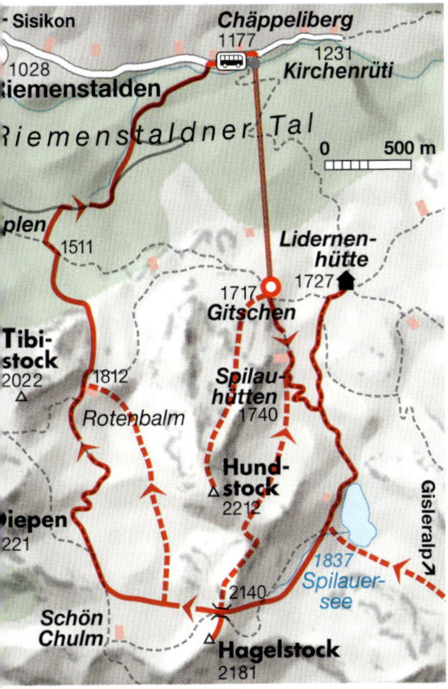

und mit Flachpassagen etwa dem Sommerweg entlang bis **Rotenbalm**. Oder, rassiger und oft pulvriger: vom Sattel P. 2140 nur kurz hinab, westlich von P. 2107 nordwärts durch ein Tälchen, später durch ein zweites unter dem Hundstock zur Ebene auf 1780 m, kurz anfellen und zur Rotenbalm aufsteigen.
Von dort fährt man über einen Rücken nordwärts hinab und quert ab ca. 1660 m stark nach links in den **Tibi-Hang**. Nach ca. 200 m nordwärts abfahren bis in die Nähe von P. 1511, auf dem Sommerweg durch einen Waldstreifen, in der nächsten Lichtung zur Alpstraße hinab und über Ängi zum **Chäppeliberg**.

... und talwärts am Hundstock: Stöcke sind immer gefragt.

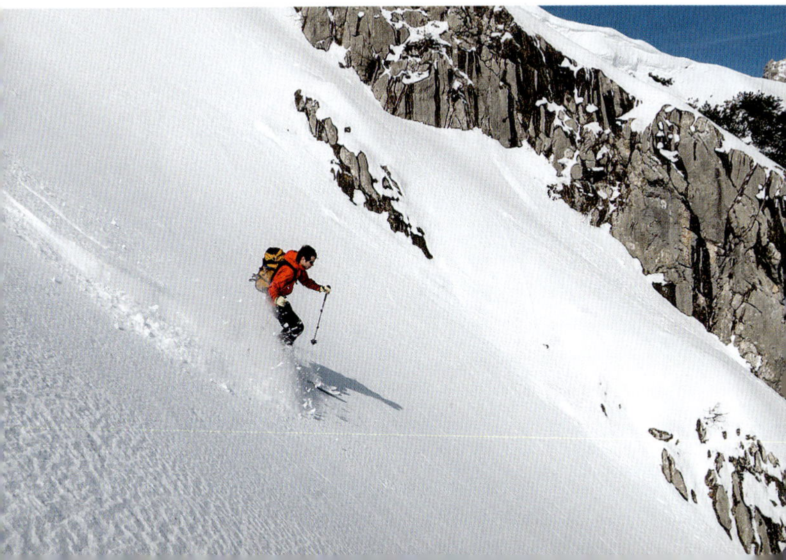

14 Blüemberg, 2404 m

N W O S

730 Hm

2.30 Std.

Nicht der höchste, aber der beste Skiberg weit und breit

Im Rahmen unserer Lidernen-Trilogie besuchen wir nun den östlichen Abschnitt der Gruppe. Das Gelände wird anspruchsvoller, die Lawinengefahr muss stärker beachtet werden. Zum Beispiel am Blüemberg, dessen Abfahrt ins Muotatal zu den Klassikern der Zentralschweiz gehört. Wie wärs damit, sich mal drei Tage Zeit in der Lidernenhütte zu nehmen und alle drei vorgeschlagenen Touren zu machen? Am ersten Tag zur Eingewöhnung (und zur Einschätzung der Schneesituation) Rossstock mit Schnüerstockabfahrt, am zweiten Hagelstock mit Talabfahrt, am dritten über den Blüemberg ins Muotatal. Das wären dann etwa 2000 Höhenmeter Aufstieg und mehr als doppelt so viel Abfahrt.

Ausgangspunkt: Gitschen (1717 m), Bergstation der Seilbahn Chäppeliberg-Spilau, spilau.ch. Bus ab Sisikon bis Talstation Riemenstalden/Chäppeliberg, nur 2–3 Kurse täglich, keine Extrafahrten für Einzelpersonen oder Kleingruppen mehr möglich.
Endpunkt: Muotathal, Ortsteil Schachen (609 m). Bus nach Schwyz.
Aufstiegszeiten: Gitschen – Schnüerstocksattel 1 Std., Schnüerstocksattel – Blüemberg 1.30 Std.

Höhenunterschied: Aufstieg 730 m, Abfahrt 1840 m.
Anforderungen: ZS. Nach dem Schnüerstocksattel steile Hangtraverse (40°), am Gipfelaufschwung eine mit Fixseilen entschärfte Felsstufe (Trittsicherheit, evtl. Pickel). Wirklich steil bei der Abfahrt ist nur die Einfahrt in den Gipfelhang (knapp 40°).
Orientierung: Die Wegfindung auf der Abfahrt ist recht anspruchsvoll, besonders ab 1900 m.

Blüemberg, Chronenstock und Chaiserstock von Norden. Unser Ziel ist der niedrigste der drei.

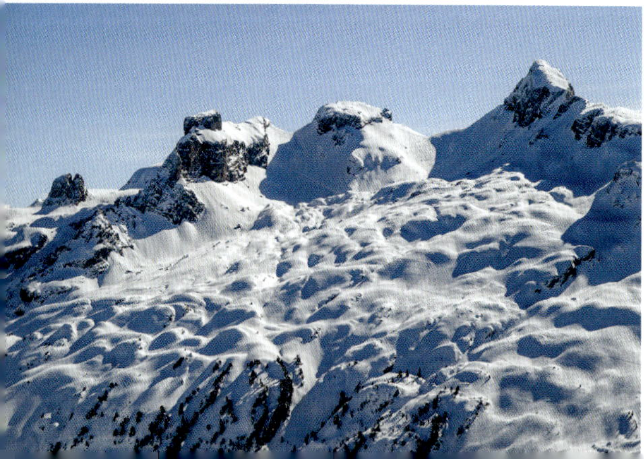

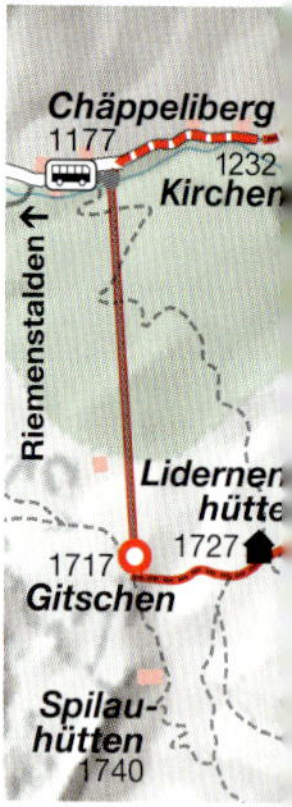

Hangrichtung: Nordwest, Nord, Nordost.
Lawinengefährdung: Nur bei sicheren Verhältnissen zu unternehmen. Problemzonen im Aufstieg sind die Traverse nach dem Schnüerstocksattel und die Gipfelmulde (im Spurbereich 32°, an den Rändern steiler). Bei der Abfahrt gilt das Hauptaugenmerk dem Gipfelhang.
Günstige Zeit: Dezember – März (Abfahrt ins Muotatal) oder April (Abfahrt ins Riemenstaldner Tal).
Varianten: Weitere Blüemberg-ZS-Abfahrten: 1. Nordwärts wie beschrieben, ab 2220 m aber nach links ins Tälchen westlich des Rupperslauistöckli, bei P. 2057 nochmals nach links in die nächste Mulde, dann am Chüestein (Vor den Löcheren) vorbei zum Brücklein bei Suterlis Hütte; anfellen, zur Höchi hinauf und auf der rechten Talseite zum Chäppeliberg zurück.
2. Auf der Aufstiegsroute zurück zum Blüemalpeli, dort aber nach Färlen hinab und über die Höchi zum Chäppeliberg.
3. Chronenstock (2451 m): Vom Blüemalpeli durch die Mulde zwischen Chronenstock und Chaiserstock ansteigen, weiter oben nach links drehen und zum felsigen Gipfelkopf (ZS). Von dort zu Fuß durch eine Felsrinne auf den weiten Gipfel (2.30 Std. ab Gitschen). Abfahrt über Blüemalpeli – Färlen oder über Husmätteli – Alt Stafel – Hochtännli.
Unterkunft: Lidernenhütte (1727 m), 87 Plätze (Winterraum 12 Plätze), während der Tourensaison oft bewartet, Tel. +41 41 8202970, lidernen.ch.
Karte: 1172 Muotatal.

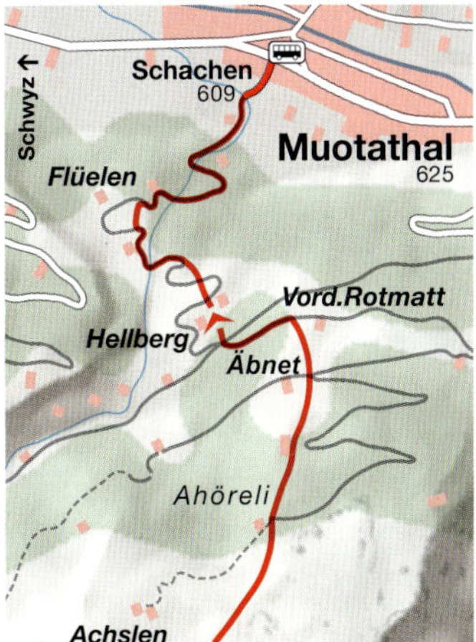

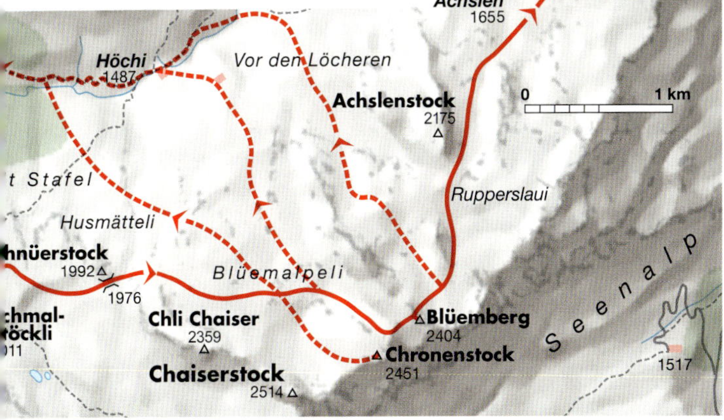

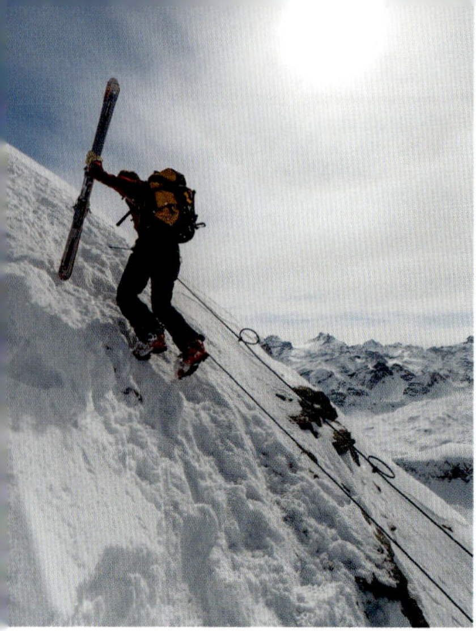

Die kurze Tragepassage vor dem Gipfel.

Von **Gitschen** zur **Lidernenhütte** und weiter ostwärts, nordseitig unter dem Schmalstöckli hindurch zu einem Wegweiser, um rechts ansteigend durch ein markantes Tälchen zu einer Mulde (ca. 1830 m) zu gelangen. Von dort in östlicher Richtung an großen Steinbrocken vorbei zum **Schnüerstocksattel** (zwischen Schnüerstock und P. 1976). Den anschließenden, sehr steilen Hang quert man am besten auf ca. 1970 m, dicht unterhalb der Felsen des Chli Chaiser, meist mit Harscheisen und Vorsicht (oder viel weiter unten, auf 1850 m, wo er weniger steil ist). Nach der Geländekante über das sanft-wellige, steinreiche **Blüemalpeli** in die relativ steile Mulde zwischen Blüemberg und Chronenstock. In weiten Spitzkehren diese hinauf bis kurz vor dem **Sattel P. 2348** (Vorsicht, stark nach Südosten ausladende Wechten!). Links gegen die Felsen des Gipfelaufbaus zu, Ski aufbinden und die letzten 30 Höhenmeter zum **Blüemberg-Plateau** zu Fuß zurücklegen (Fixseil, etwas abschüssig). Für die **Abfahrt** ins Muotatal quert man vom Gipfelkreuz etwas nach Nordwesten zurück, fährt rechts über eine kurze Stufe 10 m hinab und gleich wieder stark nach rechts in den weiten **Gipfelhang** hinein. Über diesen, rechts am Rupperslauistöckli vorbei, zum gleichnamigen Bödeli (Rettungsschlitten). Kurzer Gegenaufstieg zum Sattel rechts des Grossen Achslenstocks und in die Mulde der **Achslenteuffi** hinab. Ab 1900 m stark rechts halten, östlich an Wasserböden vorbei zu einer kleinen Fläche auf 1630 m, von wo durch eine schmale Waldstelle nordwärts zum **Ahöreli** abgefahren werden kann. Weiter durch lichten Wald und Waldlichtungen nach Riggis, Äbnet und zur Straße links der Vorder Rotmatt. Auf der Straße durch den Wald und gleich danach zwischen **Hellberg** und **Hellweid** hinab. Beim linken unteren Ende der Lichtung (Skiwegweiser) zum Sträßchen wechseln und das Helltobel queren. Nun über Flüelen hinab, wieder kurz auf der Straße und noch vor dem Helltobel links zu den ersten Häusern von Hundenen. Von dort in Kürze ins Dorf **Muotathal**. Bushaltestelle im Ortsteil Schachen bei P. 609.

Falls der Schnee nicht bis Muotathal reicht: Abfahrt via Vor den Löcheren (→ Variante).

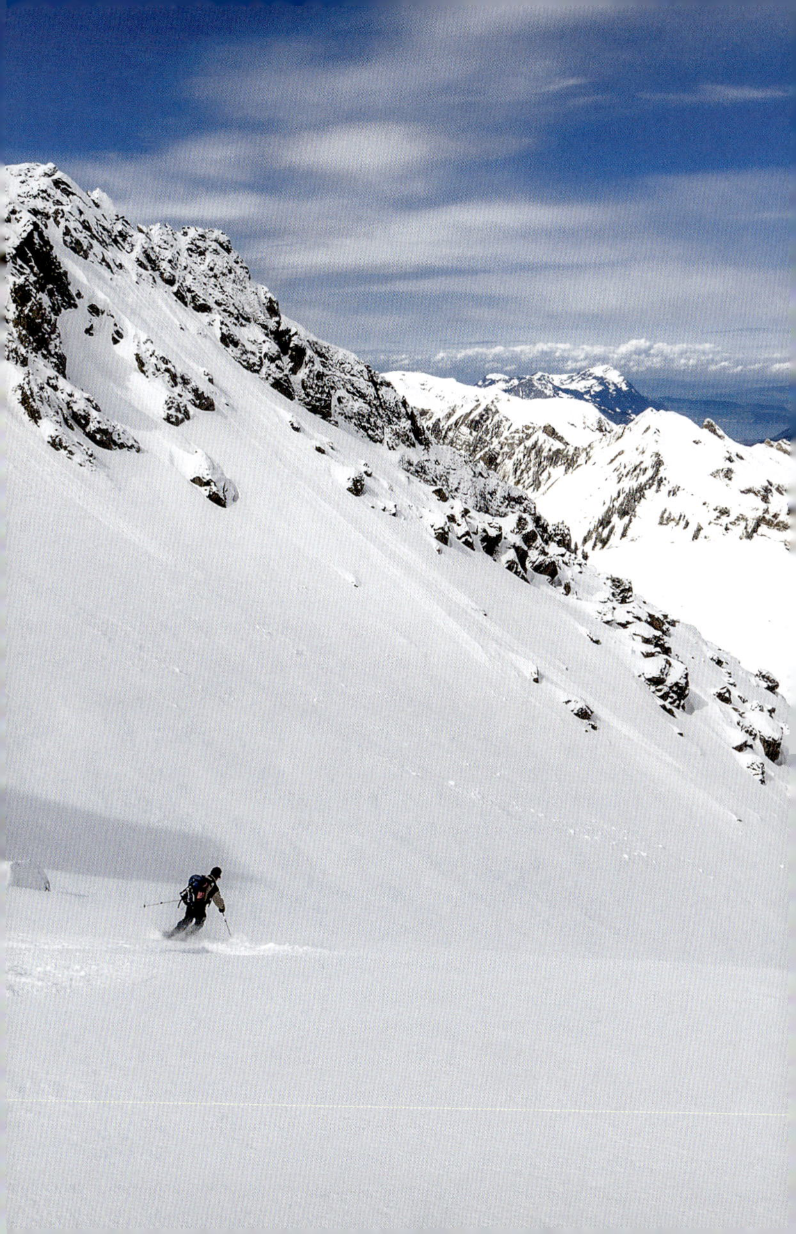

15 Hängst, 1890 m, Sisiger Spitz, 1914 m, Driangel, 1789 m

1260 Hm
5.00 Std.

Fünf Gipfel und viel, viel Abfahrt ins Muotatal

Seit Ende 2007 führt ein Sessellift auf den höchsten Gipfel der Stoosalpen, den Chlingenstock. Für die Pistenfahrer ist hier Schluss, für uns erst der Anfang: Gleich vier Gipfel hängen wir noch an, vom P. 1862 über den Hängst bis zum Sisiger Spitz und zum Driangel. Weshalb sich diese erstaunlich einsame Tour lohnt, verrät ein Blick auf die Höhenunterschiede – vor allem bei der Abfahrt.

Ausgangspunkt: Sesselbahn-Bergstation Chlingenstock (ca. 1930 m). Anreise per Standseilbahn ab Schwyz/Stoosbahn (Bus ab Bahnhof Schwyz) oder per Luftseilbahn ab Morschach Talstation (Bus ab Bahnhof Brunnen) zum Stoos, dann zu Fuss in 15 bzw. 25 Min. zur Sesselbahn-Talstation.
Endpunkt: Muotathal, Ortsteil Schachen (609 m). Bus nach Schwyz.
Aufstiegszeiten: 5 Std., verteilt auf mehrere Aufstiege.
Höhenunterschied: Aufstieg 1260 m, Abfahrt 2580 m.
Anforderungen: ZS. Viele Stellen zwischen 30 und 40°: Abfahrt von P. 1862, Schlusshang am Hängst, zwischen Geissbützen und Laubgarten, am Sisiger Spitz, in der Nordabfahrt vom Driangel und nach dem Wannentritt. Durch Weglassen oder Umfahren der Gipfel (P. 1862 etwa via Rossboden – Ahöreli) können einige Steilstellen gemieden werden; nicht aber jene am Geissbützen und Wannentritt.
Orientierung: Bei guter Sicht unproblematisch. Je weiter weg vom Skigebiet, desto weniger Spuren wird man antreffen – oft auch gar keine.
Hangrichtung: Nord, Ost, Südost.
Lawinengefährdung: Zahlreiche schattige Steilhänge (s. Anforderungen), nur bei sicheren Bedingungen.
Günstige Zeit: Dezember – März.
Karte: 1172 Muotatal.

Vom **Chlingenstock** ostwärts hinab zum Sattel P. 1842 und zum Gipfel bei P. 1862. Kurz auf dem Grat Richtung Hängst abfahren und links via Böllenloch hinunter ins «Loch» (P. 1395). Dort erreicht man die Straße und folgt dieser (Wildschongebiet), um bei der nächsten Lichtung gegen den Tröliger

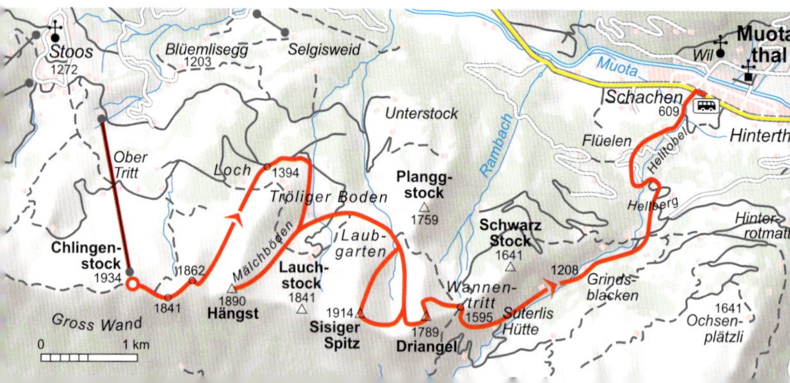

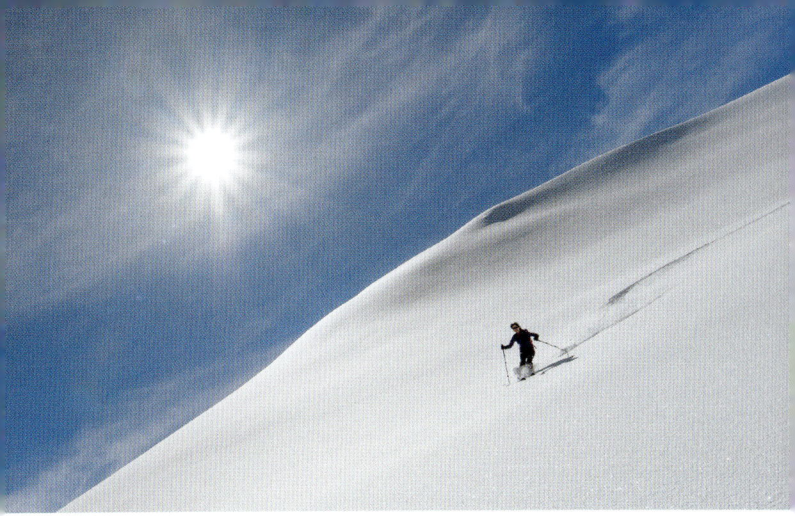

Da war heute noch keiner: Abfahrt vom Hängst.

Boden abzudrehen. Nun via Mälchböden auf den **Hängst**. Auf gleicher Route hinab, ab 1500 m jedoch stark rechts halten. Via Geissbützen gelangt man in den Laubgarten. Von hier aus südwärts Richtung First, dann ab 1700 m nach rechts und zum **Sisiger Spitz**, von wo man zurück zum Laubgarten abfährt – eventuell auch direkt, über die steile Nordostflanke. Erneut hinauf, nun aber ab 1700 m nach links zum **Driangel**. Die letzte, lange Abfahrt folgt kurz dem Nordgrat und dreht vor P. 1724 in den steilen Nordosthang, um dann zum **Wannentritt** zu queren. Von hier kurz steil hinab (eventuell abrutschend oder zu Fuß). Weiter geht es via Suterlis Hütte, Grindsblacken und Frutt zum Hellberg, wo die Blüemberg-Abfahrt einmündet. Das Helltobel wird auf dem Sträßchen überquert, dann über Flüelen in den Talboden, zum Ortsteil Schachen und zur Haltestelle **Muotathal Post**.

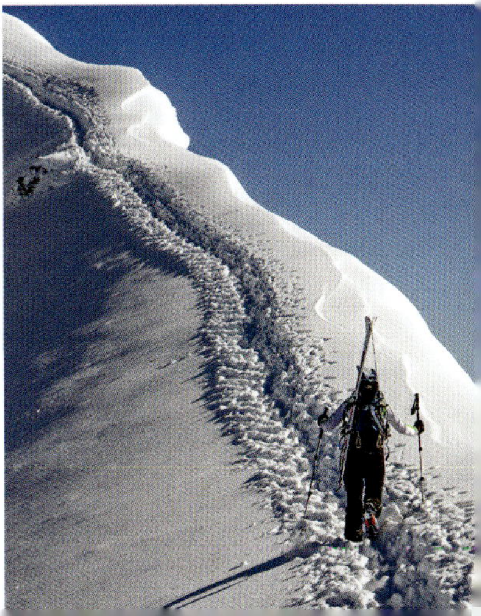

Da war schon mancher: Aufstieg zu P. 1862.

16 Mettener Butzli, 1985 m

500 Hm
1.45 Std.

Kein Berg ist auch ein Ziel

Muss es denn immer ein Gipfel sein? Die Südhänge des Schächentals bieten dreierlei: schöne Kulturlandschaften mit vielen ganzjährig bewohnten Höfen bis über 1600 m, viel Sonne und eine unerreichte Aussicht auf Clariden, Schärhorn, Ruchen und Gross Windgällen. Ein ideales Ziel, wenn einem der Sinn nach einem unbeschwerten Bergtag steht. Liegt der letzte Schneefall nicht allzu weit zurück, gibts noch eine lohnende Abfahrt dazu.

Ausgangspunkt: Tristel (1554 m), Bergstation der Kleinseilbahn Spiringen-Tristel (zwei Sektionen), seilbahnen-uri.ch. Falls unbedient Jetonbetrieb (Jetonbezug gemäß Anschlag an der Talstation). Bus ab Altdorf bis Spiringen, Haltestelle Kipfen-Tristel (964 m).öööEndpunkt: Unterschächen (1000 m). Bus nach Altdorf.

Höhenunterschied: Aufstieg 500 m, Abfahrt 1050 m.
Anforderungen: WS. Wenige, kurze Steilhänge um 30°.
Orientierung: Gegliedertes Gelände, wo man sich durchaus kurz verirren kann – aber ohne größere Folgen.
Hangrichtung: Süd, Südwest.
Lawinengefährdung: Vor dem Mettener Butzli evtl. Nassschneerutsche (Südhang, 33°).
Günstige Zeit: Dezember – Februar.
Varianten: Von Urigen (Postauto) zum Mettener Butzli über Egg – Schwand, Hegerbergli – Schlenggen oder Misburg – Mettenen – Lawinenverbauungen (alle WS, 2 Std.). Vom Butzli lohnender Abstecher zum Hang am Fuß des Windgällen.
Karte: 1192 Schächental.

Von **Tristel** steigt man zur Gross Obermatt an, quert diese hinunter zur Riedmatt und fädelt bei Obheg in den Waldweg ein. Nach Überquerung des Grabens bei P. 1615 ostwärts hinauf nach **Schwand**. Auf ca. 1800 m wechselt man auf dem Wanderweg in ein Tälchen knapp östlich von P. 1853 hinein. Durch dieses Tälchen hinauf, im oberen, steilen Teil kurz links ausholend, um auf 1920 m nach rechts auf eine fla-

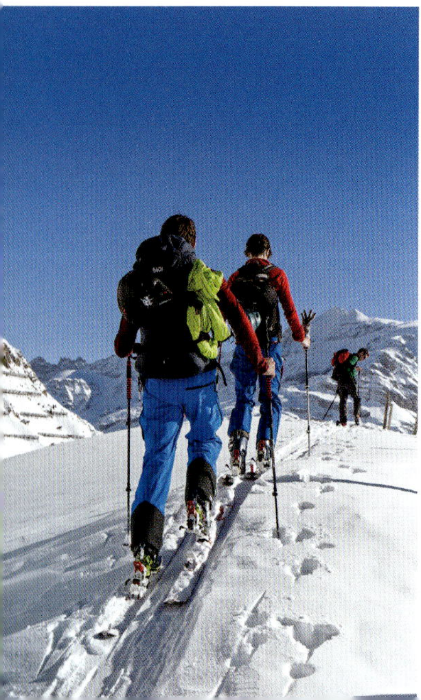

Geschafft! Auf dem Mettener Butzli.

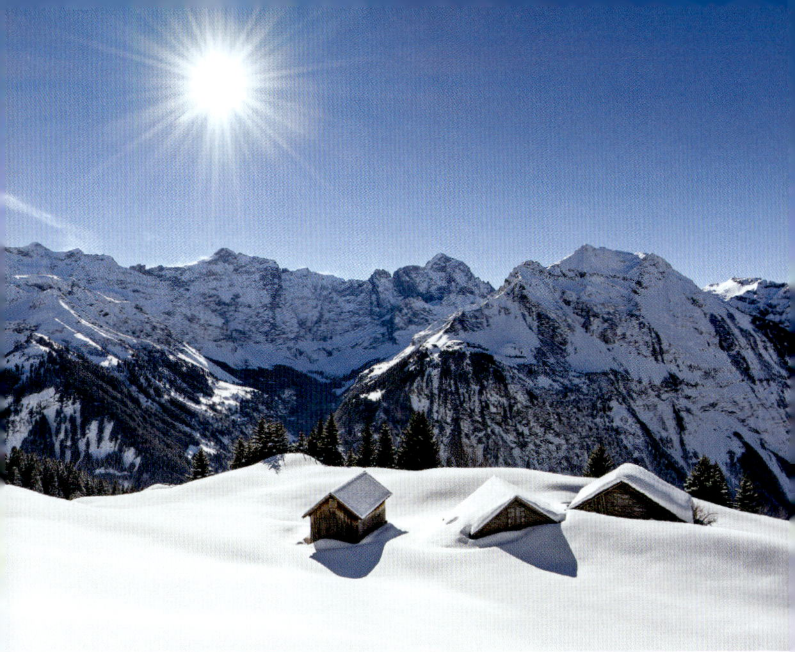

Kleine Hütten, große Berge: Gross Ruchen, Gross Windgällen und Gross Spitzen.

che Schulter hinauszuqueren. Mit einigem Auf und Ab (Felle anbehalten) überschreitet man den Wall der **Butzlichöpf**, die das **Mettener Butzli** südlich begrenzen und aussichtsreiche Rastplätze abgeben.

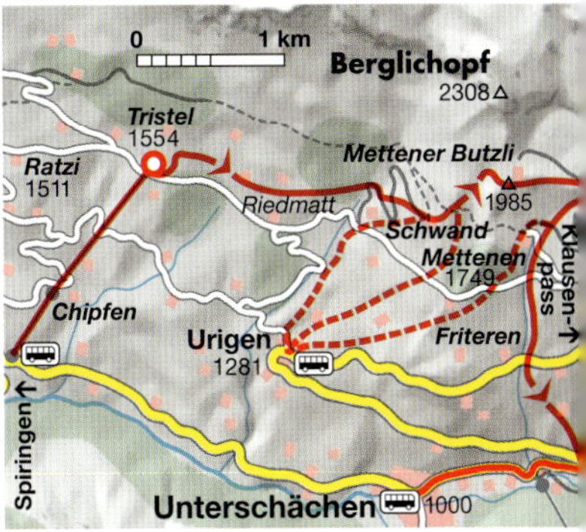

Am anderen Ende des Grats zwischen den untersten Lawinenverbauungen hindurch, dann über schöne Hänge Richtung **Mettenen** hinunter, allerdings auf der linken Seite des Bacheinschnitts bleibend. Stets links des Fritertals nach **Hirmi**, die geräumte Straße kreuzen und links haltend hinab zur Hauptstraße bei der Haarnadelkurve P. 1092 (nicht gerade hinabfahren, dichtes Buschwerk). Auf oder neben der Straße weiter nach **Unterschächen**.

17 Wäspen, 2345 m

N W O S

720 Hm
2.30 Std.

Klein, aber oho im Schächental

Von Unterschächen führt ein tief eingeschnittenes, schattiges Tal südwärts, das Brunnital. Auf den nächsten beiden Touren werden wir es noch kennenlernen. Doch schon am Taleingang beeindrucken links und rechts zwei massige Bollwerke, der Wäspen und die Gross Spitzen. Beide sind kaum überlaufene, aber begehrte Skitourenziele, beide sind dank Kleinseilbahnen relativ rasch erreichbar und beide erfordern eine stabile Schneedecke und gute Skitechnik. Aber nur der Wäspen erlaubt eine Überschreitung. Hier ist sie.

Ausgangspunkt: Wannelen (1633 m). Mit Bus zur Haltstelle Unterschächen Ribi und zur Talstation der Kleinseilbahn (Voranmeldung empfohlen unter Tel. +41 41 8791969).
Endpunkt: Unterschächen (1000 m). Bus nach Altdorf.
Höhenunterschied: Aufstieg 720 m, Abfahrt 1350 m.
Anforderungen: S. Rassige Tour. Die ausgesetzte Querung ins Wanneler Butzli erreicht 35°, der Ausstieg 40°. In der Abfahrt eine kurze Steilstufe, sichere Fahrweise erforderlich.
Orientierung: Wer die Tour anspuren muss, benötigt gute Erfahrung.
Hangrichtung: Alle.
Lawinengefährdung: Heikle Hänge vor allem im Wanneler Butzli, nur bei sehr sicheren Verhältnissen.
Günstige Zeit: Januar – April.
Variante: Einfacher, sicherer und länger ist der Aufstieg ab Ribi via Äsch, Gurtenstalden, P. 1513 und Oberalp (ZS, 4.45 Std.).
Karte: 1192 Schächental.

Von **Wannelen** südwestwärts hinauf, hinten um die Lawinenverbauungen herum und zu einer Hütte auf dem Grat. Weiter zur Schulter P. 1987 und bis 2060 m, um möglichst hoch in den steilen, ausgesetzten Nordosthang des **Hoch Chopf** zu queren und leicht absteigend ins **Wanneler Butzli** zu gelangen. Nun die steile Mulde hoch und knapp links von P. 2206 auf den schmalen Gratfirst. Ein felsiges Gratstück wird südseitig umgangen, dann quert man zurück zum Fuß des Wäspen-Nordostrückens auf 2200 m. (Hierher auch vom Wanneler Butzli ostwärts durch ein Couloir und über P. 2148.)

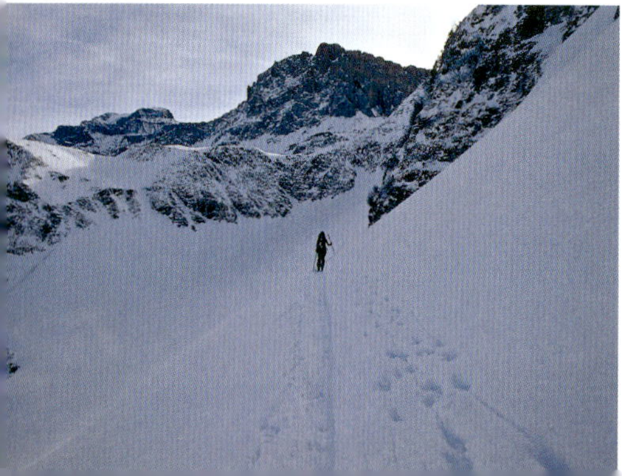

Steile Querung ins Wanneler Butzli.

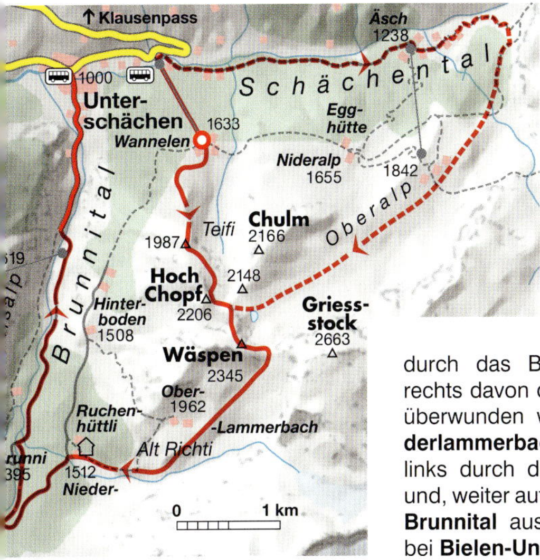

Über den gestuften Rücken zum weiten Plateau des **Wäspen** hinauf. Vom Sattel im Osten des Gipfels führt ein schöner Hang Richtung Südwesten über Laucheren und Alt Richti zu einer **Felsstufe** hinunter, die entweder durch das Bachtobel oder etwas rechts davon durch eine steile Rinne überwunden wird. Dann nach **Niederlammerbach**, auf der Straße nach links durch den Gross Wald hinab und, weiter auf der Straße, das ganze **Brunnital** auswärts bis zur Brücke bei **Bielen-Unterschächen**.

Kurz vor dem Gipfel des Wäspen weiten sich Horizont und Pupillen.

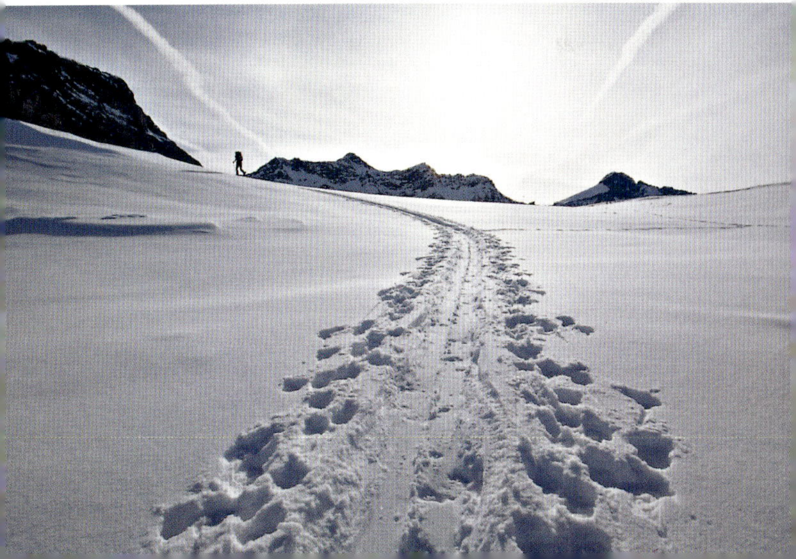

18 Gross Ruchen, 3137 m

2150 Hm
6.30 Std.

Der lange Marsch zum großen Glück

Ruch heißt rau. Das ist das hintere Brunnital definitiv. Als typisches Trogtal wird es links und rechts von steilen Flanken eingefasst. Noch rauer jedoch ist der Talabschluss mit seiner riesigen Kalkmauer, eine der mächtigsten des ganzen Alpenbogens. Allein die Nordwand des Gross Ruchen misst 1300 Meter Höhe, die ganze Felsflucht – inklusive Gross Windgällen – ist über 7 Kilometer breit. Eine großartige Umgebung für eine der größten und längsten Touren der Zentralschweiz, jene durch die Ruchenchälen auf den Gross Ruchen. Definitiv ruch.

Ausgangspunkt: Unterschächen (1000 m), Bus ab Bahnhof Altdorf.
Aufstiegszeiten: Unterschächen – Brücke P. 1409 1.30 Std., Brücke P. 1409 – Ruchchälenpass 3.15 Std., Ruchchälenpass – Gross Ruchen 1.45 Std.

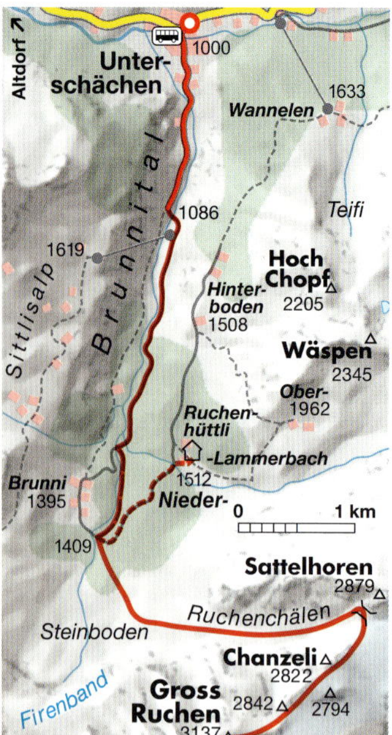

Anforderungen: ZS+. Sehr lange, alpine Tour. Im oberen Teil der Ruchenchälen bis 38°. Im Fußaufstieg zum Gipfel leichte, aber ausgesetzte Kraxelstellen. Pickel und Steigeisen empfehlenswert.
Orientierung: Sehr logische Route, bei guter Sicht problemlos.
Hangrichtung: West, Nord, Ost.
Lawinengefährdung: Die Ruchenchälen ist nichts für Tage mit erheblicher Lawinengefahr, im Ausstieg liegt gut und gerne Triebschnee.
Günstige Zeit: Februar – April.
Variante: Mit Anreise am Vortag und Übernachtung im Ruchenhüttli bei Niederlammerbach (1512 m, 12 Plätze, Schlüssel in Unterschächen, Tel. +41 41 8791592, ruchenhuettli.ch) verkürzt sich die Tour um eine gute Stunde und lässt sich so besser mit öffentlichen Verkehrsmitteln durchführen – evtl. kombiniert mit dem Wäspen (Tour 17).
Karte: 1192 Schächental.

Von **Unterschächen** südwärts zur Brücke bei **Bielen** (1024 m, Parkplatz) und ins **Brunnital** hinein, bei P. 1086 über die Hinter Schächen wechseln und zur Brücke P. 1409 im **Talabschluss**. Nun nach links über das Lauweli und Steinboden in die riesige **Ruchenchälen**, der man bis zuoberst folgt. Bei ungünstigen Bedingungen können sich im oberen Teil Steigeisen als nützlich erweisen. Vom **Ruchchälenpass** (2611 m) südwestwärts, zwischen Chanzeli und P. 2794 auf eine Ebene, dann knapp südlich von P. 2842 auf den Gipfelrücken und allmählich auf den **Ostgrat** hinaus (Vorsicht vor Wechten). Das **Skidepot** findet meist auf einer Firnschulter auf ca. 3000 m statt. Weiter zu Fuß zu den Gipfelfelsen, über zwei Aufschwünge empor (Haltekette, ausgesetzt, besser mit Steigeisen) und zum luftigen Gipfelfirst des **Gross Ruchen**. Und dann all die 2150 Höhenmeter wieder zurück.

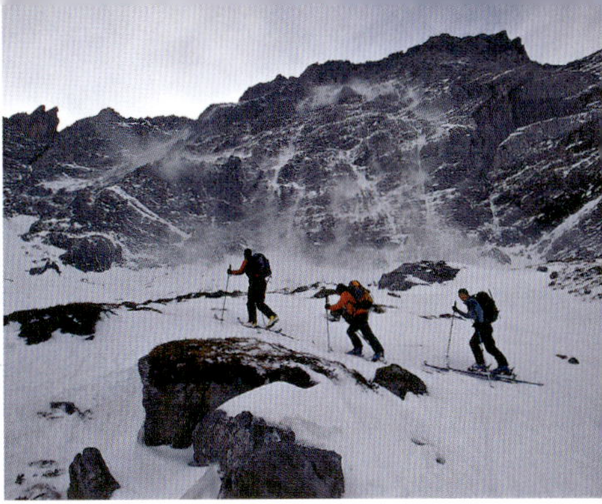

Brrr! »Spin drifts« aus der Nordwand des Gross Ruchen.

Uff! Endlich Sonne beim Ausstieg zum Ruchchälenpass.

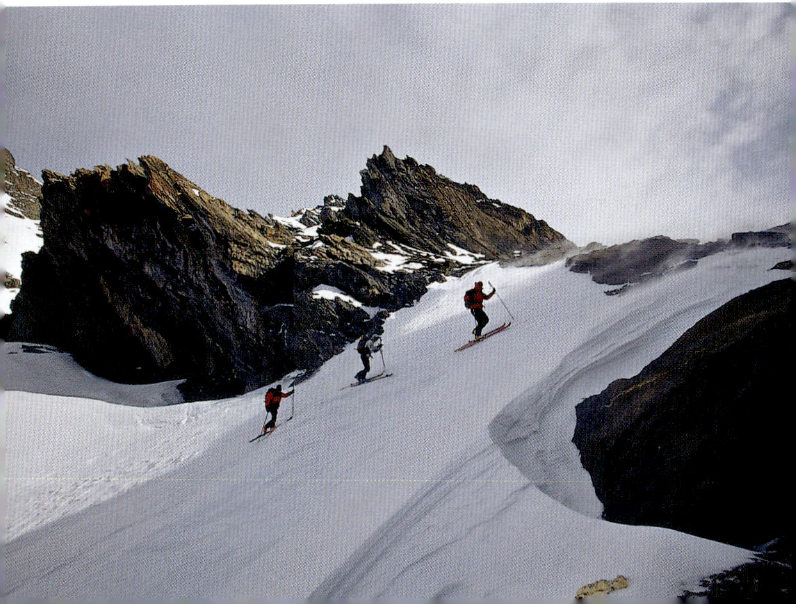

19 Seewligrat, 2245 m

N W O S

1250 Hm
4.00 Std.

Ein Fest für die Augen

Jedes Jahr kehrt im Brunnital mit dem Winter die Ruhe ein. Tief verschneite Wälder und Felswände voller Eiskaskaden machen das Tal in der kalten Jahreszeit zum Kleinod und zum lohnenden Ziel für all jene Schneeschuh- und Skiwanderer, die nicht unbedingt auf viel Sonne angewiesen sind. Selbst als Skitourenfahrer, der traditionellerweise eher auf Aufstiege und Abfahrten getrimmt ist, wird man die gut einstündige Wanderung durch den Talboden gut in Erinnerung behalten. Eine stimmige Fortsetzung wäre da der Aufstieg über die Hochebene des Griesstals zum Seewligrat, der eine eindrückliche Nahsicht auf die 1000 Meter hohe Windgällen-Wand eröffnet.

Ausgangspunkt: Unterschächen (1000 m), Bus ab Bahnhof Altdorf.
Aufstiegszeiten: Unterschächen – Brunni 1.30 Std., Brunni – Seewligrat 2.30 Std.
Anforderungen: L. Nie über 25°.
Orientierung: Im Griesstal bei Nebel heikel, sonst problemlos.
Hangrichtung: Ost, Nord.
Lawinengefährdung: Bei guter Routenwahl sichere Tour.
Günstige Zeit: Dezember – April.
Varianten: Über den Zinggen (2335 m): Von Mälchbödemlenen nach links zum Sprossengrätli, abfellen, möglichst links haltend steil ins Griessbiel abfahren und hinauf zum Zinggen. Der Grat ist dort oft verwächtet, die Einfahrt in den Hang unmittelbar bei P. 2335 am steilsten (über 45 Grad), näher beim Felszapfen etwas einfacher und südlich des Zapfens (west-

Im Griesstal, bald geht's links zum Seewligrat. Rechts hinten der Hoch Fulen.

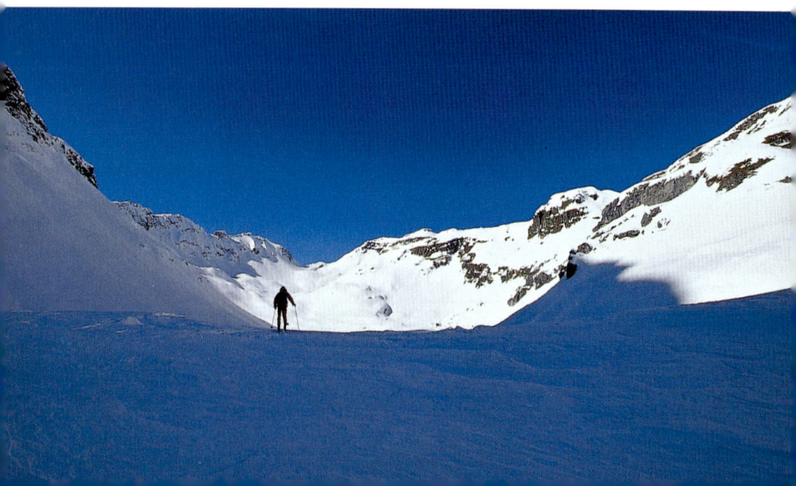

seitig zu Fuss umgehen) deutlich komfortabler. Abfahrt durch die versteckte Mulde bis Griesseggen. Das abschliessende Felsband rund 100 m westlich von P. 1802 dank einer Steilrinne (45°) überwinden und über die Hänge von Pfaffen nach Brunni (S, nur wenn die Rinne beim Felsband ausreichend eingeschneit ist – lässt sich im Aufstieg einsehen).
Hoch Fulen (2506 m): Im Griesstal weiter Richtung Stich, kurz davor auf 2260 m nach Nordwesten drehen und über den Südrücken zum Gipfel (WS+, 4.45 Std. ab Unterschächen).
Karte: 1192 Schächental.

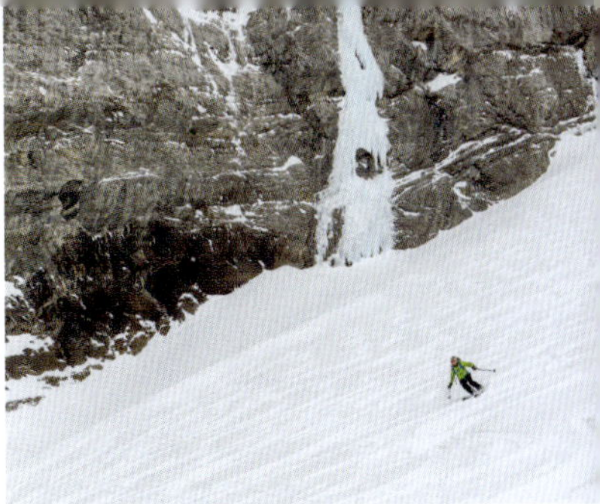

Ein Kühlschrank, aber auch ein Heidenspass: die Variante über den Zinggen.

Von **Unterschächen** wandert man südwärts zur Brücke bei Bielen (Parkplatz), wo man oft schon in die Bindungen steigen kann. Ein meist präparierter Weg führt zu P. 1086, wechselt dort die Talseite und zieht weiter taleinwärts zur Siedlung **Brunni** (1395 m). Nun etwas südlich des Sommerwegs durch lichten Wald und über offene Hänge ins **Griesstal**. Dem weiten, sanft ansteigenden Talboden folgt man bis etwa 1950 m, zieht langsam nach links und steigt westlich der Schattenplanggen zu einem Boden auf 2100 m. Die Mulde von Mälchbödemlenen führt von dort rasch zum **Seewligrat**.
Auf dem gleichen Weg gehts wieder nach Hause.

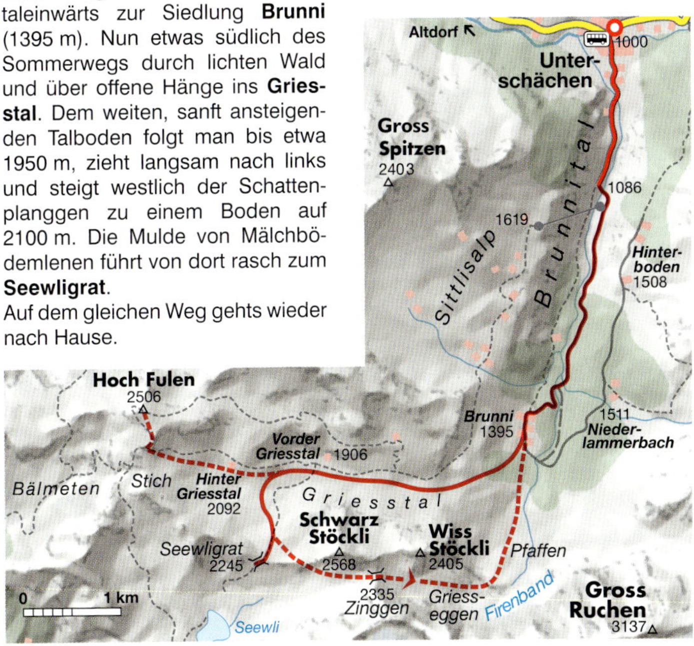

TOP 20 Oberalpstock / Piz Tgietschen, 3328 m

N W O S

700 Hm

2.30 Std.

In der Länge liegt die Würze

Der halb urnerische und halb bündnerische Oberalpstock, markantester und höchster Berg zwischen Galenstock und Tödi, genießt unter Skitourenfahrern besonders hohes Ansehen. Und das mit Fug und Recht: Dem kurzen Aufstieg steht eine steile und alpine Abfahrt gegenüber, die legendäre Route über den Staldenfirn ins Maderanertal. Mit über 2600 Höhenmetern am Stück, davon fast 2000 in anhaltend steilem Skigelände, ist sie eine der längsten der Schweiz. Alleine wird man dort an einem schönen Märzsonntag mit Stufe 2 kaum unterwegs sein, und wer die erste Spur durch die Gems- und Milchplanggen ziehen möchte, braucht in der Regel einen alerten Schutzengel. Aber die Hänge zwischen Gipfel und Ligegg sind ausreichend breit, um auch dem hundertsten Besucher noch eigene Kurven zu ermöglichen. Danach wirds allerdings knapp …

Ausgangspunkt: Bergstation Skilift Piz Ault (2770 m). Von Disentis (1130 m), mit dem Ortsbus oder zu Fuß (20 Min.) zur Talstation der Bergbahnen (disentis.fun, Tourenticket bis Piz Ault 30 CHF, Stand 2023).

Endpunkt: Bristen, Haltestelle Golzern Talstation (834 m). Bus über Amsteg nach Erstfeld.

Höhenunterschied: Aufstieg 700 m, Abfahrt 2640 m.

Anforderungen: S+. Mäßig schwieriger Aufstieg (ZS–), schwierige Abfahrt (S+). Am Piz-Ault-Grat helfen Halteklammern über eine steile Felsplatte hinauf. Der Brunnifirn wird bei guter Schneebedeckung meist unangeseilt betreten, bleibt aber ein verspalteter Gletscher. Bei Blankeis heikle Einfahrt in den Staldenfirn (Pickel, evtl. Seil). Danach lange, rassige und konditionell fordernde Abfahrt mit Steilpassagen bis zuletzt (45° nach Ligegg und unterhalb Milchplanggen).

Orientierung: Da oft befahren, ist die ganze Tour meist gut zu finden, erfordert im unteren Teil zwischen Ligegg und Stössi aber viel Aufmerksamkeit. Bei Nebel sehr schwierig.

Hangrichtung: Alle.

Lawinengefährdung: Sichere Verhältnisse sind ein absolutes Muss, sowohl in Bezug auf Schneebrettlawinen wie auf Nassschneerutsche – und das bis 1260 m hinunter.

Günstige Zeit: Februar – April.

Variante: Ein langer, aber interessanter Aufstieg auf den Oberalpstock führt von der Etzlihütte (2051 m, 75 Plätze, Winterraum 4 Plätze, während der Tourensaison meist bewartet, Tel. +41 41 8202288, etzlihuette.ch) über Chrüzlipass, Val Strem und Fuorcla da Strem Sura (ZS+, 6 Std.).

Unterkunft: Etwas abseits der Route (vom Brunnifirn nordostwärts abfahren zur Fuorcla da Cavardiras, ca. 20 Min.): Camona da Cavardiras (2652 m), im Winter unbewartet, Winterraum offen (10 Plätze), Tel. +41 81 9475747, cavardiras.ch.

Karte: 1212 Amsteg.

Auf dem Brunnifirn. Hinauf spurt einer für alle, hinab jeder für sich …

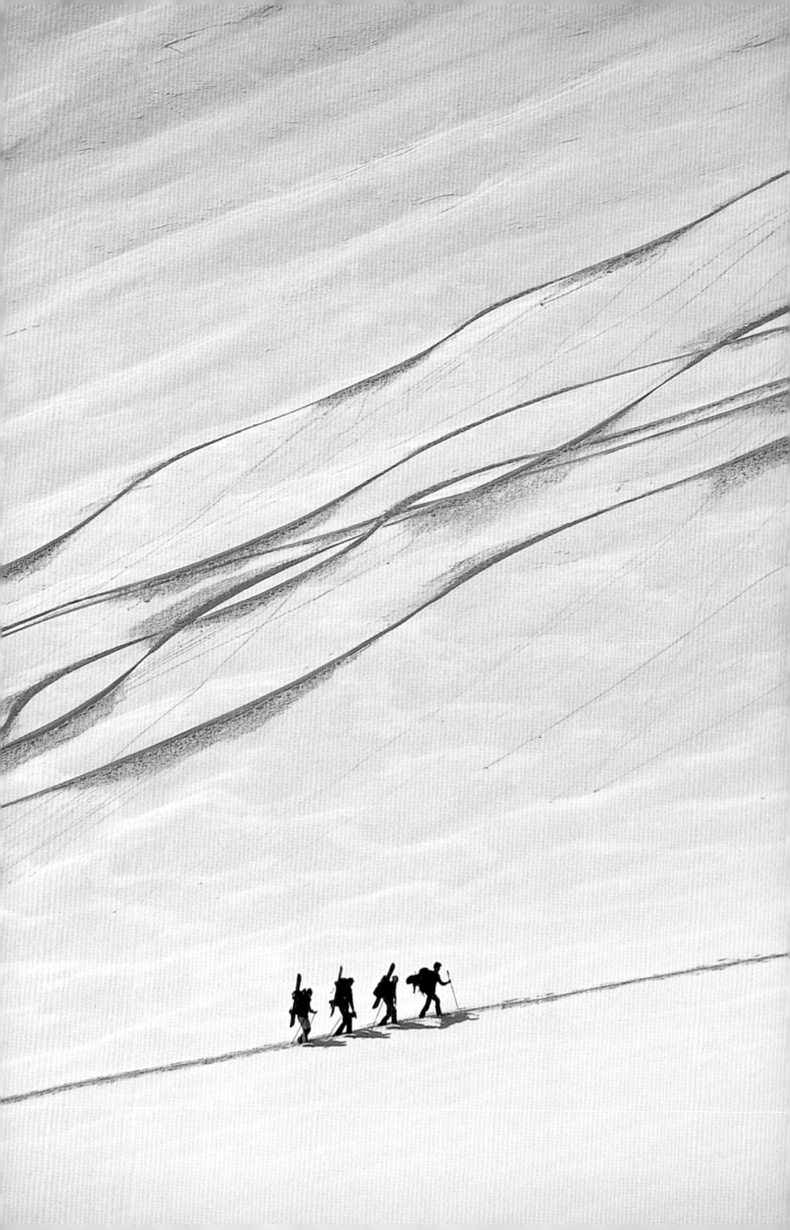

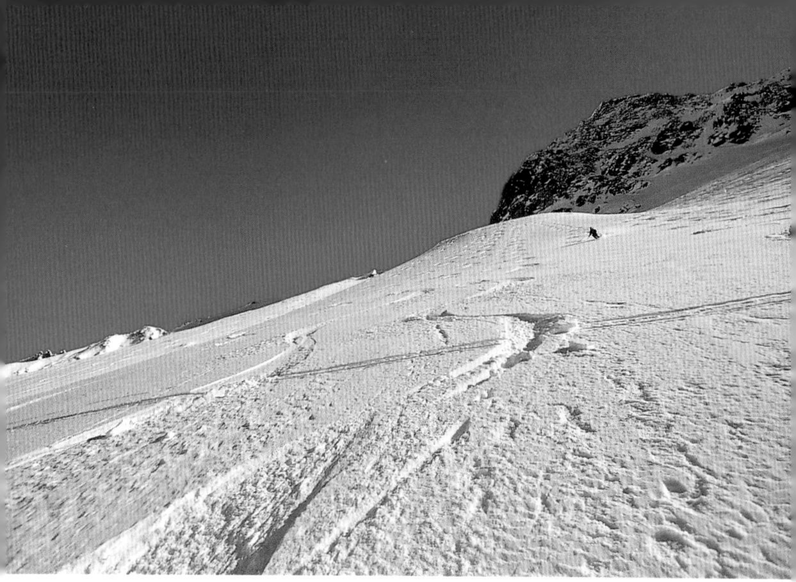

Die steilen Gemsplanggen gelten als Herzstück der Oberalpstock-Abfahrt.

Vom **obersten Skilift** des Disentiser Pistengebiets kurz links ausholen, dann den Südost-Sporn des **Piz Ault** auf ca. 2900 m überschreiten. Den anschließenden, steilen Osthang horizontal queren bis unter eine **Lücke** ca. 200 m nordöstlich des Piz Ault, zu der Halteklammern und ein Fixseil führen (evtl. Ski aufbinden). Von der schmalen Lücke steil, manchmal auch felsdurchsetzt hinab auf den **Brunnifirn**. Nun hält man sich eher links, quert die Ebene und steigt über den Gletscher gegen den Gipfel bzw. gegen dessen kurzen Ostsporn zu. Über diesen, zuletzt meist zu Fuß, auf den **Oberalpstock**.

Vom Gipfel um den Ostsporn herum zur Abbruchkante bei **P. 3164**. Die Flanke fällt hier steil

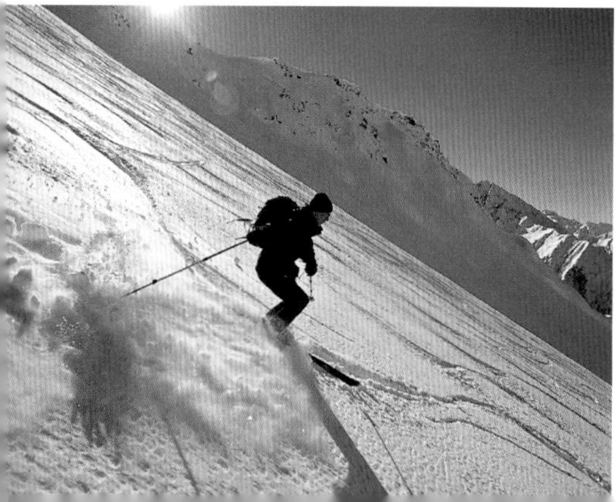

Etwas Neuschnee ist gut – aber nicht zu viel!

nach Norden ab und erfordert Vorsicht (Bergschrund, bei Blankeis evtl. Seilsicherung). Zuerst eher rechts, dann über die Mitte des **Staldenfirns** gegen das **Schwarzstöckli** (2572 m). Kurz davor nach links in die schönen **Gemsplanggen**, um ab 2000 m rechts haltend zur **Ligegg** (1829 m, guter Rastplatz) zu wechseln. Von der Ligegg schwingt man nur kurz hinab (auf keinen Fall direkt ins Tal abfahren!) und quert dann, ungefähr dem Sommerweg entlang, hart nach rechts durch stellenweise abschüssige Hänge zu den **Milchplanggen**. Sehr steil durch ein verbuschtes Tälchen im Bereich des Sommerwegs (manchmal Fixseil vorhanden) zur **Alp Stössi**. Hier trifft man auf die Alpstraße, der man über Legni bis zur Postauto-Haltestelle bei der Talstation der **Seilbahn Golzern** folgt.

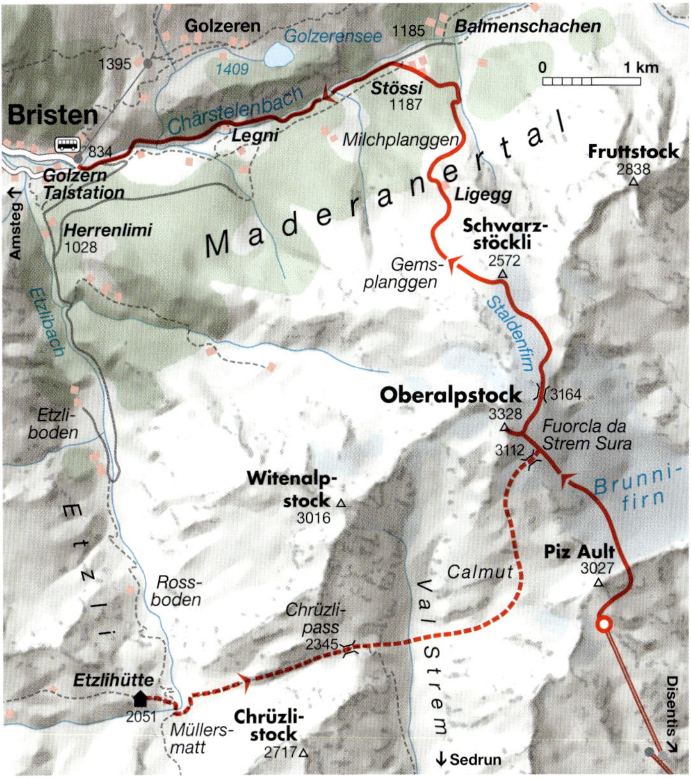

21 Schattig Wichel / Piz Giuv, 3096 m, Zwächten, 2817 m

N W O S

2170 Hm

2 Tage

Zwei Tage erster Klasse zwischen Oberalp und Maderanertal

Einfache Skitourenberge sucht man im ruppigen Maderanertal vergeblich. Wer da im Winter etwas anstellen will, muss über eine gute Portion Bergerfahrung, Kondition, Wetterglück und sichere Verhältnisse verfügen. Das gilt auch für den Schattig Wichel. Am schönsten ist dabei seine Überschreitung, und zwar von Süden her, wo er Piz Giuv heißt. Selbstverständlich könnte man die Abfahrt bis nach Bristen am selben, langen Tag bewältigen. Doch wenn man schon an der Etzlihütte vorbeifährt: Wieso nicht die Gelegenheit packen und einen Tag anhängen? Zum Beispiel so:

Ausgangspunkt: Oberalppass (2033 m), Bahn ab Andermatt (1436 m).
Endpunkt: Gurtnellen, Haltestelle Fellital (711 m). Bus nach Göschenen bzw. Erstfeld.
Aufstiegszeiten: Oberalppass – Piz Giuv 5 Std., Etzlihütte – Zwächten 2.30 Std.
Höhenunterschied: Aufstieg 2170 m, Abfahrt 3490 m.

Anforderungen: S. Lange, am ersten Tag nicht zu unterschätzende Tour durch alpines, manchmal ausgesetztes Gelände (Hänge bis über 40°), sichere Aufstiegstechnik nötig. Pickel, eventuell Steigeisen empfehlenswert. Weniger anspruchsvoll ist der zweite Tag, ZS–.
Orientierung: Bei schlechter Sicht vor allem zwischen Oberalppass und Piz Giuv heikel.

Sonniger, aber nicht ganz harmloser Aufstieg unter dem Giuvstöckli.

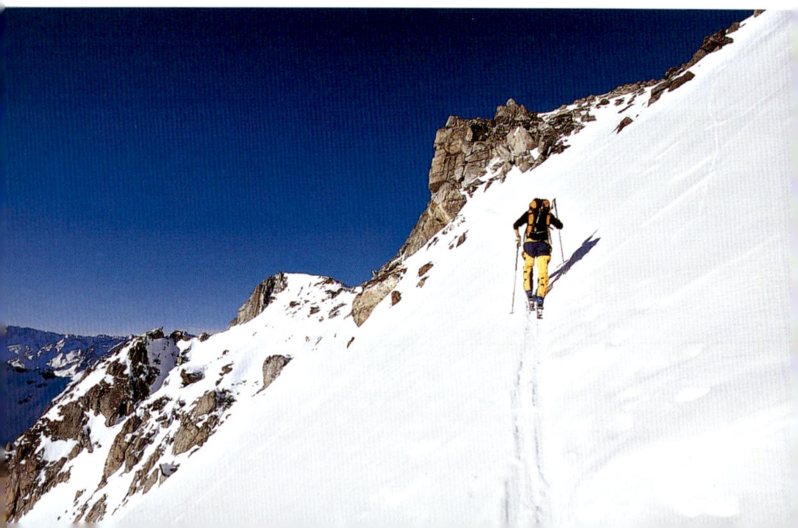

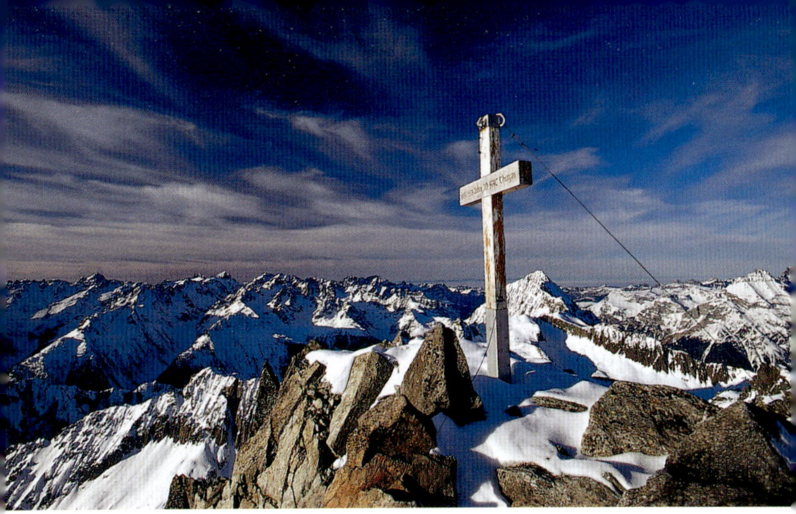

Abendstimmung auf dem Schattig Wichel. Schattig?

Hangrichtung: Alle.
Lawinengefährdung: Besonders der erste Tag erfordert eine sehr gut gesetzte Schneedecke. Die Traverse ins Val Val ist zudem Nassschneelawinen ausgesetzt.
Günstige Zeit: Januar – April.
Varianten: Weitere, einfachere und kürzere Zugänge zur Etzlihütte: 1. Ab Bristen/Herrenlimi durchs Etzli (ZS–, 4 Std.). 2. Ab Dieni/Rueras durchs Val Milà und über die Mittelplatten (ZS–, 3.30 Std.). Sichere Verhältnisse sind auch hier nötig. Eine einfachere Variante auf den Piz Giuv: Von Dieni (4.30 Std.) bzw. von der Sesselbahnstation Milez (3.30 Std.) durchs Val Giuv (ZS). Evtl. auf den Piz verzichten und über die Fuorcla Piz Nair, mit ausgezeichneter Abfahrt zur Etzlihütte.
Unterkunft: Etzlihütte (2051 m), 75 Plätze (Winterraum 4 Plätze), während der Tourensaison meist bewartet, Tel. +41 41 8202288, etzlihuette.ch.
Karten: 1212 Amsteg, 1232 Oberalppass.

Vom **Oberalppass** zum Pass Tiarms und links über die steile Sonnenflanke ansteigen. Zunächst etwas dem Sommerweg entlang, später (ab Tgombras Dadora) rund 50 m darüber in die Talsohle des **Val Val** hinein. Weiter taleinwärts bis knapp nach **P. 2560** und über einen steilen Hang Richtung Fuorcla da Crispalt hinauf. Ab 2760 m den Hang nach links verlassen und eine Lücke knapp links des **Giuvstöckli** ansteuern, die man zuletzt in sehr steilem Zickzack erreicht. Nordseitig auf einer Terrasse um das Giuvstöckli herum und zu Fuß in die **Fuorcla da Giuv** absteigen. Nun ließe sich zum Boden P. 2615 abfahren. Um möglichst wenig Höhe zu verlieren, kann man aber auch eine erste Felsrippe auf 2920 m, eine zweite, vom Rot Wichel abfallende auf 2830 m queren. Anfellen und zum Sattel im Nordosten des **Piz Giuv**, dann zu Fuß zum Gipfel.

Zurück zum Skidepot und über einen steilen Felsabsatz (je nach Schneelage bis ca. 5 m, evtl. Seilsicherung) nordwärts auf den **Spillauibielfirn** hinab. Die Abfahrt führt bis knapp unterhalb Unter Felleli, dann folgt man dem Bach bis kurz vor der **Etzlihütte** und steigt schräg zu dieser hinauf.

Von der Hütte über gewelltes Gelände an Felleli und Spillaui vorbei zum Hubel ansteigen. Nun entweder dem Sommerweg folgend (steil) oder bequemer über einen Hang links davon zur **Pörtlilücke**. Ab hier über weite Sonnenhänge nordwärts zu den beiden Buckeln bei P. 2816, dem »**Winterzwächten**«.

Zurück zur Pörtlilücke. Da wir nun ein Wildschutzgebiet betreten, halten wir uns an die Vorgaben der Skitourenkarte und fahren mehr oder weniger in der Falllinie hinunter – obwohl links schön schattige Hänge locken würden. Vom Pörtli-Boden auf 2130 m nach links hinaus zu einer Rippe links des **Pörtlibachs**. Weiter unten in Bachnähe durch lichtes Gebüsch in die Sohle des **Fellitals** und zur **Treschhütte**. Der nun folgende, z. T. kurvenreiche Sommerweg zum Felliberg verläuft durch dichten, steilen Wald und verlangt gute Skitechnik (nicht immer durchgehend fahrbar). Nach den sanften Wiesen des Fellibergs nimmt uns eine Waldstraße auf und führt uns in einigen Kehren zur Bushaltestelle **Gurtnellen/Fellital** an der Kantonsstraße bei P. 711.

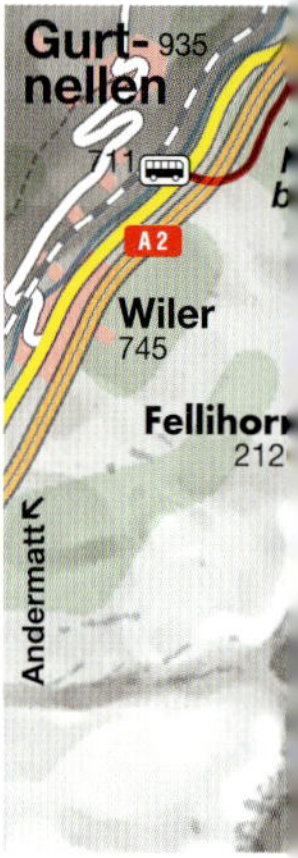

Luftiger Sulzgrieß im vermeintlich schattigen Fellital, Ende Dezember.

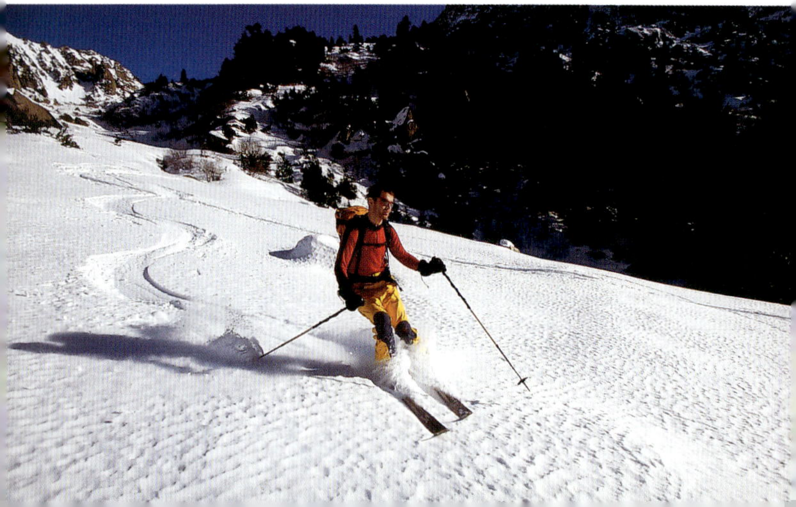

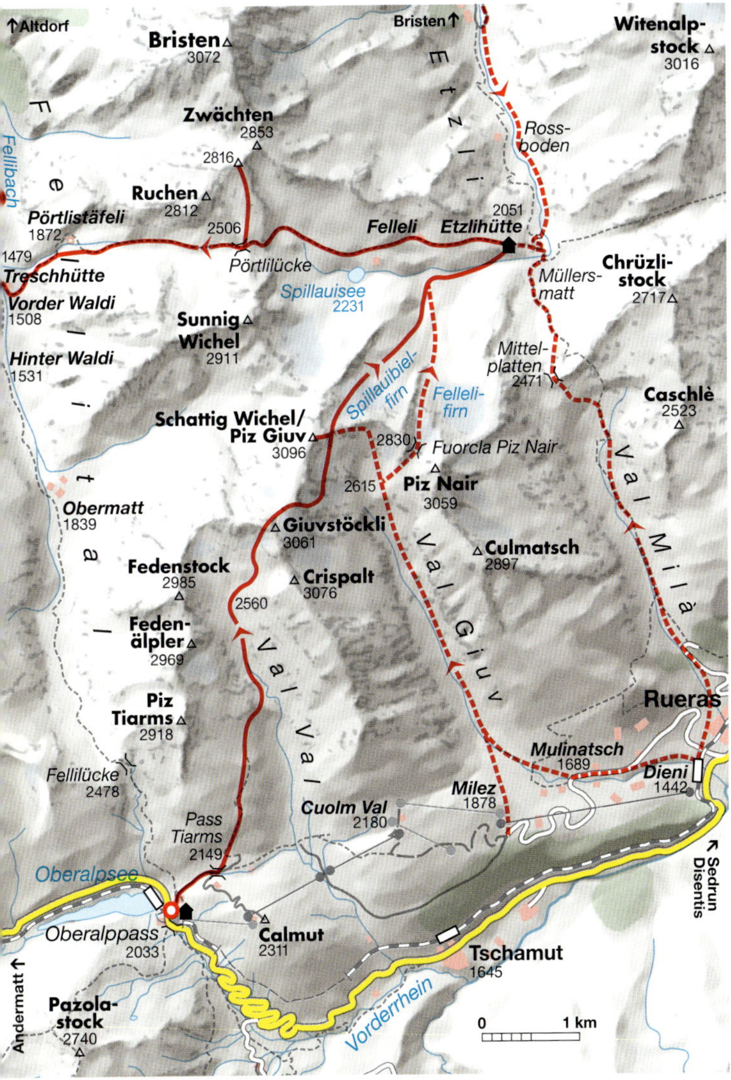
↑Altdorf
Bristen
3072
Bristen↑
Witenalp-
stock
3016
Etzlital
Fellital
Fellibach
Zwächten
2853
2816
Rossboden
Ruchen
2812
Pörtlistäfeli
1872
2506
Felleli
2051
Etzlihütte
1479
Treschhütte
Pörtlilücke
Müllersmatt
Chrüzli-
stock
2717
Spillauisee
2231
Vorder Waldi
1508
Sunnig
Wichel
2911
Mittelplatten
2471
Hinter Waldi
1531
Spillauibielfirn
Fellelifirn
Caschlè
2523
Schattig Wichel/
Piz Giuv
3096
2830
Fuorcla Piz Nair
2615
Piz Nair
3059
Val Milà
Obermatt
1839
Giuvstöckli
3061
Culmatsch
2897
Fedenstock
2985
Crispalt
3076
Val Giuv
2560
Feden-
älpler
2969
Val Val
Piz
Tiarms
2918
Rueras
Mulinatsch
1689
Fellilücke
2478
Dieni
1442
Milez
1878
Pass
Tiarms
2149
Cuolm Val
2180
Oberalpsee
↖ Sedrun
Disentis
Oberalppass
2033
Calmut
2311
Tschamut
1645
Andermatt ↑
Pazola-
stock
2740
Vorderrhein
0
1 km

22 Pazolastock / Piz Nurschalas, 2739 m

N W O S

780 Hm

2.30 Std.

Von allen Winden verweht

Zwischen Oberalp- und Gotthardpass gelegen, bekommt der Pazolastock seinen Niederschlag von Süden und von Norden, von Westen und von Osten ab. Er ist aber auch allen Winden ausgesetzt, weshalb die Grate gerne abgeblasen sind – und die Hänge mit Triebschnee geladen. So gerechtfertigt sein Ruf als schneesicherer Berg also ist, so falsch ist das oft kolportierte Gerücht, der Normalaufstieg durch die Nordostflanke sei lawinensicher. Also Vorsicht, denn sicher ist (eben nicht) sicher.

Ausgangspunkt: Oberalppass (2033 m), Bahn ab Andermatt (1436 m).
Endpunkt: Andermatt (1436 m).
Aufstiegszeiten: Oberalppass – Pazolastock 2.15 Std., Pazolastock – Martschallücke 15 Min.
Höhenunterschied: Aufstieg 780 m, Abfahrt 1380 m.
Anforderungen: WS+. Im Aufstieg bis knapp über 30°. Beim Überschreiten des Ostgrats manchmal eine Wechte, danach eine steile Querung. Die Abfahrt ist dreimal um 30° (bei der Martschallücke, auf 2400 m und auf 1700 m).
Orientierung: Bis Puozas dil Lai ist für die beste Routenwahl etwas Erfahrung gefragt – sofern der Aufstieg noch nicht (oder schlecht) vorgespurt ist. Bei Nebel anspruchsvoll.
Hangrichtung: Alle.
Lawinengefährdung: Der weite Aufstiegshang sollte nicht unterschätzt werden, nur bei sicheren Verhältnissen. Dasselbe gilt für die Abfahrt.
Günstige Zeit: Dezember – März/April.
Varianten: Wenn der Schnee nicht bis ins Tal reicht, von Riederen nach Schöni abfahren und zur Bergstation Nätschen langlaufen.
Wer es steiler mag, kann vom Sattel 300 m südlich des Pazola-Gipfels direkt westwärts zum Pazolaälpetli hinabfahren (ZS, kaum lohnender als die Normalabfahrt).
Einkehr: Oberalppass: Gasthaus Alpsu, Piz Calmot.
Karten: 1232 Oberalppass, 1231 Urseren.

Vom **Oberalppass** südwärts, dann etwas rechts ausholend zu Puozas dil Lai (2381 m). Nun gegen den **Ostgrat** des Pazolastocks empor, tendenziell eher links gegen den sichereren Rücken oberhalb P. 2438 ausweichend. Man erreicht den Grat auf ca. 2520 m (evtl. unangenehme Wechte). Durch die anfänglich steile Südostflanke (evtl. Bindungen arretieren und schräg abfahren) zum **Südgrat** queren und über diesen auf den **Pazolastock**. Über den Verbindungsgrat südwärts zur **Martschallücke** und in

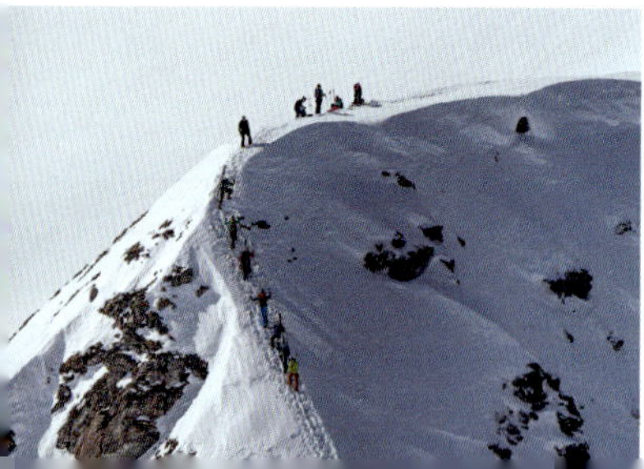

Fußabschnitt zwischen Pazolastock und Martschallücke.

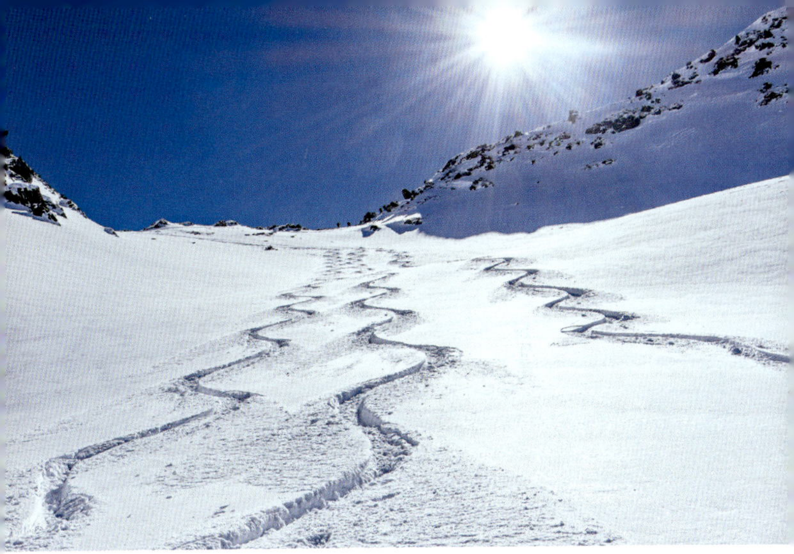

Glücklich (oder gewitzt), wer die ersten Spuren unter der Martschallücke ziehen darf.

die anfangs steile Nordwestmulde hinab. Durch die Schattig Site zum linken Begrenzungsrücken des Pazolatals auf 2200 m, dort nach links in die nächste Talkammer wechseln. Stets links haltend über die weiten Hänge an Riederen vorbei nach **Graben**. Eine anfänglich steile Wiesenflanke führt von dort nach Matill. Auf dem Unteralp-Sträßchen zur Oberalpstraße (Rodelpiste) und nach **Andermatt**.

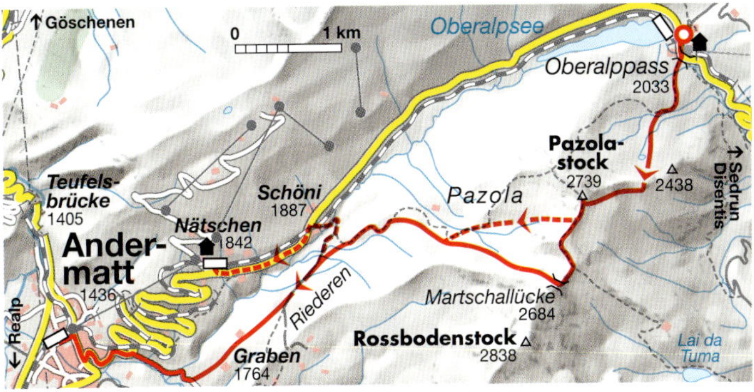

23 Giübin, 2776 m

680 Hm
2.00 Std.

Vom Rummel in die Stille, oder: rund um den Centrale

Die Berge rund um den Pizzo Centrale werden dank dem hoch gelegenen Ausgangspunkt des Gemsstocks oft besucht. Es gibt aber auch hier stillere Ecken. Der Giübin ist eine solche – zumindest im Winter, wenn der Gotthard seine Wintersperre genießt und die Schweizer Armee den Ernstfall (oder was auch immer) anderswo übt. Dann wird die Umrundung des Pizzo Centrale zu einer wundervoll und unerwartet ruhigen Tour.

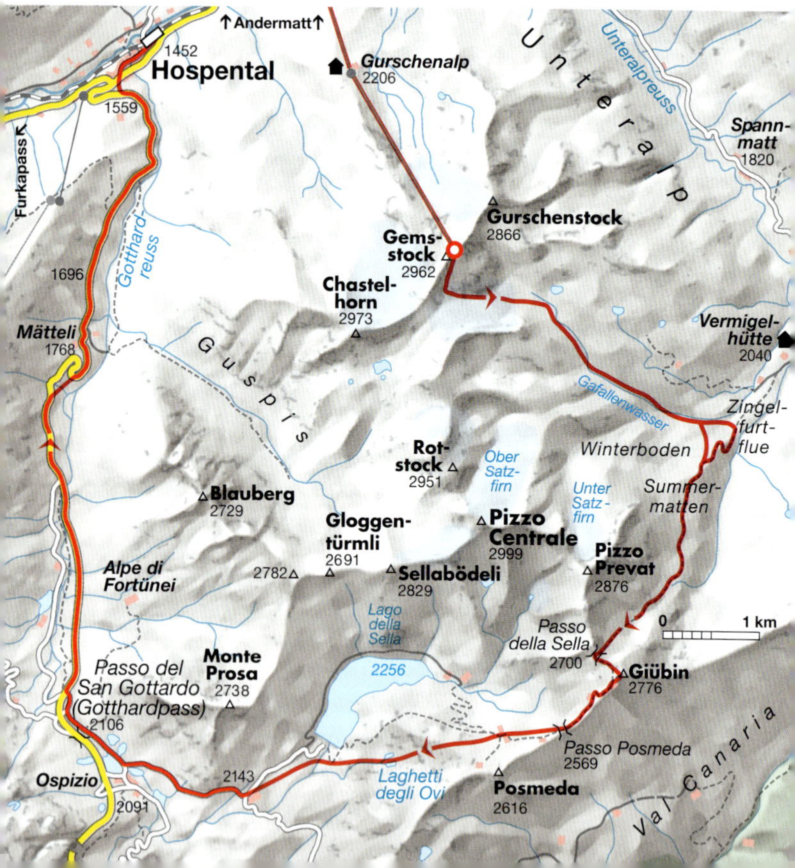

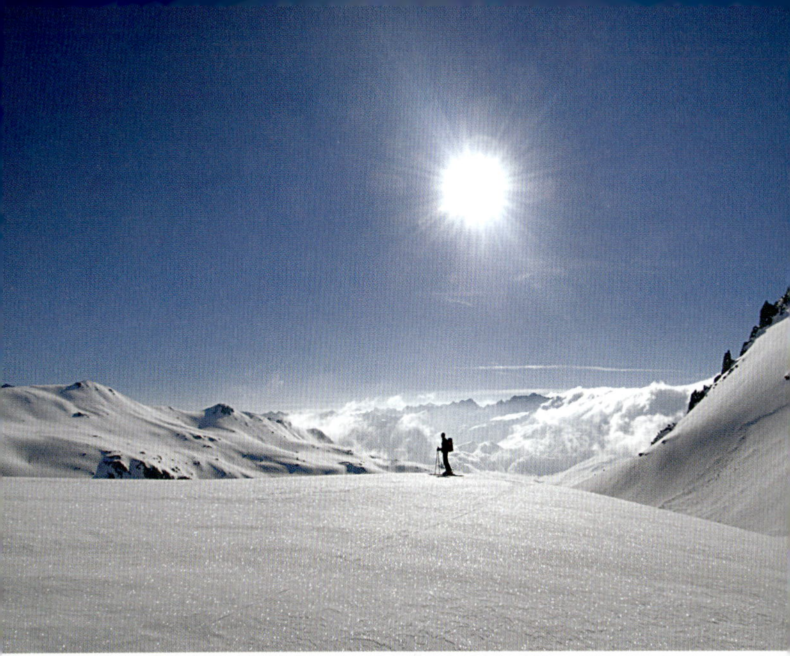

Ende April, letzter Betriebstag der Bergbahnen. Kaum jemand unterwegs.

Ausgangspunkt: Bergstation Gemsstock (2962 m). Von Andermatt (1436 m) in 10 Min. durchs Dorf zur Talstation der Gemsstock-Bahnen (andermatt-sedrun-disentis.ch, Tourenticket 30 CHF, Stand 2023).
Endpunkt: Hospental (1452 m).
Höhenunterschied: Aufstieg 680 m, Abfahrt 2190 m.
Anforderungen: ZS. Am Gemsstock zuoberst 37°, oft pistenähnlich und pickelhart, gute Fahrtechnik nötig. Zeitbedarf nicht unterschätzen.
Orientierung: Zwischen Giübin und Gotthard bei Nebel heikel.
Hangrichtung: Alle.
Lawinengefährdung: Der Gipfelhang am Gemsstock ist steil, aber südexponiert und ständig befahren. Heikler ist der nord- oder ostexponierte, mind. 33° steile Aufstieg zu den Summermatten. Bei Wärme Nassschneerutsche von der Südflanke des Monte Prosa.
Günstige Zeit: Dezember – April.
Karten: 1232 Oberalppass, 1252 Ambrì-Piotta, 1251 Val Bedretto, 1231 Urseren.

Vom **Gemsstock** über den rassigen, oft pickelharten Gipfelhang südwärts abfahren. Auf 2750 m nach links zur Schwarzwasser-Mulde. Mehr oder minder dem Lauf des **Gafallenwassers** folgen, im unteren Abschnitt durch kleine Schnee-Cañons, bis ca. 2140 m (Winterboden). Nun entweder über Schattig Site steil südwärts empor (breiter, lawinengefährdeter Hang); oder

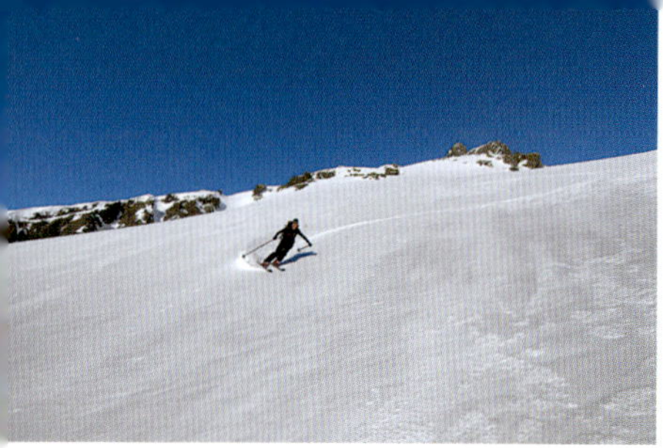

Im Tal unten ist's grün.

unter der Zingelfurtflue hinüber zum Wanderweg und etwa diesem folgen (ebenfalls steil). Über **Summermatten** und durch ein markantes Tälchen gelangt man zum **Passo della Sella**, dann über den Westhang zum **Giübin**.

Vom Gipfel führt gewelltes Gelände, links haltend, zum **Passo Posmeda**, von wo man mit wenig Höhenverlust westwärts traversiert. Die Ebene der **Laghetti degli Ovi** wird am besten durch ein Tälchen knapp rechts von P. 2528 erreicht (auf keinen Fall zum Südufer des Lago della Sella abfahren). Weiter hinab, unterhalb der Staumauer über den Sella-Bach, zur Kreuzung P. 2143 und auf dem Fahrweg zum **Gotthardpass**. Wenn die Galerien der Schnellstraße vor dem Briggboden nicht mit Schnee eingeweht sind, weicht man auf die Galeriendächer oder auf die alte Straße aus. Weiter auf der schneebedeckten Straße bis zum kurzen Tunnel am Talausgang (P. 1557) und direkt nach **Hospental** hinab.

Dabei ist die Abfahrt zum Winterboden selten so schön wie um diese Jahreszeit.

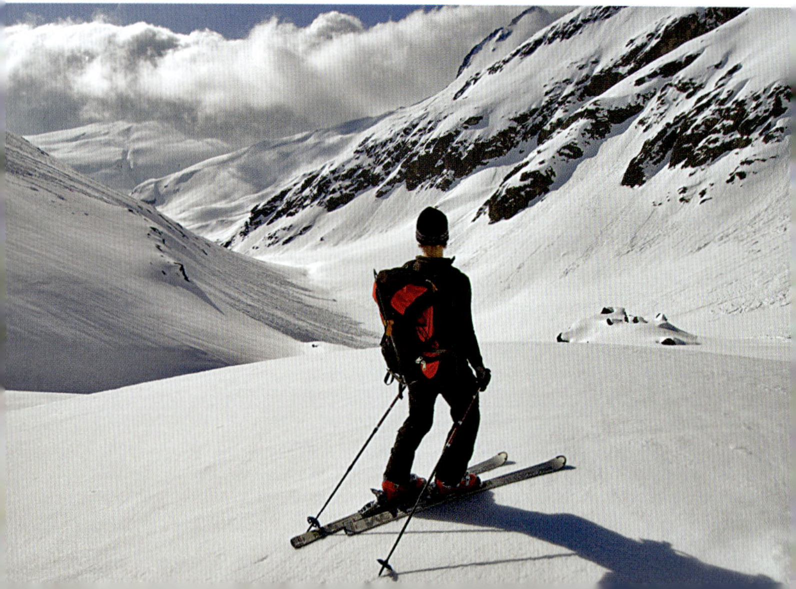

600 Hm
1.50 Std.

Pizzo Centrale, 2999 m

24 TOP

Der Alpen zentralster Berg, des Gotthards höchster Berg

Der Pizzo Centrale, noch vor einer Generation ein (wenn auch äußerst knapper) Dreitausender, wurde aufgrund von Neuvermessungen in die Liga der Zweitausendirgendwas zurückgestuft. Das ist uns egal, denn was uns lockt, sind die zahlreichen Anstiege, Abfahrten und Varianten, der schnelle Zugang (um 9 Uhr schon auf dem Gemsstock zu stehen), die alpine Ambiance – und eine Aussicht der Extraklasse, liegt doch der höchste Berg des Gotthardmassivs genau auf dem Alpenhauptkamm, auf jener Linie also, an der sich Alpensüdseite und -nordseite so unmittelbar wie sonst nirgends berühren. Deswegen steigen wir gerne auf den Centrale, der ja auf Kopfhöhe immer noch ein Dreitausender ist.

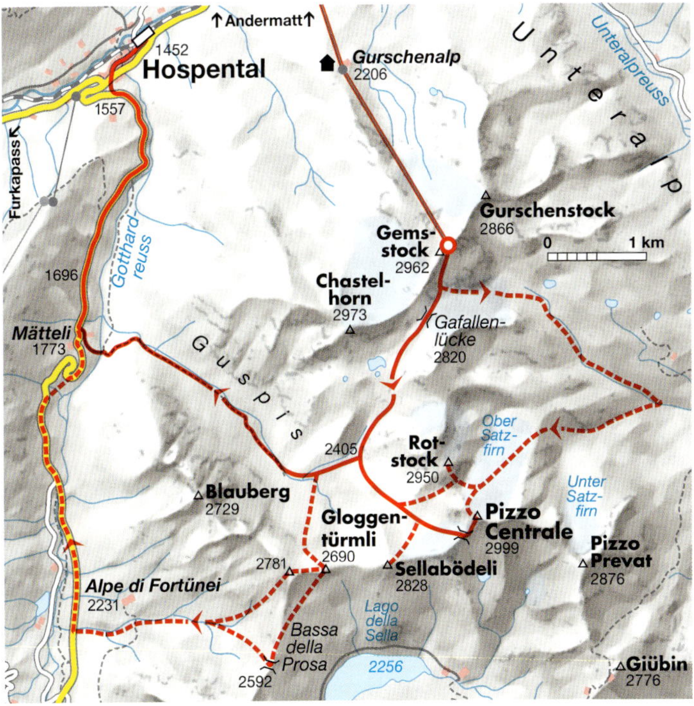

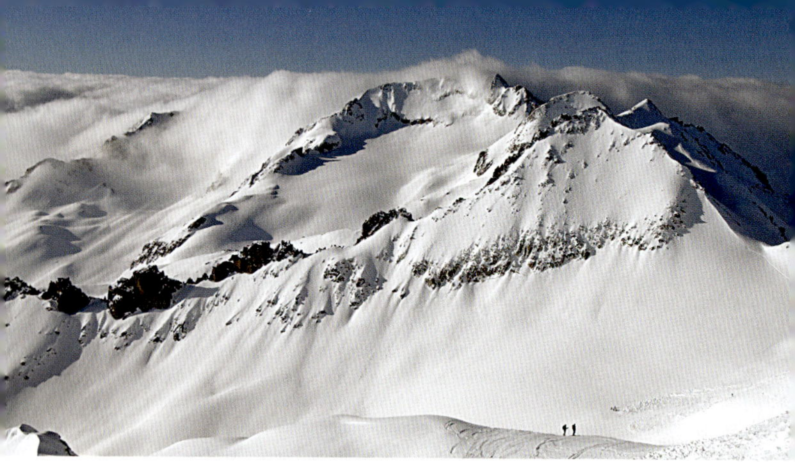

Blick vom Gemsstock zum Centrale (mit Nebelmütze), rechts die Gafallenlücke.

Ausgangspunkt: Bergstation Gemsstock (2962 m). Von Andermatt (1436 m) in 10 Min. durchs Dorf zur Talstation der Gemsstock-Bahnen (andermatt-sedrun-disentis.ch, Tourenticket 30 CHF, Stand 2023).

Endpunkt: Hospental (1452 m).

Aufstiegszeiten: Aufstieg zur Gafallenlücke 5 Min., Im Hinteren Loch – Pizzo Centrale 1.45 Std.

Höhenunterschied: Aufstieg 600 m, Abfahrt 2110 m.

Anforderungen: ZS. Am Gemsstock zuoberst 37°, oft pistenähnlich und pickelhart, gute Fahrtechnik nötig. Am Centrale führt der Schlussaufstieg vom Skidepot zu Fuß durch eine 60 Hm hohe, knapp 45° steile Rinne, dann über einen blockigen Felsgrat (evtl. Steigeisen oder Pickel).

Orientierung: Häufig begangen und meist vorgespurt.

Hangrichtung: Alle.

Lawinengefährdung: Der Gipfelhang am Gemsstock ist steil, aber südexponiert und ständig befahren. Die letzten 100 Hm zum Guspissattel sind dagegen schattig und nach oben sehr steil, erfordern also eine gut gesetzte Schneedecke.

Günstige Zeit: Dezember – April.

Varianten: Alpinistisch, steil und nur für wirklich sichere Tage: der Centrale über die Nordflanke. Vom Gemsstock wie Tour 23 bis ca. 2150 m abfahren, zwischen Chli und Gross Satz hinauf auf den Ober Satzgletscher und zum Fuß einer zwischen Pizzo Centrale und nördlichem Vorgipfel abfallenden Rinne (ZS+, Skidepot, 2.15 Std.). Durch diese hinauf und über den kombinierten, ausgesetzten NNW-Grat zum Gipfel (je nach Verhältnissen bis 55° oder II, Pickel und Steigeisen, Seilsicherung empfohlen). Wer sich nicht sicher ist, kann via Guspislücke den Rotstock (2950 m) besteigen und dann ins Guspis abfahren (ZS, 2.15 Std.).

Etwas abseits: Die Gloggentürmli (2690 m). Von der Gafallenlücke bis zum hinteren Loch (2360 m) abfahren, dann südwärts zu den markanten Felstürmen empor (zuletzt kurz 33°, WS+, 1 Std. ab hinterem Loch). Auf gleicher Route wieder hinunter. Oder (steiler und bei Sulzschnee besser) über P. 2781 oder über die Bassa della Prosa zur Alpe di Fortünei abfahren, links vom Hauptbach Ri di Fortünei zur Gotthard-Passstrasse, dann weiter wie Tour 23 (ZS).

Karte: 1231 Urseren.

Vom **Gemsstock** über den rassigen, oft pickelharten Gipfelhang südwärts abfahren. Auf ca. 2750 m quert man unterhalb eines Felssporns nach rechts und erreicht – treppelnd, Ski schulternd oder fellend – die **Gafallenlücke** (2820 m). In schöner Abfahrt durch das frühmorgens schattige und kühle obere Guspis, links an »Bei den Seen« vorbei und übers Gitziälpetli, zum Boden von **»Im Hinteren Loch«** bei P. 2405. Anfellen und durch die weite Mulde zwischen Rotstock, Pizzo Centrale und Sellabödeli südostwärts hinauf bis ca. 2840 m. Der weitere Aufstieg durch das steile Schneecouloir zum **Guspissattel** erfolgt meist zu Fuß, von wo man über den unschwierigen, blockigen Südwestgrat zum **Pizzo Centrale** kraxelt.
Wer etwas gegen Fußaufstiege hat, kann noch vor dem Skidepot nach rechts abdrehen und das **Sellabödeli** (2828 m) ansteuern.
Vom Skidepot zum bereits bekannten P. 2405 hinab und weiter durch das **Guspis** bis zu dessen Abbruchkante. Die folgende Stufe wird links vom Bach, also im Bereich des Sommerwegs überwunden (viele Erlen, bei dünner Schneeauflage etwas unerquicklich, aber nur kurz). So gelangt man zum weiten Boden mit dem Lüftungspilz des Gotthard-Strassentunnels und zur **Passstraße**. Auf dieser bis zum kurzen Tunnel am Talausgang (P. 1557), von wo man direkt nach **Hospental** hinunterkurven kann.

Auf dem Pizzo Centrale. Wer dort steht statt sitzt, hat den Kopf auf 3000 Metern.

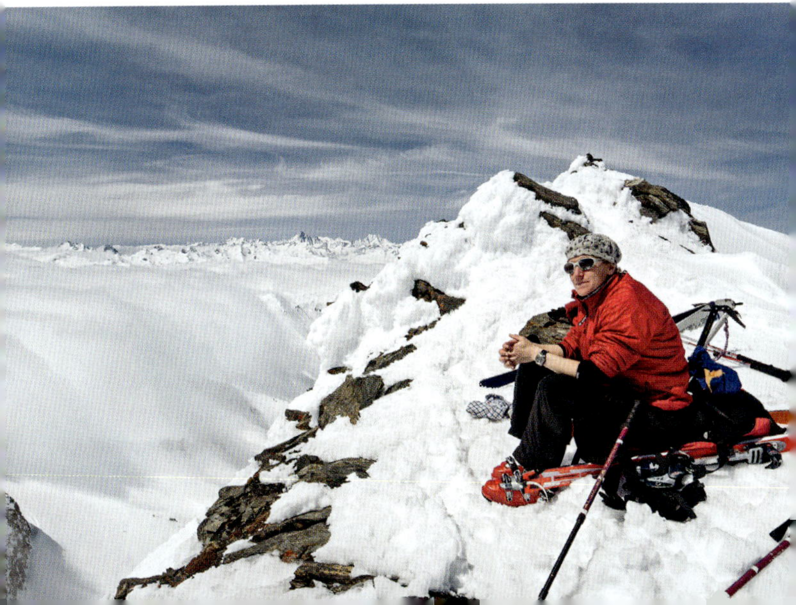

25 Winterhorn / Pizzo d'Orsino, 2662 m

N W O S

1230 Hm

3.45 Std.

Nomen est omen

Das Winterhorn bleibt seinem Namen nichts schuldig. Schnee und manchmal ein eisiger Wind prägen den Eckpfeiler über Hospental. Und da die unrentablen Bergbahnen seit einigen Jahren stillstehen (sie sollen irgendwann mal abgerissen werden), ist es um den Berg auch ruhiger geworden. Geblieben ist dafür die sonnige, manchmal schon im Hochwinter frühlingshaft sulzige Abfahrt zur Gotthard-Passstraße. Der Berg heißt aber auch Pizzo d'Orsino, was (wie Urseren, die Talschaft von Andermatt) von Ursus, Orso, Bär abstammt. Der Pizzo d'Orsino ist also ein Bärchenhorn.

Ausgangspunkt: Hospental (1452 m).
Anforderungen: WS–. Der Schlussaufstieg erfordert leichte Kraxelei.
Orientierung: Bei guter Sicht problemlos.
Hangrichtung: Nordost, Süd, Südost.
Lawinengefährdung: Vorsicht vor Nassschneerutschen bei der Querung der Winterhorn-Südflanke (30°).
Günstige Zeit: Dezember – April.
Variante: Je nach Schneeart und Wetter kann auch die umgekehrte Tour sinnvoll sein – Aufstieg über die Passstraße und Orsino, Abfahrt über den Nordostrücken. Bei guten Verhältnissen kann man vom Skidepot auch direkt, einige Felsriegel umfahrend, durchs Valle delle Piotte zur Sustenegg abfahren. Abfahrt vom Skidepot über Winterplanggen, Hochstocksee und Walenstafel nach Realp (ZS+, in den Winterplanggen bis 43°, im Liegbort 40°). Nur bei sehr sicheren Verhältnissen und genügend Schnee im unteren Teil (viel Buschwerk).
Karte: 1231 Urseren.

Das Winterhorn: oft winterlich, selbst wie hier Ende Mai.

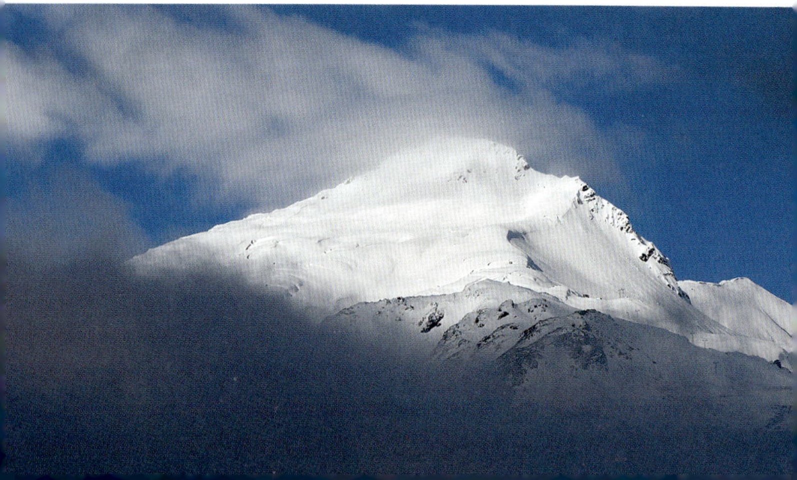

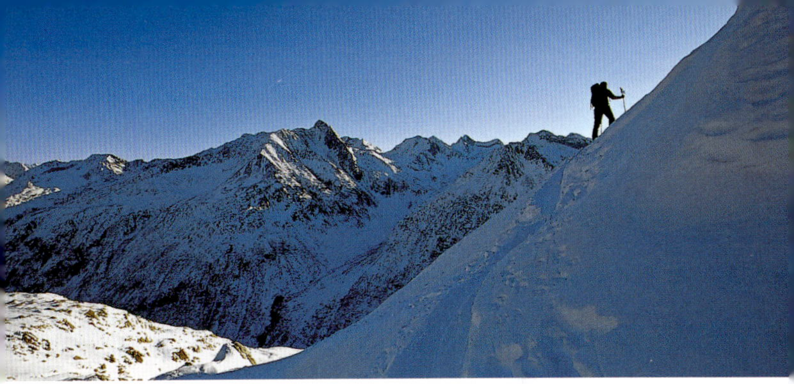

Aufstiegsblick zum Chastelhorn.

Von **Hospental** auf der Gotthard-Straße zum kurzen Tunnel P. 1557. Nun über den langen Rücken via Mittleregg, Lückli und Obere Matten zur ehemaligen Skilift-Bergstation bei P. 2359. Weiter in südwestliche Richtung empor, um auf etwa 2500 m nach links in die Nordostflanke des Winterhorns abzudrehen. Auf ca. 2570 m auf den **Südostgrat** und durch die Südflanke zum **Südwestgrat** queren. Skidepot und zu Fuß über den Blockgrat in leichter Kraxelei zum **Winterhorn**.

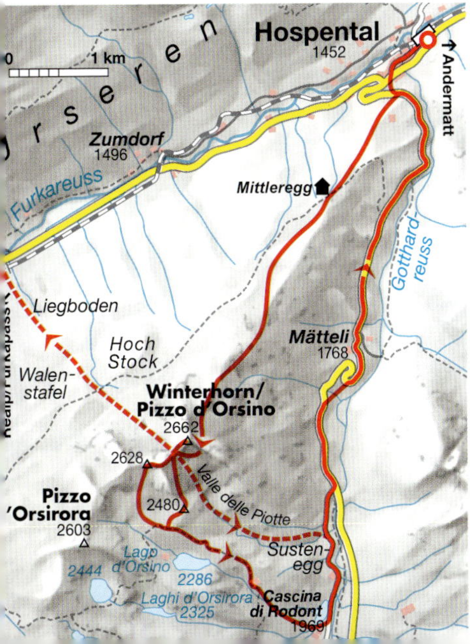

Für die Abfahrt wählt man oft die Mulde des Lago d'Orsino. Dazu vom Skidepot entweder direkt mit einer Querfahrt südwärts zur Kuppe P. 2480 oder zuerst den Nebengipfel P. 2628 überschreiten. Nördlich des **Lago d'Orsino** hinab, mehr oder weniger dem Sommerweg folgend zur Cascina di Giacobi und über offene Hänge zur **Cascina di Rodont**. Auf der im Winter gesperrten **Gotthardstraße** hinunter nach **Hospental**.

TOP 26

Pizzo Lucendro, 2963 m

N W O S

1850 Hm

6.30 Std.

Die Skitour als beste Lichttherapie

Das Tal der Gotthardreuss ist im Sommer bekanntlich keine übertriebene Ruheinsel – besonders, wenn wieder ein Rudel Töffs über den Pass dröhnt. Im Winter jedoch, wenn sich die Landschaft ein dickes weißes Fell überzieht, die Straße meterweise mit Schnee zugedeckt ist und über allem der Winterschlaf herrscht, wird die fast acht Kilometer lange Überschreitung vom Winterhorn zum Pizzo Lucendro zu einer einsamen Erfahrung der Extraklasse, zu einer Haute Route en miniature. Und entgegen dem Normalaufstieg von Realp durch das schattige, kalte und eingekesselte Witenwasseren-Tal verwöhnt uns diese Route von Beginn an mit viel Aussicht und Sonne – was ja nichts als recht ist, schließlich stammt Lucendro von Luce, Licht. Das Witenwasseren-Tal kommt uns am Schluss der Tour aber doch noch gelegen: als Unterlage für eine rassige Heimfahrt.

Ausgangspunkt: Hospental (1452 m).
Endpunkt: Realp (1538 m).
Aufstiegszeiten: Hospental – Pizzo d'Orsirora 4 Std., Pizzo d'Orsirora – Pizzo Lucendro 2.30 Std.

Höhenunterschied: Aufstieg 1850 m, Abfahrt 1750 m.
Anforderungen: ZS. Anspruchsvolle Gratüberschreitung mit viel Auf und Ab und mehreren kurzen Steilpassagen.

Der Lucendro von der Rotondohütte, links die Meschitollerberg-Abfahrt.

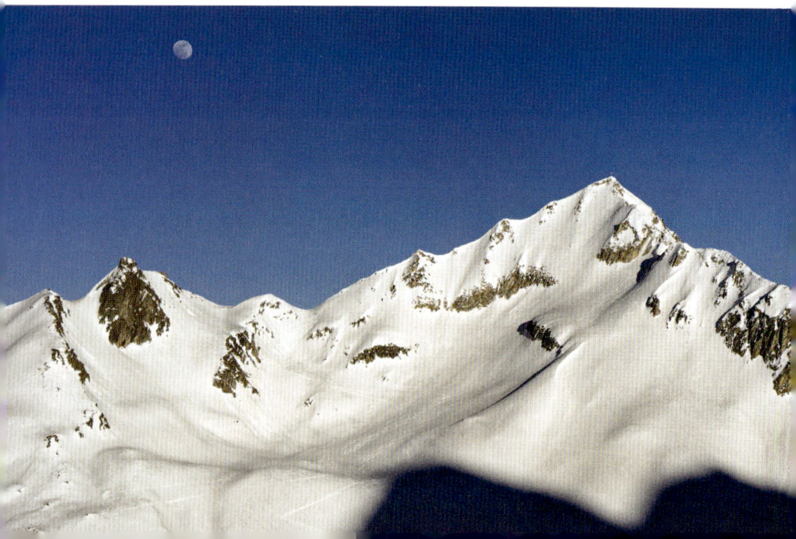

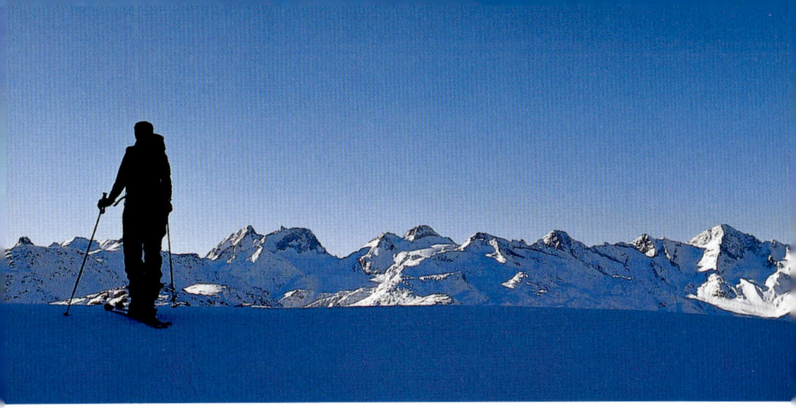

Die Lucendro-Tour: kein aussichtsloses Unterfangen.

Gipfelanstieg zu Fuß stellenweise ausgesetzt (evtl. Pickel mitnehmen). Die Abfahrt führt im oberen Teil über steile Hänge (kurz bis 37°). Lange Tour!
Orientierung: Optimale Routenfindung schwierig, sofern noch ungespurt.
Hangrichtung: Nordost, Ost, Südost, Süd, Abfahrt auch West.
Lawinengefährdung: Vorsicht vor Nassschneerutschen bei der Querung der Winterhorn-Südflanke (30°). Am Pizzo dell'Uomo, in der langen Traverse und am Gipfelhang knapp 35° bei ungünstiger Exposition (Sektor Nord bis Ost). Abfahrt von der Lücke zum Meschitollerberg ebenfalls steil, westexponiert. Nur bei sicheren Verhältnissen.
Günstige Zeit: Dezember – April.
Varianten: Bei absolut (!) sicheren Verhältnissen lässt sich vom Pizzo Lucendro direkt über die NW-Flanke abfahren (Einstieg wenige Meter nördlich des Gipfels, bis 45°, S+).
Wenn die Passstraße über den Gotthard offen ist, meist ab 2. Hälfte Mai: Gotthardpass – Valletta di S. Gottardo – Sattel P. 2641 – See P. 2481 – Pizzo Lucendro, Abfahrt über Passo di Lucendro – Südwest-Grat Fibbia – Gotthardpass (ZS, manchmal bis Anfang Juli machbar, ca. 3.30 Std.).
Karten: 1231 Urseren, 1251 Val Bedretto.

Von **Hospental** wie bei Tour 25 beschrieben zum **Winterhorn-Skidepot**. Ab hier führt die Route im Wesentlichen über den Hauptkamm oder links davon zum noch weit entfernten Pizzo Lucendro. Im Detail: Vom Skidepot südwestwärts über einen Nebengipfel (2628 m), kurz hinab, durch das Tälchen zwischen P. 2601 und P. 2614 und auf den **Pizzo d'Orsirora** (2602 m). Auf dem Grat zum **Passo d'Orsirora** (2527 m), dann über einen steilen, felsdurchsetzten Hang zum **Pizzo dell'Uomo** (2685 m) hinauf.
Nach dem Sattel an dessen Fuß (2644 m) den Kamm verlassen und nach links in die Osthänge queren, um auf etwa 2600 m durch stark gegliedertes, von vielen Gräben unterbrochenes Gelände unter dem **Siwerbenhorn** hindurch zu traversieren – wer hier eine gute Spur hinkriegt, kann sich auf die Schultern klopfen. Auf der Höhe des **Stägenhorns** entweder 1. durch eine Mulde zu

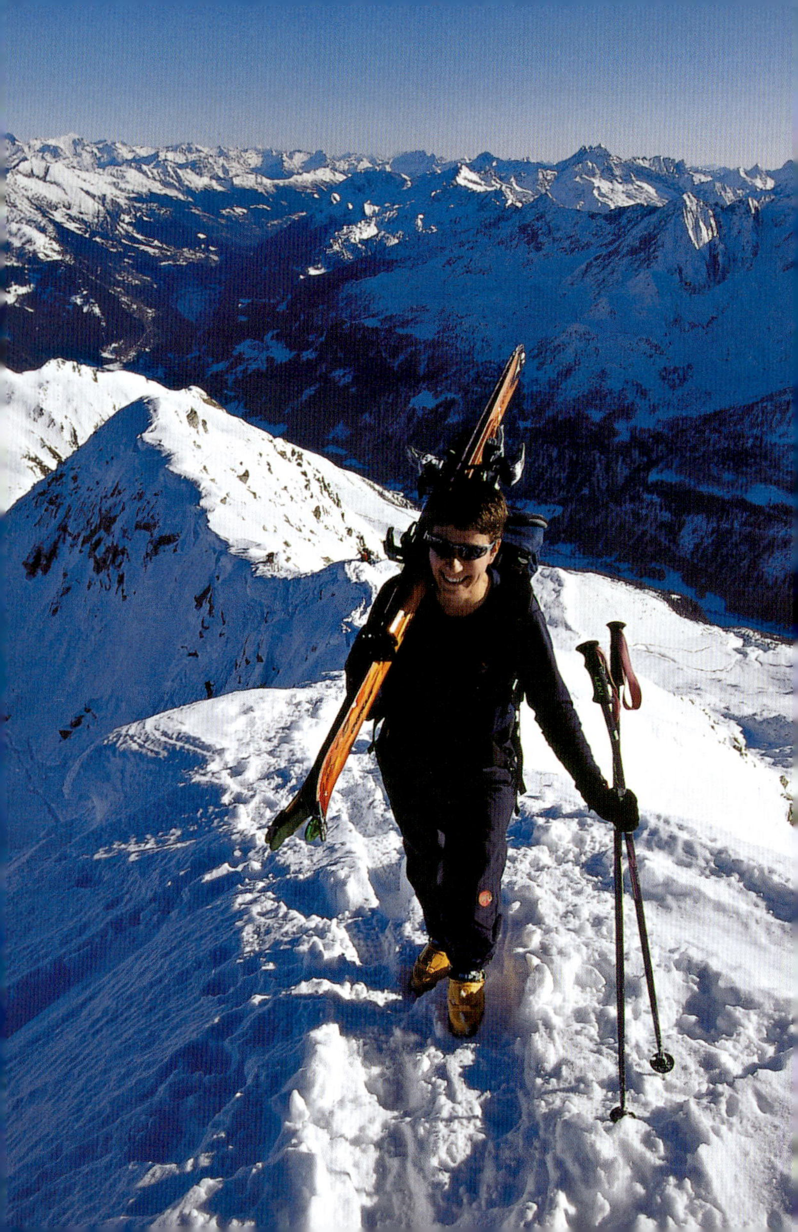

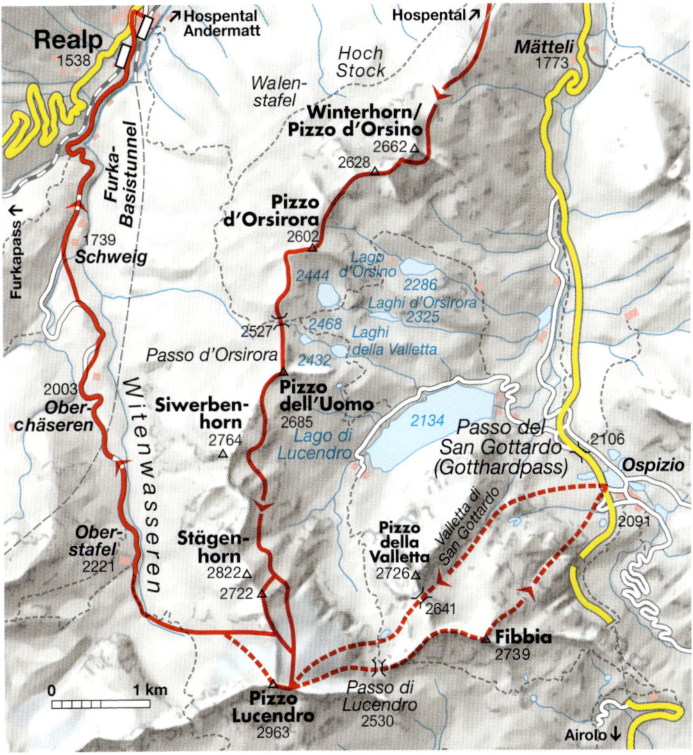

P. 2722 hinauf und über einen Nebengipfel oder 2. unter einer Felspartie auf 2600 m querend zum Ghiacciaio di Lucendro. Ein steiler Schlusshang leitet zur Lücke im **Ostgrat** des Gipfels (Skidepot auf dem Grat oder kurz davor). Zu Fuß in leichter, zuweilen etwas luftiger Kraxelei zum **Pizzo Lucendro**.

Vom Skidepot führt eine Schrägfahrt zu einer ca. 2795 m hohen Lücke 400 m nördlich des Gipfels. Von dieser hinab über die steilen Westhänge des **Meschitollerbergs** oder links davon. Der Oberstafel markiert das Ende der Schwierigkeiten; was bleibt, ist die lange Abfahrt auf der verschneiten Witenwasseren-Straße, die auch dem Normalaufstieg zur Rotondohütte dient, bis zum Zielbahnhof **Realp**.

Sonnige Wonne im Tessin: die letzten Meter zum Lichtgipfel Lucendro.

27 Tälligrat, 2748 m

N W O S

1230 Hm

4.00 Std.

Der Mensch braucht Abwechslung

Nicht selten herrscht an den Stotzigen Firsten Hochbetrieb mit pistenähnlichen Verhältnissen. Solcherlei ist am Tälligrat wesentlich seltener, obwohl sich die beiden Touren ähnlich sind: gleicher Ausgangspunkt, vergleichbare Hangrichtungen und -neigungen, gleicher Zeitbedarf und Höhenunterschied. Kommt hinzu, dass der Pulverschnee am Tälligrat oft länger liegen bleibt, und dass die weiten Hänge auch mehr Spuren aufnehmen können, ehe der Berg zerfahren ist. Wie wärs nächstes Mal mit dem Tälligrat?

Eine ziemlich steile Alternative: von der Rotondohütte auf den Tälligrat.

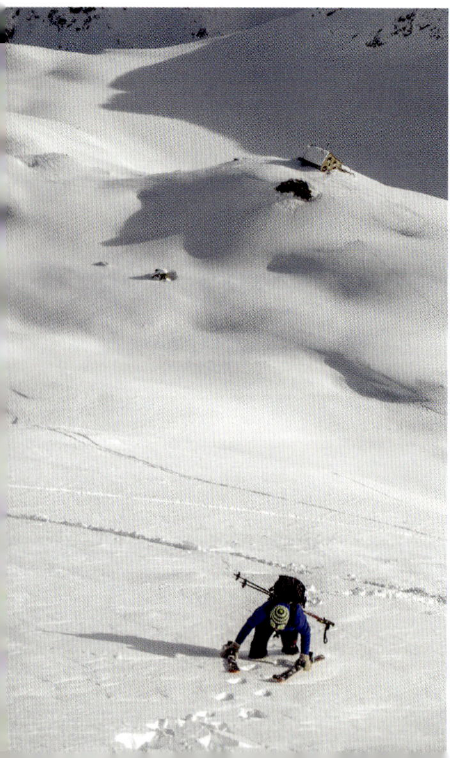

Ausgangspunkt: Realp (1538 m).
Aufstiegszeiten: Realp – Oberchäseren 2 Std., Oberchäseren – Tälligrat 2 Std.
Anforderungen: WS–. Meist offene Hänge.
Orientierung: Meist gespurt, keine besonderen Schwierigkeiten.
Hangrichtung: Nord bis Ost.
Lawinengefährdung: Bei guter Routenwahl recht sichere Tour. Potenziell heikle Abschnitte sind der Aufstieg unter dem Hügel von Höhenbiel sowie das Tälchen zwischen Oberchäseren und Stelliboden.
Günstige Zeit: Dezember – April.
Varianten: Rottällihorn (2913 m): Bis zum Stelliboden wie Hauptroute, dann über »Ob dem Stelliboden« und der Mulde nördlich des Rottälligrats gegen P. 2821. Westlich davon auf den Grat und zum Gipfel, zuletzt zu Fuß (4.30 Std., WS; häufiger besucht, aber skifahrerisch etwas weniger interessant als der Tälligrat).
Stotzigen Firsten (2747 m): Von Realp auf der Straße bis ca. 1650 m. Nun über den unausgeprägten, so gut wie immer gespurten Nordostrücken via Unter Deieren zur Hütte beim Gässler, weiter auf die Lägeten Firsten und dem Grat folgend zum Gipfel (WS, 4 Std.).
Karten: 1231 Urseren, 1251 Val Bedretto.

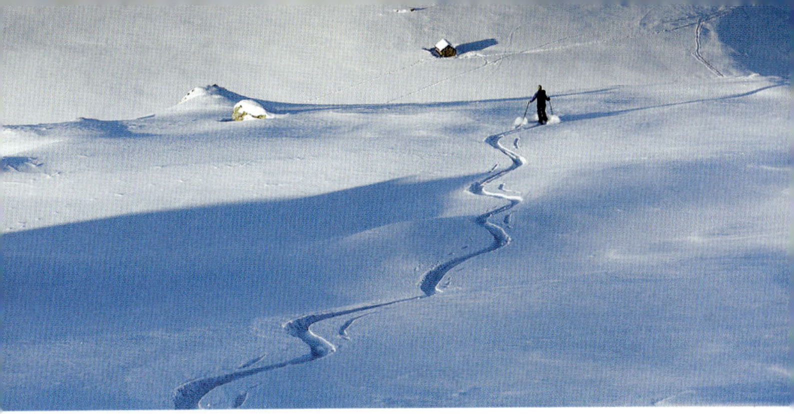

Tälligrat: Wo sind all die Leute vom Stotzigen Firsten?

Vom Bahnhof **Realp** ins Dorf und südwestwärts auf einer Fahrstraße zur Brücke P. 1603, über die Furkareuss und nach **Schweig**. Zur Brücke P. 1727 hinab und links um Höhenbiel herum (Winterweg, Stangen) nach **Oberchäseren**. Nun den Rotondo-Hüttenweg verlassen und durch ein eingeschnittenes Tälchen westwärts Richtung **Stelliboden**. Beim Talausgang, noch vor den Alpgebäuden, dreht man nach Süden und steigt über die weiten Hänge westlich von P. 2421 empor. Ab etwa 2600 m biegt man allmählich nach Südwesten in die weite Mulde ein, die zum Gipfel führt, und erreicht den Kulminationspunkt des **Tälligrats** zuletzt über den Ostrücken. Die Abfahrt erfolgt auf der gleichen Route. Bei guten Verhältnissen lassen sich auch im Hang südwestlich von Höhenbiel ein paar Schwünge ziehen, direkt hinunter nach Ebnen.

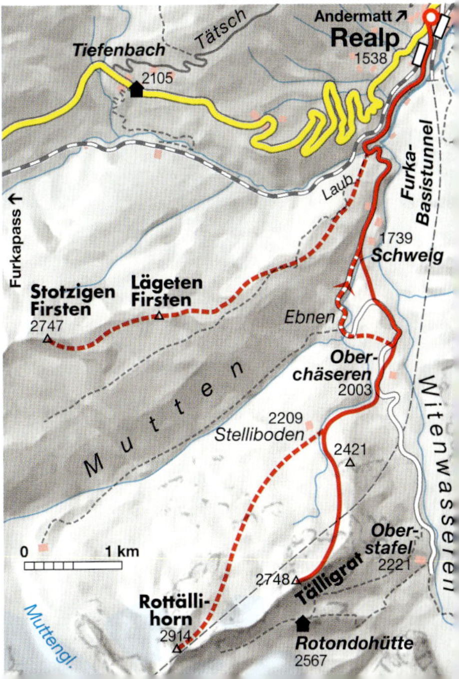

28 Witenwasserenstock, 3025 m

N W O S

1510 Hm

5.30 Std.

Zum Südpol der Zentralschweiz

In den SAC-Statistiken landet die Rotondohütte bezüglich Winterübernachtungen immer wieder unter den Top Ten. Das verdiente Ergebnis verdankt sie den vielen Gipfelzielen der Umgebung (die sich übrigens, etwas Kondition vorausgesetzt, auch als Tagestouren besuchen lassen). Stellvertretend für all die Touren haben wir den Witenwasserenstock ausgewählt, genauer: seinen Wintergipfel P. 3025. Er ist gleich vierfach bemerkenswert: als wichtige Wasserscheide (Rhein/Rhone/Po), als Treffpunkt der Kantone Uri, Tessin und Wallis, als südlichster Zipfel der Zentralschweiz – und wegen eines Abfahrtstälchens nach Oberstafel, das auffallend oft einen Pulverschneebelag aufweist.

Ausgangspunkt: Realp (1538 m).
Aufstiegszeiten: Realp – Rotondohütte 3.45 Std., Rotondohütte – Witenwasserenstock 1.45 Std.
Anforderungen: WS. Nirgends über 30°, dafür zum Schluss ein Fußaufstieg über einen recht steilen Blockgrat.
Orientierung: Bis zur Hütte Sträßchen und Markierstangen, und auch danach ziemlich einfach. Oft besucht.
Hangrichtung: Nordost, Nord, Nordwest.
Lawinengefährdung: Weitgehend sichere Tour, Vorsicht unter Höhenbiel (Aufstieg

Die erste Spur ist die schönste. Abfahrt zum Oberstafel, ganz rechts der Lucendro.

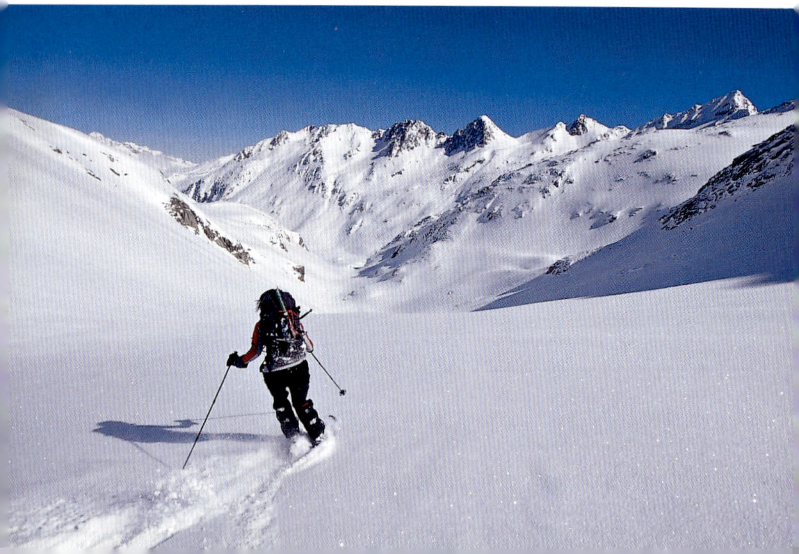

zur Hütte), im Aufstieg zum Skidepot und im Abfahrtstälchen Richtung Oberstafel.

Günstige Zeit: Dezember – April.

Varianten: Steilere Abfahrt: Vom Skidepot zum Hüenderstock queren und nordostwärts, dann nordwärts ins Abfahrtstälchen nach Oberstafel (ZS).

Rottällihorn (2914 m): Von der Rotondohütte Richtung Läckipass, kurz davor nach rechts abzweigen und über den Rottällipass zum Gipfel (WS, 1.15 Std.).

Gross Läckihorn (3067 m): Von der Hütte zum Läckipass und zu Fuß oder mit Ski über den Nordrücken zum Gipfel (WS+, 1.45 Std.).

Unterkunft: Rotondohütte (2567 m), 75 Plätze (Winterraum 20 Plätze), in der Tourensaison durchgehend bewartet, Tel. +41 41 8871616, rotondohuette.ch.

Karten: 1231 Urseren, 1251 Val Bedretto.

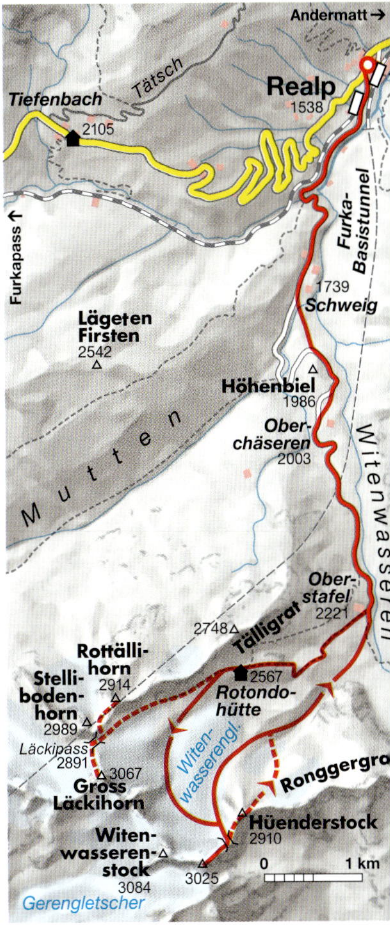

Vom **Bahnhof Realp** ins Dorf und südwestwärts auf einer Fahrstraße zur Brücke P. 1603, über die Furkareuss und nach Schweig. Zur Brücke P. 1727 hinab und links um Höhenbiel herum (Winterweg, Stangen) nach **Oberchäseren**. Von hier führt die Route weiter taleinwärts zum Oberstafel (2221 m), dann südwestwärts und im Bereich des Sommerwegs zur **Rotondohütte**.

Kaum ansteigend geht es nun in einem Bogen zum **Witenwasserengletscher**. Zunächst Richtung Witenwasserenpass, dann nach links und in den Sattel mit den Militärhütten zwischen P. 2910 und P. 3025. Skidepot und zu Fuß über den Blockgrat zum **Witenwasserenstock-Wintergipfel** (3025 m). Meist ist hier Schluss, da der Übergang zum Hauptgipfel (3084 m) steil, ausgesetzt und oft verwechtet ist.

Vom Skidepot eher rechts haltend über den Witenwasserengletscher hinab, bei P. 2558 rechts in ein Tälchen hinein und nach **Oberstafel** abfahren. Weiter auf der vom Aufstieg bekannten Route nach **Realp** hinunter.

29 Chli Bielenhorn, 2940 m

N W O S

1430 Hm

4.15 Std.

Auf langen Latten durch großzügiges Granitland

Dank bestem Granit sind die Berge rund um den Furkapass längst zu den großen Destinationen der alpinen Sportkletterszene Europas avanciert. Die Auswahl an Felsrouten zwischen Furkahorn, Galenstock, Gross und Chli Bielenhorn, Dammazwillinge und Graue Wand geht in die Hunderte. Aber auch jene, die auf Ski unterwegs sind, können die scharfen Zinnen, zackigen Grate und kompakten Wände genießen – als prächtige Kulissen.

Ausgangspunkt: Realp (1538 m).
Aufstiegszeiten: Realp – Tätsch 2 Std., Tätsch – Chli Bielenhorn 2.15 Std.
Anforderungen: WS–. Die letzten Meter zum Gipfel erfordern je nach Schneelage etwas beherzte Kraxelei.
Orientierung: In der Regel gespurt. Bei schlechter Sicht zwischen Hotel Galenstock und Gipfel anspruchsvoll.
Hangrichtung: Südost, West, Nordost.
Lawinengefährdung: Bei guter Routenwahl nie über 30°, die oberhalb der Route liegenden Hänge (z. B. nach dem Tätsch) erfordern dennoch etwas Vorsicht.
Günstige Zeit: Dezember – Mai.
Variante: Eine runde Sache im Frühsommer, wenn die Passstraße offen ist: Furkapass/Galenbödmen – Sidelenhütte (im Winter geschlossen) – Untere Bielenlücke (ZS, ab Galenbödmen 1.45 Std.) – Chli Bielenhorn – Albert-Heim-Hütte (übernachten) – Galenstock – Rhonegletscher – Furkapass/Belvédère.
Hinweis: Mit Übernachtung in der Albert-Heim-Hütte (2543 m), 64 Plätze (Winterraum 8 Plätze), während der Tourensaison meist bewartet, Tel. +41 41 8871745, albertheimhuette.ch (oder im Hotel Tiefenbach) lässt sich die Tour auf zwei Tage verteilen.
Karten: 1231 Urseren.

Da der Schutzwald über **Realp** für Skitourenfahrer gesperrt ist, folgt man der Furkastraße bis 1630 m, um dann an Chumme vorbei zum **Hotel Galenstock** (1995 m; derzeit geschlossen) aufzusteigen. Allmählich nach rechts abdrehend über **Tätsch** bis knapp 2400 m. Den anschließenden Boden quert man in seiner ganzen Länge, um zwischen Chräijennest und Albert-Heim-Hütte hindurch zum **Tiefengletscher** zu gelangen. Ab 2540 m das deutliche Tälchen anpeilen, das zwischen Chli und Gross Bielenhorn abfällt, und sich darin zur **Unteren Bielenlücke**, dem Sattel links der Kamele, einer markanten Felsgruppe, emporarbeiten. Weiter im Zickzack, soweit es geht. Zuletzt kraxelt man über griffigen Granit auf einen der Türme, die den Gipfel des **Chli Bielenhorn** bilden.

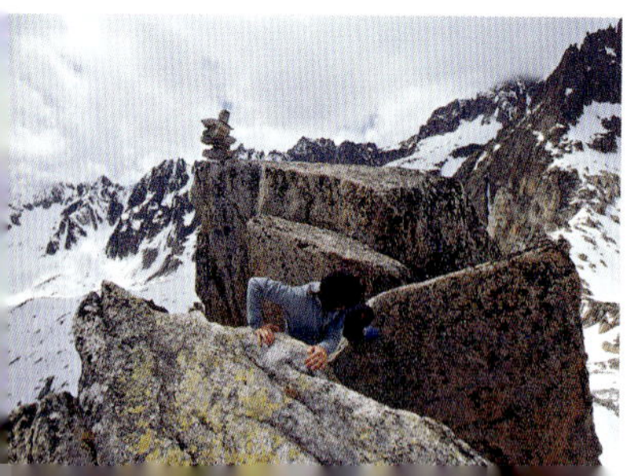

Wer ganz nach oben will, muss kraxeln.

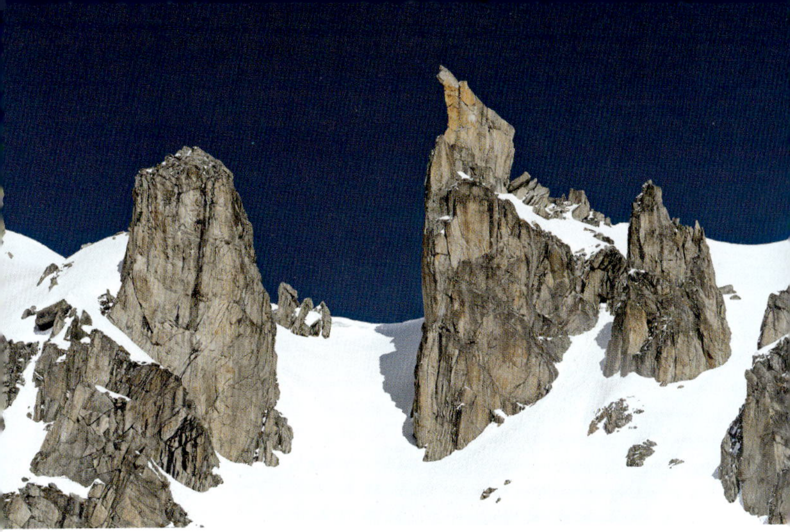

Eines der beiden Granitkamele bei der Unteren Bielenlücke.

Zurück auf der Aufstiegsroute. Bei sicheren Verhältnissen kann man vom Gipfel auch nordostwärts zu einer Geländekante traversieren und durch das Tälchen unmittelbar westlich von P. 2879 schwingen. Auch lässt sich ab P. 2540 über die Südseite des Chräijennest zum Älpetli und zur Passstraße abfahren.

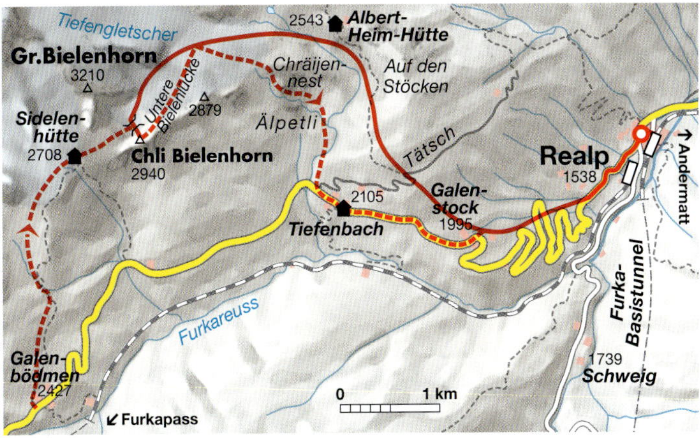

TOP **30** **Galenstock, 3586 m**

N W O S

2170 Hm

2 Tage

Auf den höchsten Skiberg der Zentralschweiz

Egal, von welcher Seite man ihn betrachtet: Der Galenstock macht stets eine gute Figur. Vom Goms aus leuchtet er mit seiner unverwechselbar eisigen (wie lange noch?), steilen Gipfelkalotte, während die Urner Seite von vielen Rippen durchzogen und von einer riesigen Wechte gekrönt wird. Kaum erstaunlich, dass der höchste vollständig zentralschweizerische Skiberg – sein etwas höherer Nachbar Dammastock lässt sich nur über die Walliser Seite mit Ski besteigen – im Spätwinter und Frühjahr viele Tourenfahrer anlockt.

Gewiss, rein skifahrerisch mag es besser gebaute Berge geben, der Galenstock bietet jedoch, nebst erstklassigem Renommee, vor allem hochalpines Ambiente, ein umfassendes Panorama und eine einmalige Vogelperspektive auf den Rhonegletscher. Dabei sollte nicht vergessen werden, dass seine Besteigung gute Verhältnisse und solide alpine Erfahrung verlangt, insbesondere für den Aufstieg – und Wiederabstieg – über den anspruchsvollen Nordgrat, der kombinierte (Steigeisen-)Kletterei und oft auch Seilsicherung erfordert.

Der Galenstock im Morgenlicht. Rechts im Profil der zunehmend steile Nordgrat.

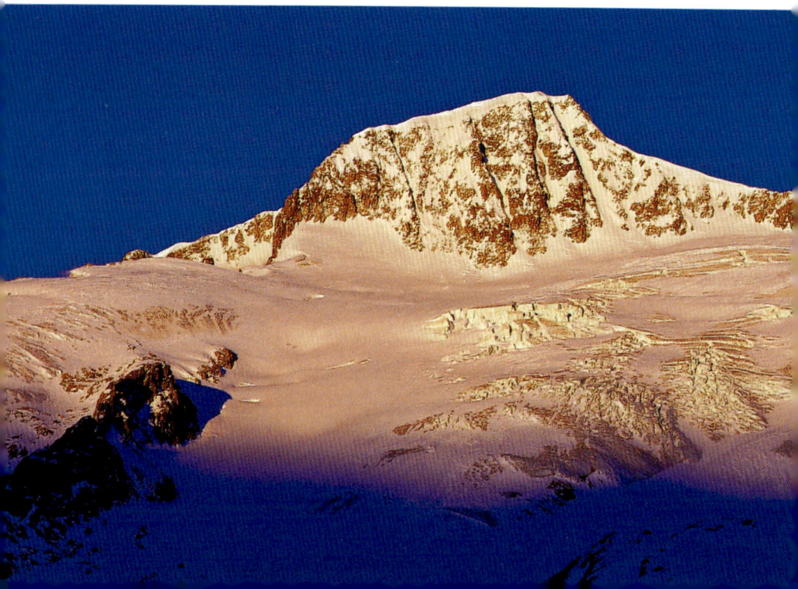

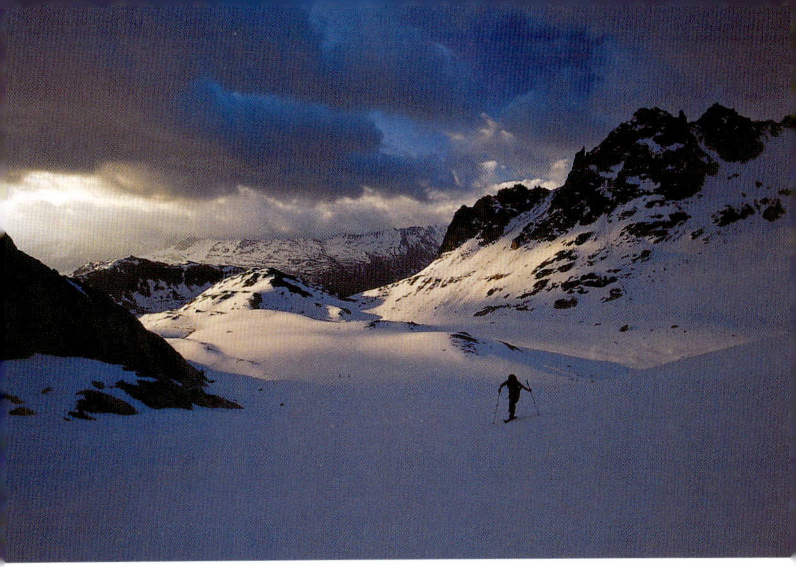

Auf dem Tiefengletscher. Bald darauf: Schneesturm, Wind, Sicht zehn Meter.

Ausgangspunkt: Realp (1538 m).
Aufstiegszeiten: Realp – Albert-Heim-Hütte 3.15 Std., Albert-Heim-Hütte – Galenstock 5 Std.
Anforderungen: Anspruchsvolle Skihochtour. Entscheidend für die Gesamtbewertung ist nicht der einfache Skiteil (WS, bis 30°), sondern der Fußaufstieg auf den Nordgrat und über diesen zum Gipfel (kombiniertes Gelände, ausgesetzt, im Fels I–II, im Schnee/Eis bis 45°, im Auf- und Abstieg). Spaltengefahr. Seil, Steigeisen und Pickel erforderlich.
Orientierung: Bei schlechter Sicht ist der Einstieg vom Skidepot Richtung Nordgrat schwer zu finden. Auch sonst nichts für neblige Tage.
Hangrichtung: Süd, Ost, Nord.
Lawinengefährdung: Bis zum Skidepot mäßige Gefährdung, unter dem südlichen Tiefensattel um 30°. Mehr Vorsicht benötigt man im Aufstieg zum Nordgrat (steiler Osthang, Fußaufstieg = erhöhte Belastung).

Günstige Zeit: Februar – Mai/Juni.
Varianten: Galenstock-Überschreitung: Aufstieg wie geschildert, aber mit Ski am Rucksack; Abstieg/Abfahrt über Galengrat – Galensattel – Galengletscher – Rhonegletscher (linkes Ufer) bis Belvédère (S–). Weiter nach Gletsch und Oberwald oder über den Furkapass zurück nach Realp.
Tiefenstock (3516 m): skifahrerisch weniger lohnend als der Galenstock, aber einsamer. Aufstieg über den Tiefengletscher zum Fuß des Nördlichen Tiefensattels (WS). Skidepot. Über eine steile Schneeflanke, dann auf einem Klettersteig (Metallbügel, durchgehendes Sicherungsseil) spektakulär eine Felsstufe hoch und über einen weiteren Schneehang zum Sattel (3330 m) und über die breite Flanke auf den Gipfel (4.30 Std.).
Lochberg (3074 m): Von der Albert-Heim-Hütte steigt man über P. 2380 zur Winterlücke auf, dann zu Fuß Richtung Osten dem Grat entlang und zuletzt durch ein Couloir zum Gipfel (2.30 Std.). Abfahrt

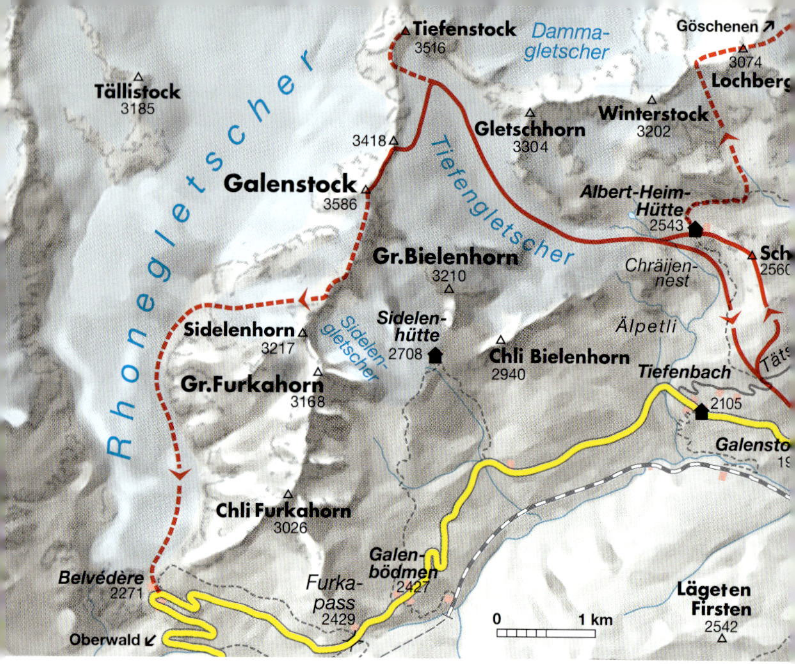

nordostwärts, links am Älprigensee vorbei, über Älprigenplatten zu P. 2076. Dem rechten Bach folgend gegen den See zu, auf dem Sommerweg nach rechts zum Staudamm und über diesen zum Hotel Dammagletscher. Weiter auf der Straße bis Gwüest, auf dem Sommerweg nach Horwen und wieder auf der Straße nach Göschenen (ZS+).

Unterkunft: Albert-Heim-Hütte (2543 m), 64 Plätze (Winterraum 8 Plätze), während der Tourensaison meist bewartet, Tel. +41 41 8871745, albertheimhuette.ch.
Hinweis: Das im Winter offene Hotel Tiefenbach (2105 m) eignet sich ebenfalls als Ausgangspunkt (Tel. +41 41 8871322, hotel-tiefenbach.ch).
Karte: 1231 Urseren.

Von **Realp** via Chumme und am ehemaligen Hotel Galenstock vorbei nach **Tätsch**, von dort rechts ausholend auf den Schafberg (2590 m) und in leichtem Gefälle zur **Albert-Heim-Hütte**.
Von der Hütte zum Vorfeld des **Tiefengletschers** abfahren und anfellen. Dem zunächst nahezu flachen Gletscher folgen, einen kurzen Aufschwung auf 2600 m überwinden und weiter in den Gletscherkessel bis 3080 m. Hier entschieden nach links abdrehen und diagonal ansteigend unter dem Südlichen Tiefensattel hindurch zum Fuß des Felssporns P. 3418. **Skidepot** gleich dahinter, südlich der kompakten Felswand auf etwa 3320 m. (Hierher

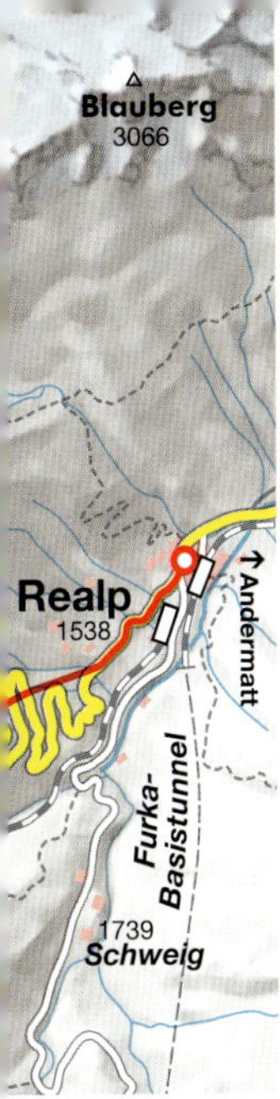

wird oft auch direkter zwischen Gross Bielenhorn und Strahlengrätli oder zwischen diesem und der Bruchzone des Gletschers aufgestiegen. Der kleinen Zeiteinsparung steht dabei aber eine deutlich größere Spaltensturzgefahr gegenüber.)

Vom Skidepot über eine Felsstufe (Eisenbügel) und durch eine steile Schneerinne nach links zum Fuss des eigentlichen **Nordgrats** queren. Dieser führt zuerst felsig, dann als Firnrücken und zuletzt in steilem, kombiniertem, teilweise recht ausgesetztem Gelände (evtl. Seilsicherung, Sicherungsstangen vorhanden) direkt auf den **Galenstock**. Vorsicht vor den riesigen, bis 10 m weit nach Osten ausladenden Gipfelwechten!

Zurück zum Skidepot und auf der Aufstiegsroute hinab. Wer unterwegs nicht noch in der Albert-Heim-Hütte einkehren will, lässt diese nun links liegen, um über P. 2395 direkt zum Tätsch zu queren (oder ab P. 2540 südlich des Chräijennest zum Älpetli und zum Tiefenbach abzufahren). Weiter auf der Aufstiegsroute nach **Realp** hinab.

Seit dem Winter 1918/19 dient die Albert-Heim-Hütte als Stützpunkt für Skitouren am Galenstock. 2019 wurde sie aufgefrischt und für die nächsten Jahrzehnte fit gemacht.

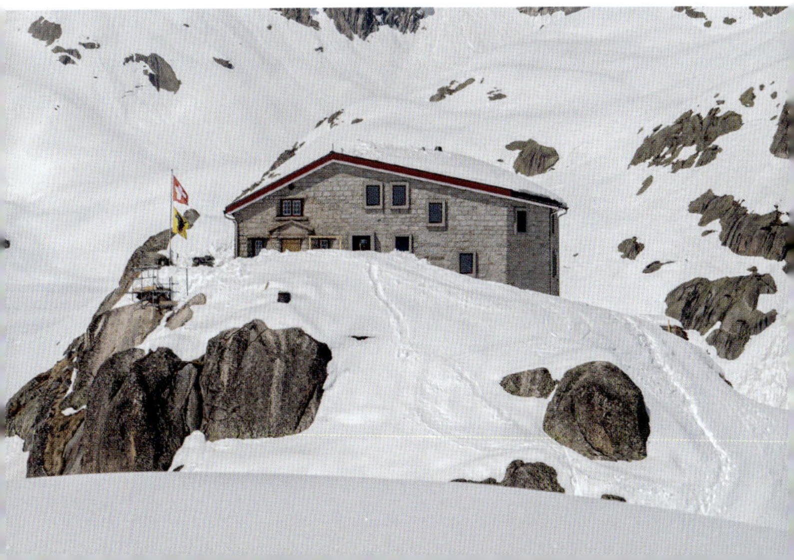

31 Sustenhorn, 3502 m

N W O S

2410 Hm

2 Tage

Einen Frühjahrsklassiker weiterdenken

Sobald die Passstraße bis Steingletscher für den Privatverkehr geöffnet wird – das ist in der Regel irgendwann im Mai –, bricht das Sustenhorn unter der Skitourenfahrerlast beinahe zusammen und unverfahrene Pulverschneehänge muss man dann nicht mehr groß erwarten. Doch solange die Barriere bei Gadmen oder Feldmoos unten ist, herrscht im Gebiet ziemliche Ruhe, denn welcher Autoskifahrer (Skiautofahrer) startet schon so weit unten. Und genau das ist eine Chance für all jene, die Skitouren eher als Individualsport denn als Gruppenvergnügen verstehen. Noch exklusiver ist die wilde Abfahrt ins abgeschiedene Voralptal, wo man vielleicht in der Voralphütte einkehren wird, um tags darauf dem Stucklistock (→ Tour 33) einen Besuch abzustatten.

Ausgangspunkt: Gadmen (1205 m). Bus von Meiringen/Innertkirchen. Die Straße Gadmen – Sustenpass ist im April oft bis Feldmos (ca. 1600 m) offen, im Mai bis Steingletscher (1863 m). Taxi-Dienste: Inäbnit in Meiringen (alpenbustaxi.ch), Oberhasli in Innertkirchen (Tel. +41 79 5764042).
Endpunkt: Göschenen (1106 m).
Aufstiegszeiten: Gadmen – Steingletscher 2.30 Std., Steingletscher – Tierberglihütte 3 Std., Tierberglihütte – Sustenhorn 2.30 Std., Sustenlimi – Chelenalplücke 15 Min.

Blick vom Sustenhorn ins Voralptal, mit Fleckistock: unüblich schöne Abfahrt.

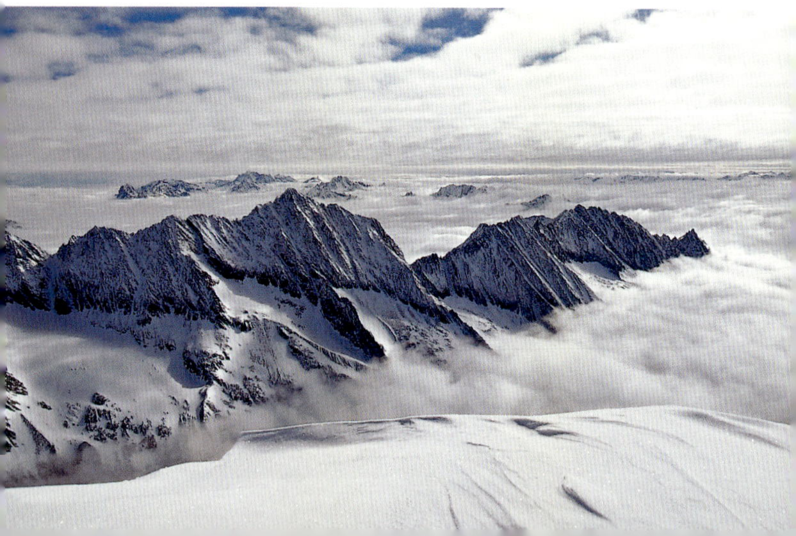

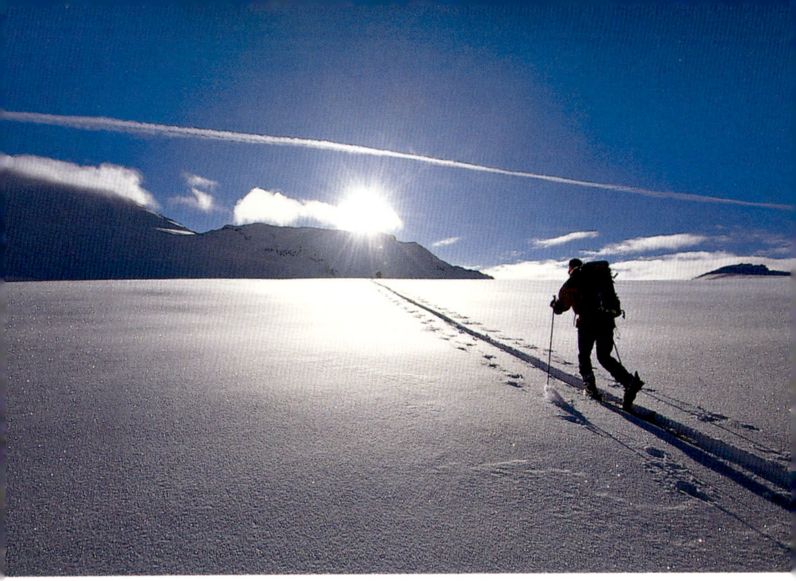

Auf dem Steigletscher: üblicher, aber durchaus lohnender Zugang.

Höhenunterschied: Aufstieg 2410 m, Abfahrt 2510 m.
Anforderungen: ZS+. Zwischen Gadmen und Steingletscher zweimal um 34°, Querung auf den Steigletscher dito. Der Abstieg von der Chelenalplücke ist kurz 46° steil (zu Fuß, evtl. Fixseil installieren). Spaltengefahr beachten! Pickel und Seil, Steigeisen je nach Verhältnissen.
Orientierung: Bei Nebel schwierig, besonders auf der ganzen Gletscherstrecke. Aufstieg zum Sustenhorn oft gemacht, Abfahrt ins Voralptal eher selten.
Hangrichtung: Alle.
Lawinengefährdung: Vorsicht im Aufstieg von Gadmen nach Steingletscher, steile Nordhänge über dem Kopf! Evtl. heikel auch am Fuß des Bockbergs und im Bereich der Chelenalplücke.
Günstige Zeit: März – Mai.
Varianten: Ein interessanter Zugang zum Steingletscher führt von der Sustlihütte leicht abfallend nordwestwärts, dann in weitem Bogen über Stöss und Chli Sustlifirn südlich des Wendenhorns aufs Plateau der Fünffingerstöck (2.30 Std.); Abfahrt über Obertaljoch und Obertal (ZS+). Gwächtenhorn (3404 m), der zweite Hausberg der Tierberglihütte: Von der Hütte wie zum Sustenhorn bis rund 3020 m, dann nach rechts weg und über die sanfte Ostflanke auf den Gipfel (von der Hütte WS–, 2 Std.). Im Frühjahr zwischen Sustenlimi und Gipfel oft lästiger Heliskiing-Flugverkehr.
Unterkunft: Tierberglihütte (2798 m), 70 Plätze (bei unbewarteter Hütte nur Schutzraum ohne Schlafplätze, Decken und ohne Kochmöglichkeit), während der Tourensaison oft bewartet, Tel. +41 33 9712782, tierbergli.ch. Voralphütte (2127 m), 40 Plätze (Winterraum 18 Plätze), in der Tourensaison zeitweise bewartet, Tel. +41 41 8870420, voralphuette.ch.
Karten: 1210 Innertkirchen, 1211 Meiental, 1231 Urseren.

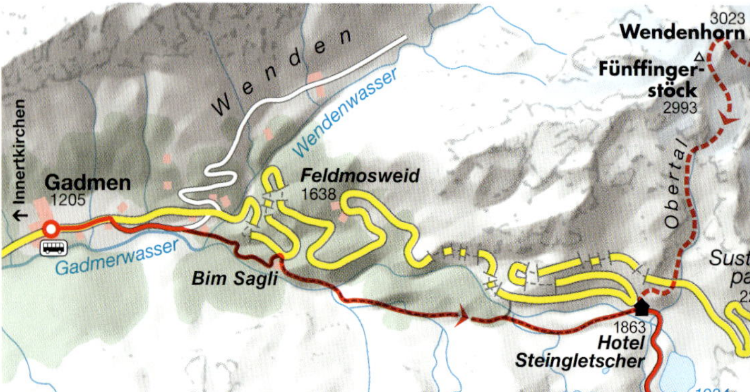

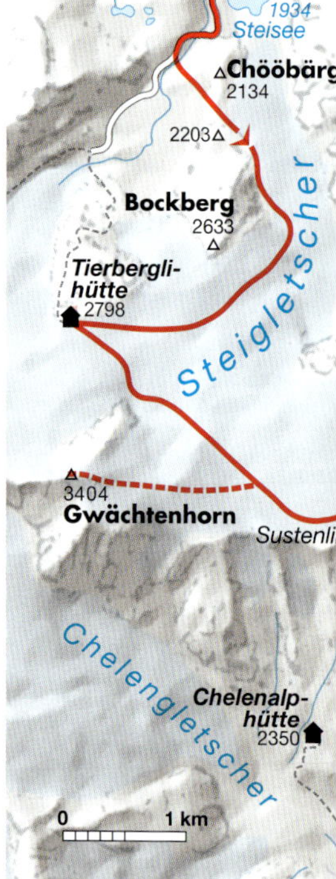

Von **Gadmen** auf dem Sommerweg (alte Passroute) über P. 1222, Bim Sagli (1358 m), Wyssemad und In Miseren zum **Hotel Steingletscher**. Weiter auf dem Sträßchen südwärts Richtung Umpol, um dann links zur Lücke zwischen Chööbärgli und P. 2203 aufzusteigen. Am Fuß des **Bockbergs** quert

Eine tolle Alternative für ausgezeichnete Skifahrerinnen: der Vorder Tierberg mit Abfahrt über die steile Nordostflanke. Dahinter das Sustenhorn.

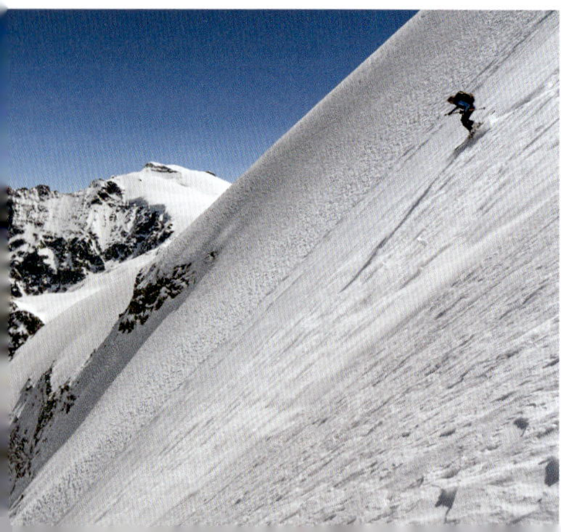

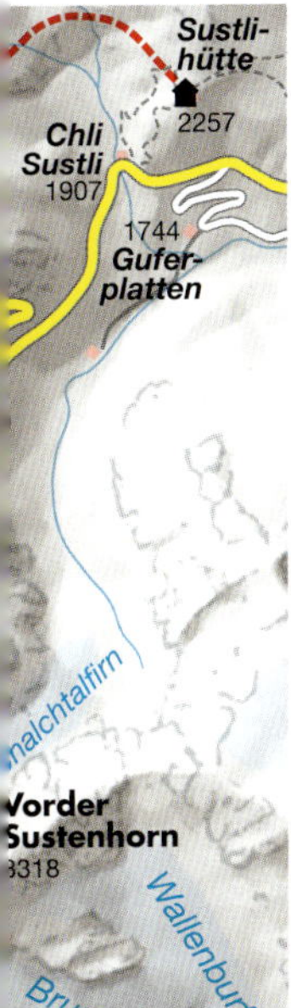

man möglichst hoch nach links auf den **Steigletscher** hinaus, um diesen oberhalb des Gletscherbruchs zu betreten. Nun schön rechts bleibend den Gletscher hoch und auf 2340 m scharf nach rechts (Eis- und Steinschlag von links, aktuelle Informationen auf tierbergli.ch) in ein beidseits von Bruch- und Spaltenzonen gesäumtes Tälchen. Ab dessen Ende (ca. 2700 m) nach rechts zur **Tierberglihütte** queren.

Von der Hütte führt die Route südostwärts, über eine kurze Steilstufe auf 2870 m, zur **Sustenlimi**. Dort nach links abdrehen, über offene Hänge nordostwärts Richtung Lücke P. 3285 und weiter zum **Sustenhorn** (Vorsicht, Wechten).

Zurück zur Sustenlimi und hinüber zur schmalen Scharte der **Chelenalplücke**, die man zuletzt zu Fuss erreicht. Die ersten 40 Höhenmeter auf der Voralpseite verlaufen durch ein steiles Couloir (meist zu Fuß, evtl. Seilsicherung), dann geht es über den **Flachensteinfirn** ziemlich genau ostwärts bis zur tiefsten Gletscherzunge und nach rechts zu den Flachensteinen, etwas unterhalb der Voralphütte. Weiter talauswärts, bis Horenfelli rechts, danach links vom Bach nach **Wiggen**, dann auf der Straße nach **Göschenen**.

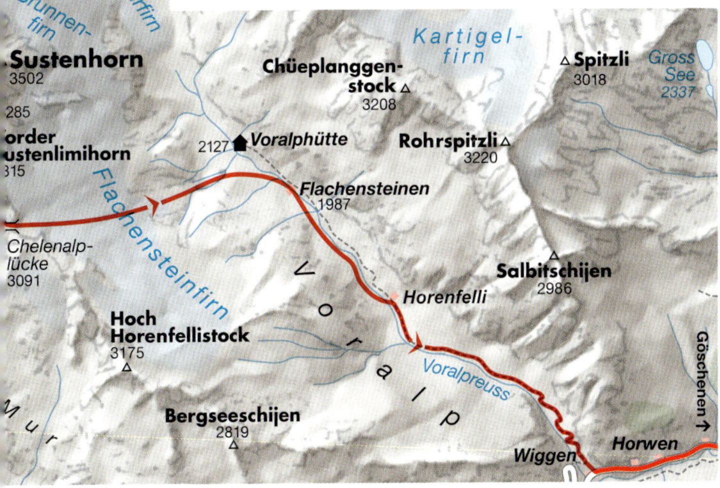

32 Stucklistock, 3313 m

N W O S

2250 Hm

2 Tage

Große Gefühle zwischen Göschenertal und Meiental

Das Meiental hat zwei Gesichter, ein sonniges und ein schattiges, und jedes bietet zahlreiche, meist anspruchsvolle Tourenziele (und reihenweise Geheimtipps). Kein Wunder, dass das Tal im Spätwinter und Frühling zum Tummelfeld für Fortgeschrittene wird. Für viele von ihnen steht dabei der Stucklistock ganz weit oben auf der Wunschliste. Noch schöner indes ist, den Gipfel zu überschreiten. Nicht nur, weil Überschreitungen grundsätzlich schöner sind, sondern auch, weil man damit das im Winter ausgesprochen ruhige und landschaftlich reizvolle Voralptal kennenlernen darf.

Ausgangspunkt: Göschenen (1106 m).
Endpunkt: Färnigen (1455 m). Mit Taxi Baumann (Tel. +41 41 8851787, +41 79 2092459) oder Schneetourenbus nach Wassen, dann per Bus nach Göschenen oder Erstfeld.
Aufstiegszeiten: Göschenen – Voralphütte 4 Std., Voralphütte – Lücke (P. 3164) 3.30 Std., Lücke – Gipfel 30 Min.
Höhenunterschied: Aufstieg 2250 m, Abfahrt 1900 m.
Anforderungen: S+. Mehrere Steilpassagen (im Aufstieg auf 2500 m knapp 40°, auf beiden Seiten der Lücke P. 3164 bis 43°, im unteren Teil der Abfahrt bis 40°). Am Gipfelgrat je nach Verhältnissen und Route steiler Firn und Kletterstellen bis II, zuoberst luftig, Seilsicherung empfohlen. Auf dem Rütifirn einige Spalten. Pickel und Steigeisen mitnehmen.
Orientierung: Insbesondere bei der Abfahrt ab 2500 m unübersichtliches Gelände, bei Nebel sehr anspruchsvolle Wegfindung. Vom Voralptal aus eher selten besucht, vom Meiental meist Spuren vorhanden.
Hangrichtung: Südwest, Nordost, Ost.
Lawinengefährdung: Auf der ganzen Tour erhöhte Lawinengefahr, nur bei sehr stabiler Schneedecke.
Günstige Zeit: März – April/Mai.

Varianten: Als Tagestour ab Färnigen: 5.30 Std. Bei sehr guten Verhältnissen kann man statt über die Lücke P. 3164 durch eine Rinne weiter rechts direkter zum Gipfel aufsteigen.
Rohrspitzli (3220 m): Von Göschenen auf der Straße nach Ulmi (1195 m) und auf dem Sommerweg, teilweise mit aufgebundenen Skiern, via Regliberg zur unbewarteten Salbithütte (3 Std.). Weiter nordwestwärts, zu Fuß (oft Steigeisen nötig) durch ein Couloir bis knapp westlich von P. 2520 und hinter dem Gemschiplanggenstock zum Rohrfirn. Auf diesem zu einer Lücke knapp nordöstlich des Gipfels, von dort zu Fuß auf das Rohrspitzli (4 Std.). Abfahrt nordwärts, rechts haltend nach Brunni. Hinunter zum großen Kartigel-Kessel, dann links des Mületobels nach Meien Dörfli (S).
Eine unvergessliche, viertägige Rundtour: Meiental – Sustlihütte, Fünffingerstöck – Steingletscher – Tierberglihütte, Sustenhorn – Voralphütte, und über den Stucklistock zurück ins Meiental.
Unterkunft: Voralphütte (2127 m), 40 Plätze (Winterraum 18 Plätze), in der Tourensaison zeitweise bewartet, Tel. +41 41 8870420, voralphuette.ch.
Karten: 1231 Urseren, 1211 Meiental.

Pause im Aufstieg zum Stucklistock, vis-à-vis vom vergletscherten Sustenhorn.

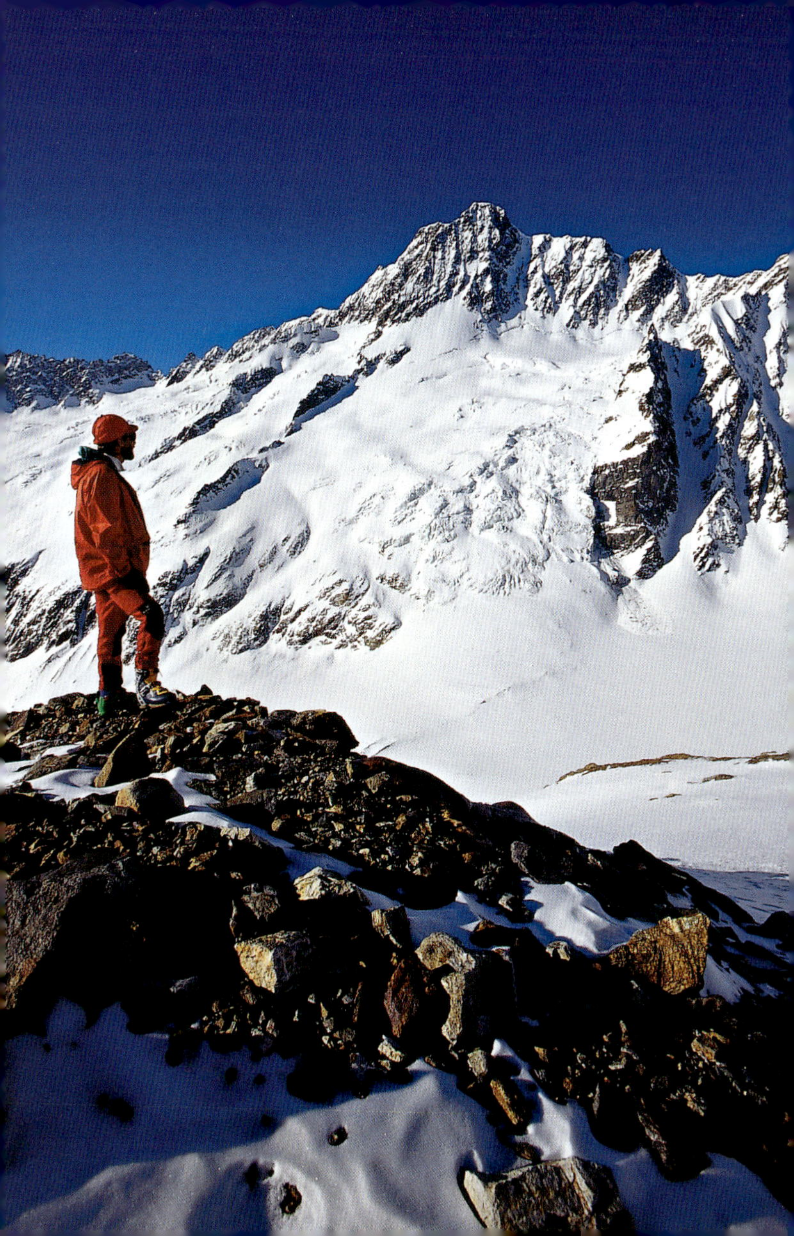

Die Straße von **Göschenen** ins Göschenertal ist oft als Wanderweg gepfadet, manchmal aber auch per Taxi bis Abfrutt oder Horwen befahrbar. Ab **Wiggen** (1317 m) (oder ab der Voralpkurve P. 1401) auf der orografisch linken Talseite, anfänglich etwas ruppig, ins **Voralptal** hinein zur Alp Horenfelli, dort Talseite wechseln bis **Flachensteinen** und wieder auf der linken Seite zur **Voralphütte**.

Von der Hütte gehts erst einmal taleinwärts Richtung **Wallenburfirn** bis ca. 2370 m, dann rechts über eine Steilstufe gegen P. 2737 hinauf. Links an die-

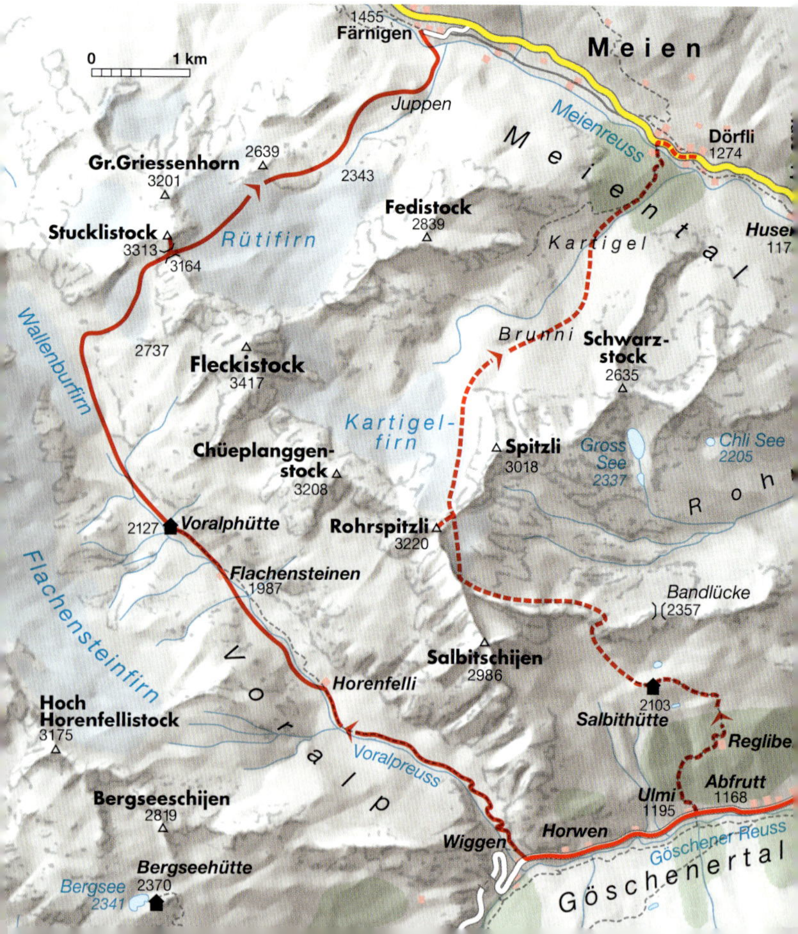

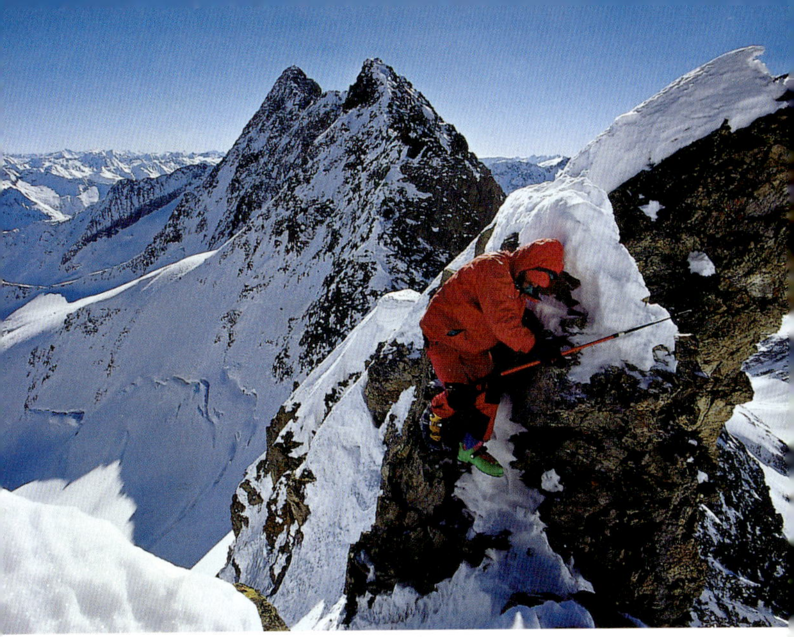

Der luftige Gipfelgrat bietet knifflige Passagen vor Fleckistock-Kulisse.

sem vorbei auf den **Hangfirn**, dem man rechts der Mitte folgt bis zu einer schmalen Rinne, die von der **Lücke P. 3164** abfällt. Durch diese Rinne, evtl. mit Steigeisen und aufgebundenen Ski, steil zur Lücke hinauf. Skidepot und über den luftigen Grat zum **Stucklistock**.

Vom Skidepot führt ein Steilhang (eventuell Bergschrund) auf den **Rütifirn**. Auf diesem nordostwärts gegen P. 2803 zu und südlich an diesem vorbei. Im Bereich der markanten Seitenmoräne zwischen P. 2639 und P. 2343 erreicht man den Rücken von **Stuckli**.

An dessen Ende gelangt man nach rechts zu einem Tälchen und durch dieses nach Juppen. Nun im Bereich des Schwarzbachs weiter hinab. Bei **Äbnet** über eine letzte Steilstufe zur Meienreuss hinunter und mit kurzer Gegensteigung nach **Färnigen** hinauf.

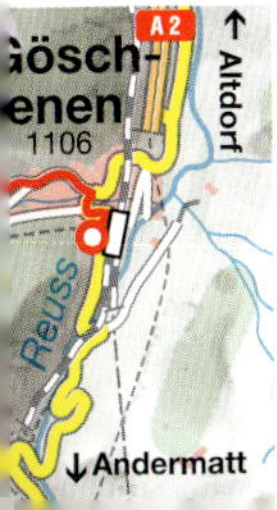

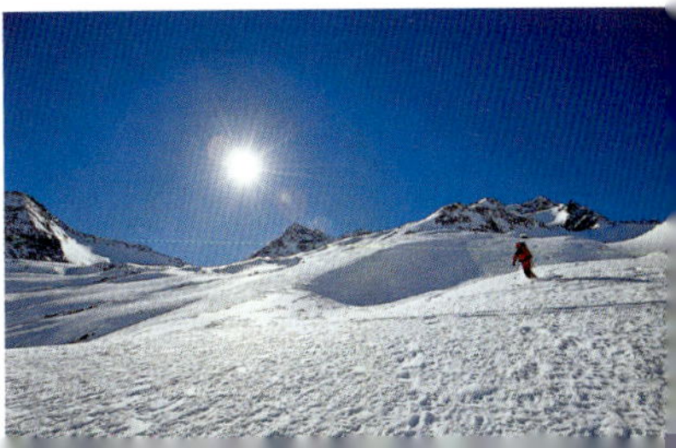

Auf dem Rütifirn.

33 Gross Spannort, 3198 m, Krönten, 3108 m

3760 Hm
3 Tage

Uris kleine Viertausender

Wie oft schaut man in Erstfeld aus dem Zug und sieht weit hinten im Westen ein Stück Glatt Firn am Fuß der imposanten Schlossbergwand gleißen. Ansonsten ist das Erstfeldertal eher zurückhaltend mit seinen Reizen. Man muss schon bis zur Kröntenhütte aufsteigen, um glauben zu können, dass es dort oben lohnende Tourenziele zu entdecken gilt – Namen wie Krönten oder Gross Spannort, die ein bisschen wie Viertausender wirken, aber eben keine sind, was den Rummel fernhält. Dafür fühlt man sich im Gebiet der Kröntenhütte rasch zu Hause: relativ sorgenfreie Touren, ein großer Vorrat an unverfahrenen Hängen, eine familiäre Hüttenatmosphäre und ein Hüttenwart mit vielen Tourentipps auf Lager.

Ausgangspunkt: Bodenberg im Erstfeldertal (994 m). Ab Erstfeld (472 m) mit Taxi (alpentaxi-uri.ch, Tel. +41 79 6655881).
Endpunkt: Sustenpassstraße oberhalb Färnigen (1455 m). Mit Taxi Baumann (Tel. +41 41 8851787, +41 79 2092459) oder Schneetourenbus nach Wassen, dann per Bus nach Göschenen oder Erstfeld.
Höhenunterschied: Aufstieg 3760 m, Abfahrt 3230 m.
Anforderungen: S (Tag 3). Anspruchsvolle Touren, die Erfahrung verlangen. Alpintechnisch ist der Fußaufstieg zum Gross Spannort die Schlüsselstelle, skitechnisch die Abfahrt vom Zwächten. Auf dem Glatt Firn einzelne Spalten. Seil, Pickel und Steigeisen einpacken.
Orientierung: Im Aufstieg zur Kröntenhütte im oberen Teil mit Stangen markiert. Auf dem Glatt Firn und beim Übergang am Zwächten bei Nebel heikel.
Hangrichtung: Alle.

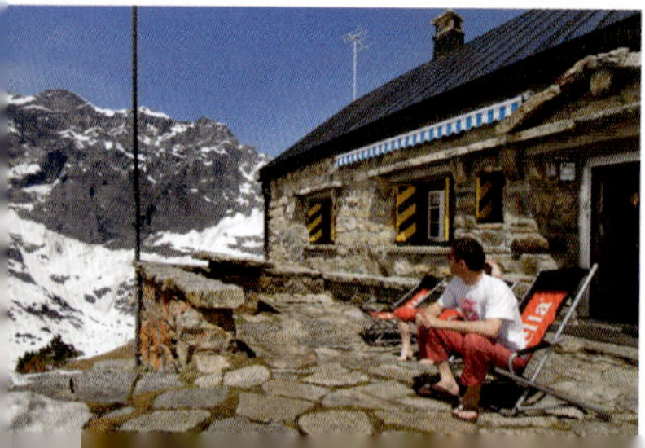

Lawinengefährdung: Der Aufstieg zur Kröntenhütte ist weniger heikel als gemeinhin angenommen (Problemzonen: vor Ellbogen und nach dem Gross Stein). Gross Spannort und Krönten bei guter Routenwahl recht sicher. Vorsicht in der Ostflanke des Zwächten sowie bei der Steilabfahrt auf den Rossfirn.
Günstige Zeit: März – Mai.
Varianten: Zugang zum Bodenberg: Mit Kleinseilbahn ab Erstfeld/Hofstetten zum Wilerli und auf der Straße ins Erstfeldertal hinunter. Ab Wilerli 1.15 Std.
Aufstieg zur Kröntenhütte: Bei sehr sicheren Verhältnissen, besonders im Frühling, kommt auch der steilere, direktere Geissfad infrage (ZS+).
Abfahrt durchs Gorneren: Von der Kröntenlücke südwärts, über die Hinter Steinchälen oder Sass Seeli nach Murmelsbiel, das lange Tal ausfahren (schneller Schnee von Vorteil) und ab Spicher auf dem Sommerweg nach Gurtnellen (ZS). Bus via Wiler nach Erstfeld u. Göschenen.
Unterkunft: Kröntenhütte (1903 m), 80 Plätze (Winterraum 30 Plätze), in der Skisaison z. T. auf Anfrage bewartet, Tel. +41 41 8800122, kroentenhuette.com.
Karten: 1191 Engelberg, 1211 Meiental.

Basislager: die gastliche Kröntenhütte.

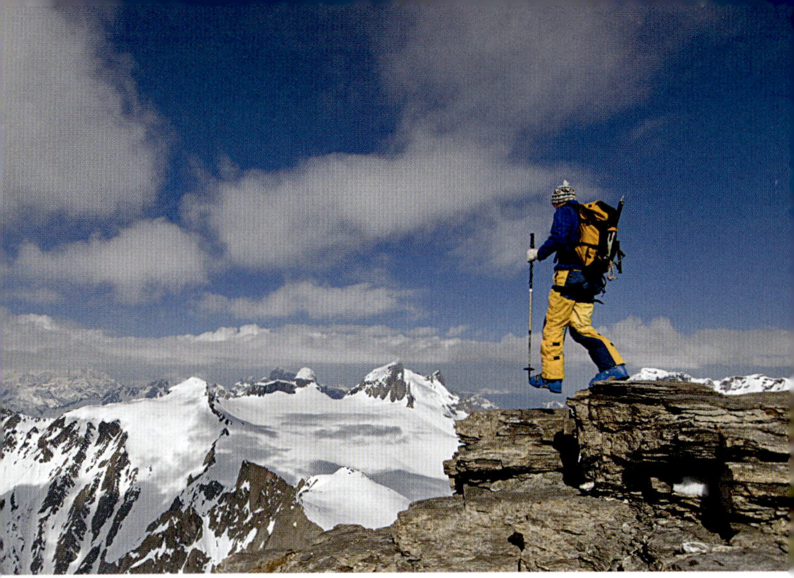

Der Krönten ist geschafft, es geht zurück zum Skidepot. Hinten Gross Spannort.

1. Tag: Bodenberg – Kröntenhütte
Schwierigkeit: ZS, vor Ellbogen kurz 40°. Aufstieg 1000 m (3 Std.), Abfahrt 90 m.
Vom **Bodenberg** (994 m) im Bereich des Wanderwegs südwärts hinauf. Wo dieser nach rechts biegt, noch etwas ansteigen und erst dann zur **Alp Ellbogen** queren. Weiter wie im Sommer zum Gross Stein, westwärts zum Päuggenegg (mit Stangen markiert) und kurze Abfahrt zur **Kröntenhütte**.

2. Tag: Kröntenhütte – Gross Spannort – Kröntenhütte
Schwierigkeit: WS, ab Skidepot Fußaufstieg (kurz bis 50° und/oder Fels bis II, evtl. Seilsicherung). Aufstieg 1300 m (4.30 Std.), Abfahrt 1300 m.
Von der Hütte in einem Bogen zum **Obersee**, dort nach Westen, durch die Männdliteifi bis ca. 2120 m und nach links abdrehen. Nach P. 2157 rechts ansteigend zum Sattel knapp südlich des **Graw Stock** (Stange). Südwestwärts auf den **Glatt Firn** hinaus und zum **Spannortjoch**. Skidepot. Etwas nach links zu einem Couloir und durch dieses (zuletzt sehr steil) auf eine Gratschulter. Weiter über eine Felsstufe (zuoberst Sicherungshaken), dann über die Schneeflanke zum **Gross Spannort**. Zurück zum Skidepot und Abfahrt auf gleicher Route, ab 2600 m bei sicheren Verhältnissen evtl. unter die Krönten-Nordflanke queren und zum Obersee abfahren.

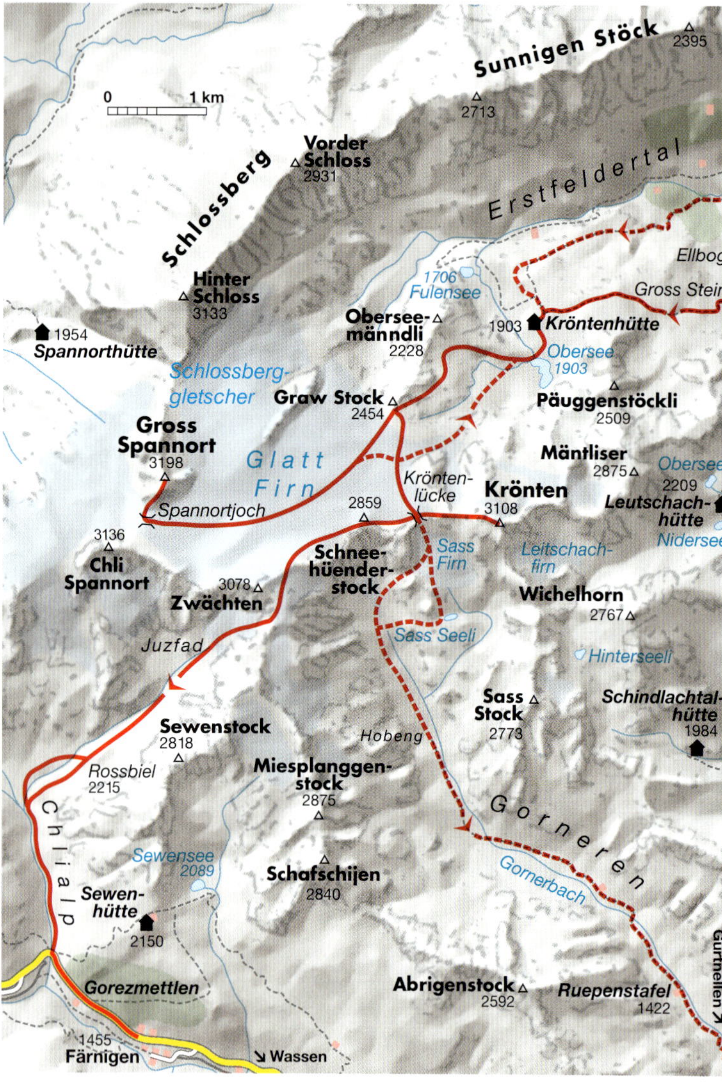

Sunnigen Stöck
2395
0
1 km
2713
Vorder Schloss
2931
Schlossberg
Erstfeldertal
Ellbog
Gross Steir
Hinter Schloss
3133
1706
Fulensee
Obersee-männdli
2228
1903
Kröntenhütte
1954
Spannorthütte
Obersee
1903
Schlossberg-gletscher
Graw Stock
2454
Päuggenstöckli
2509
Gross Spannort
3198
Glatt Firn
Mäntliser
2875
Obersee
2209
Leutschach-hütte
Nidersee
Spannortjoch
Krönten-lücke
Krönten
3108
2859
3136
Chli Spannort
Schnee-hüender-stock
Sass Firn
Leitschach-firn
3078
Zwächten
Wichelhorn
2767
Sass Seeli
Juzfad
Hinterseeli
Sass Stock
2773
Schindlachtal-hütte
1984
Sewenstock
2818
Hobeng
Rossbiel
2215
Miesplanggen-stock
2875
Chlialp
Gorneren
Sewensee
2089
Schafschijen
2840
Gornerbach
Sewen-hütte
2150
Gurtnellen
Gorezmettlen
Abrigenstock
2592
Ruepenstafel
1422
1455
Färnigen
Wassen

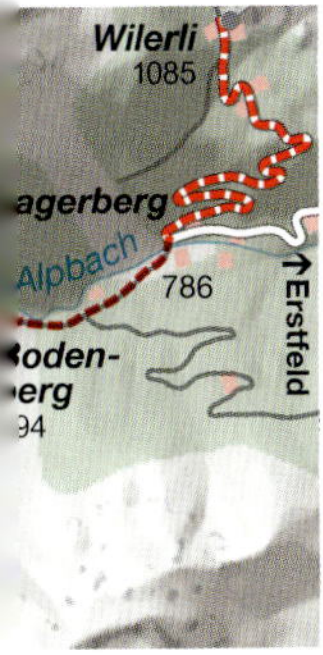

3. Tag: Kröntenhütte – Krönten – Färnigen

Schwierigkeit: Aufstieg WS, ab Skidepot zu Fuß (am Gipfelblock eine Stelle II+, Seilsicherung). Abfahrt S+, Couloir auf den Rossfirn kurz 46°. Aufstieg 1460 m (4 Std. zum Krönten, 30 Min. zur Zwächten-Schulter), Abfahrt 1840 m.

Von der Hütte erneut zum Sattel südlich des Graw Stock. An P. 2571 vorbei zur **Kröntenlücke** (2821 m). Weiter mit Ski, dann zu Fuß über den Westgrat zum **Krönten**. Der Gipfelturm kann von Süden her durch einen engen Riss erklettert werden (nur bis zu einer gewissen Konfektionsgröße). Zurück zur Kröntenlücke und den **Schneehüenderstock** (2859 m) auf einem Sattel zum Glatt Firn hin überschreiten (oder nordseitig umgehen). Kurzer Aufstieg zu einer Lücke im **Zwächten-Nordostgrat** auf 2890 m. Durch die steil abfallende, bei Hartschnee heikle Ostflanke südwestwärts zur Schulter auf ca. 2980 m (Abstecher zum **Zwächten** möglich). Von der Schulter zu einem Sattel westlich von P. 2970 und sehr steil auf den **Rossfirn** hinab (bei guten Verhältnissen evtl. auch durch eines der beiden noch steileren Couloirs nördlich davon). Über **Juzfad** nach Rossbiel, dann via Rossplangg oder Rotgand in den Talboden. Talauswärts zu P. 1614 und auf der Passstraße zur Barriere oberhalb **Färnigen**.

Im Aufstieg über den weiten Glatt Firn, nun mit dem Krönten im Rücken.

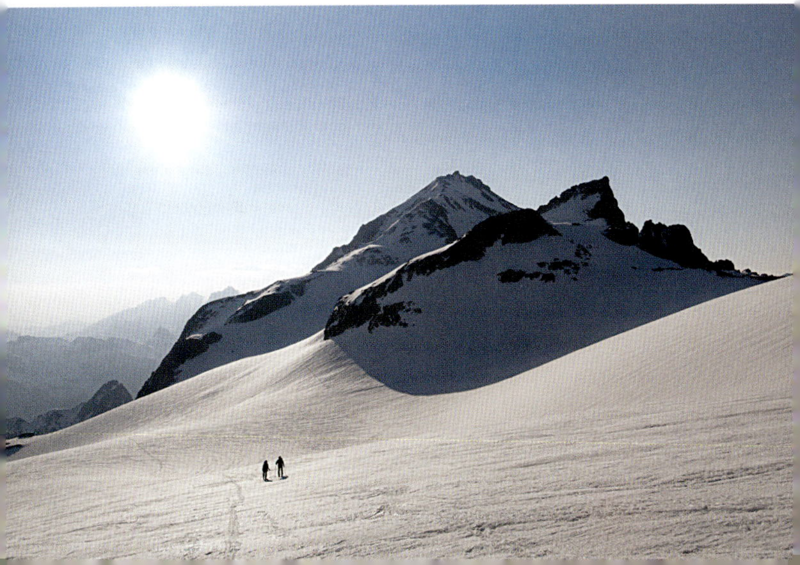

34 Grassen, 2946 m

N W O S

1440 Hm
5.30 Std.

Abendsonne und Morgenpulver

Unter »Beabsichtigte Tour« steht im Gästebuch der Sustlihütte auffallend oft »Grassen«, und »Grassen« ist tatsächlich ein ausgezeichneter Grund, die auf einer Sonnenterrasse über dem hinteren Meiental gelegene Hütte im Winter zu besuchen. Denn »Grassen« steht für eine der schönsten Abfahrten der Zentralschweiz, jene nach Engelberg. Doch neben »Grassen« entdeckt man im Hüttenbuch noch weitere Einträge, etwa »Fünffingerstöck«, »Grassen (Rundtour)« oder »Stössenstock (Abfahrt durchs Hohbergtal)«. Ab und zu auch »Kröntenhütte«. Kann man alle wärmstens empfehlen.

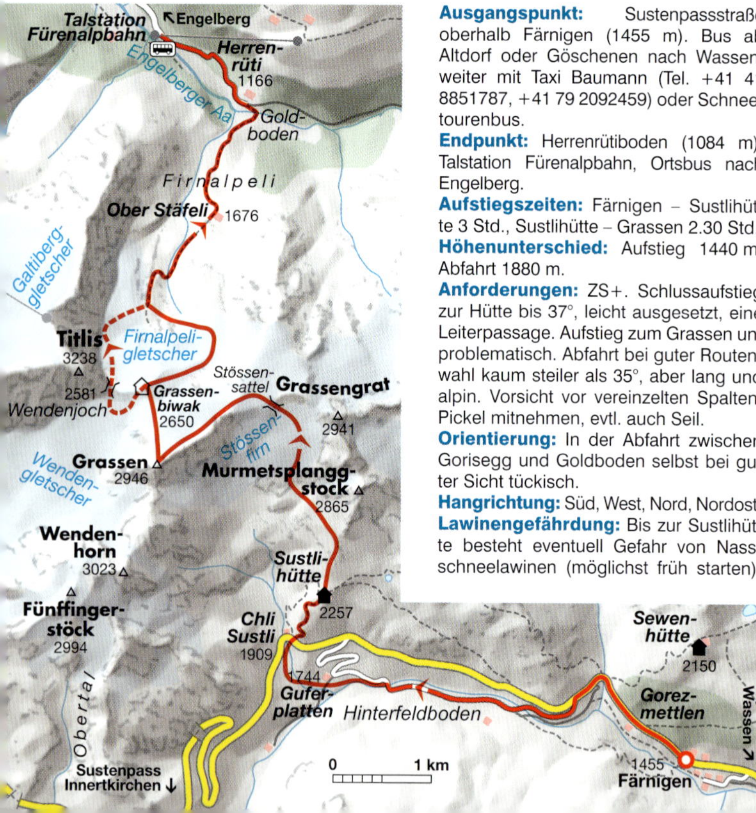

Ausgangspunkt: Sustenpassstraße oberhalb Färnigen (1455 m). Bus ab Altdorf oder Göschenen nach Wassen, weiter mit Taxi Baumann (Tel. +41 41 8851787, +41 79 2092459) oder Schneetourenbus.
Endpunkt: Herrenrütiboden (1084 m), Talstation Fürenalpbahn, Ortsbus nach Engelberg.
Aufstiegszeiten: Färnigen – Sustlihütte 3 Std., Sustlihütte – Grassen 2.30 Std.
Höhenunterschied: Aufstieg 1440 m, Abfahrt 1880 m.
Anforderungen: ZS+. Schlussaufstieg zur Hütte bis 37°, leicht ausgesetzt, eine Leiterpassage. Aufstieg zum Grassen unproblematisch. Abfahrt bei guter Routenwahl kaum steiler als 35°, aber lang und alpin. Vorsicht vor vereinzelten Spalten. Pickel mitnehmen, evtl. auch Seil.
Orientierung: In der Abfahrt zwischen Gorisegg und Goldboden selbst bei guter Sicht tückisch.
Hangrichtung: Süd, West, Nord, Nordost.
Lawinengefährdung: Bis zur Sustlihütte besteht eventuell Gefahr von Nassschneelawinen (möglichst früh starten).

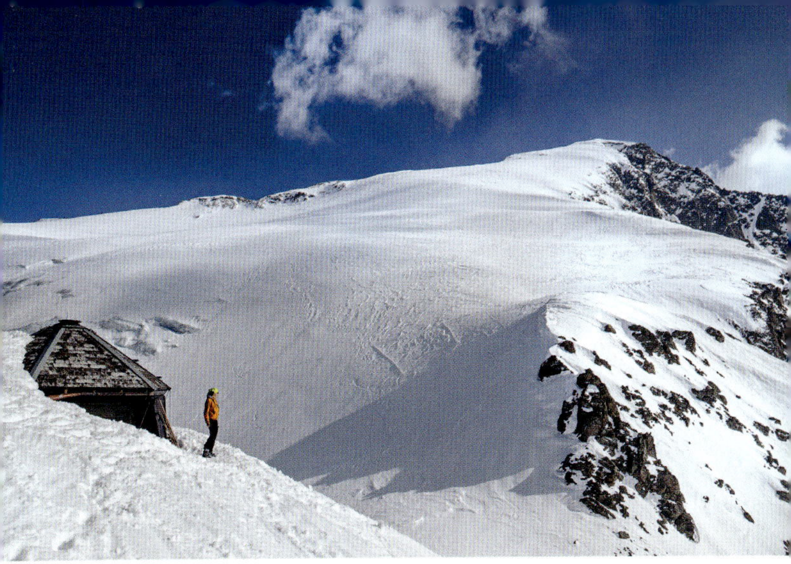

Vom Grassenbiwak zeigt sich der gleichnamige Berg als sanfter, dem Wind ausgesetzter Rücken.

Für die Abfahrt sind sichere Bedingungen ein Muss.
Günstige Zeit: Februar – April/Mai.
Unterkunft: Sustlihütte (2257 m), 69 Plätze (Winterraum 13 Plätze), während der Tourensaison auf Anfrage bewartet, Tel. +41 41 8851757, sustlihuette.ch. Grassenbiwak (2650 m), 18 Plätze, immer offen, Kochmöglichkeit, Notvorrat.
Karten: 1211 Meiental, 1191 Engelberg.

Auf der **Sustenstraße** zu P. 1614, bald darauf links auf die alte Straße hinaus und auf dem Hinterfeldboden bis Guferplatten. Weiter über Chli Sustli und auf dem direkten Sommerweg steil zur **Sustlihütte** hinauf.
Von der Hütte bis gut 2400 m gegen den **Murmetsplanggstock** ansteigen, nach links zum **Stössenfirn** und etwas rechts ausholend zum **Stössensattel**. Nun in der Nordabdachung des Grats auf den **Grassen**.
Durch die Nordflanke zum **Grassenbiwak** abfahren. Weiter nordostwärts durch das Gletschertälchen zwischen P. 2582 und P. 2562, ab 2300 m stark nach links zur **Gorisegg-Moräne** (hierher auch via Wendenjoch, dann eine Spaltenzone links unter der Titlis-Ostwand umgehend). Am Ende der Moräne hält man durch unübersichtliches Gelände stark nach rechts zum **Ober Stäfeli** und gelangt im Bereich des Sommerwegs über das **Firnalpeli** zu den Hütten P. 1378. Dort die untere Brücke wählen, auf dem Wanderweg über eine Geländestufe zum Goldboden und auf der Straße zur Talstation der **Fürenalpbahn**.

TOP **35**

Titlis-Rundtour, 3030 m

N W O S

610 Hm
1.45 Std.

Alpines Abenteuer in atemberaubendem Ambiente

Vielleicht ergeht es Ihnen auch so. Bei mir jedenfalls kommt das Abseilgerät im Winter selten mit, und »Seil frei!« gehört nicht zu meinem Standard-Skitourenvokabular. Aber am Titlis ist alles ziemlich anders. So beginnt die Tour in einem Turm mit Souvenirladen, Pizzeria, Eisdiele, Antik-Fotostudio und Gletschergrotte auf 3030 Meter Höhe. Und was danach kommt, ist eine fast nicht zu überbietende Mischung aus steilen Abfahrtspassagen und knackigen Abseilmanövern, aus Sulz und Pulverschnee, aus großartiger Abgeschiedenheit und eindrücklichem Ambiente, aus Ausgesetztheit und weiten Firnflächen. Nein, das so oft bemühte Prädikat »Extraklasse« ist bei der Titlis-Rundtour keine billige Floskel. Seil und Ski frei!

Ausgangspunkt: Bergstation Klein Titlis (3030 m). Vom Bahnhof Engelberg (1000 m) in 10 Min. zur Talstation der Titlis-Bahnen, titlis.ch.
Endpunkt: Herrenrütiboden (1084 m), Talstation Fürenalpbahn, Ortsbus nach Engelberg.

Höhenunterschied: Aufstieg 610 m, Abfahrt/Abstieg 2560 m.
Anforderungen: S. Sehr anspruchsvolle, hochalpine Berg- und Skitour. Skitechnisch sind der Titlisgletscher, die Ausfahrt aus dem oberen und die Einfahrt ins untere Couloir (ausgesetzt) mit je bis 43° die

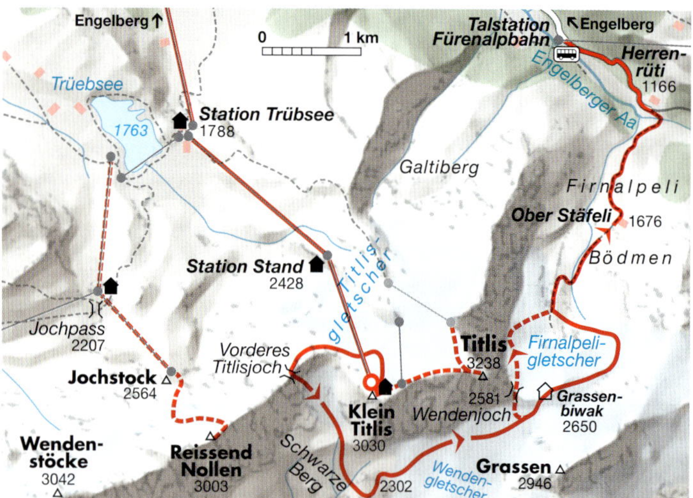

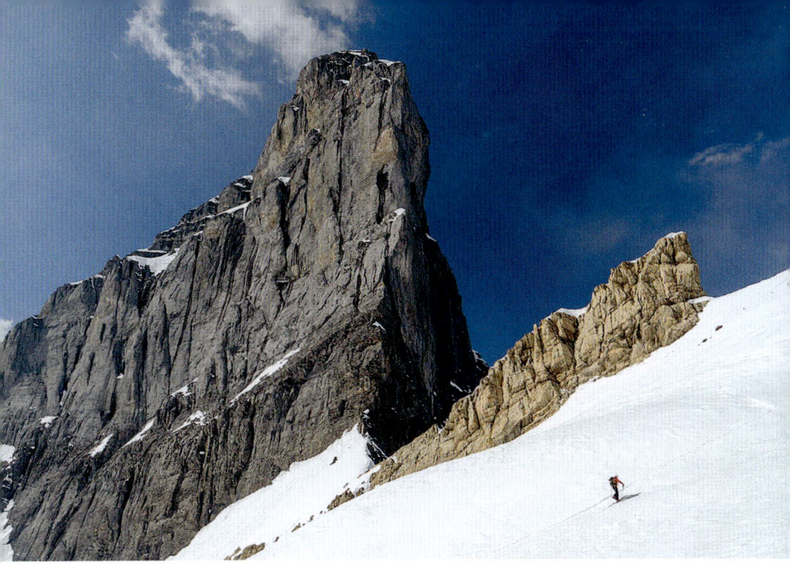

Kurz vor dem Grassenbiwak, mit der eindrücklichen Kulisse des Titlispfeilers.

Schlüsselstellen; alpintechnisch der kurze, exponierte Grat zwischen den Titlisjöchern sowie die Abseilstellen. Die Abfahrt vom Grassenbiwak ist bei guter Routenwahl kaum steiler als 35°. Volle Tagestour. Zwei 50-m-Seile, Anseilgurt, Abseilgerät und Pickel erforderlich.

Orientierung: In der Abfahrt zwischen Gorisegg und Goldboden selbst bei guter Sicht komplizierte Wegfindung.

Hangrichtung: Alle.

Lawinengefährdung: Sehr sichere Verhältnisse in allen Expositionen und Höhenlagen sind zwingend.

Günstige Zeit: Februar – April/Mai. Früher Start (erste Bahn) empfehlenswert.

Varianten: Im Gegensatz zu vielen Bergen ist der Titlis leichter zu erklimmen denn zu umrunden: Von der Bergstation Klein Titlis am Sessellift vorbei in einen Sattel und über den Westgrat bzw. links davon zum Gipfel (3238 m; WS, 45 Min.). Zurück auf gleicher Route oder, bei sicherer Fahrtechnik, nord(west)wärts zur Bergstation des Rotegg-Skilifts (ZS+). Reissend Nollen (3003 m): Von Trübsee mit Sesselbahnen oder, nach Saisonschluss, mit Muskelkraft via Jochpass zum Jochstock. Diesen knapp links umgehen und südwärts über eine kurze Steilstufe hinauf. Etwas nach Westen ausholen, ab 2600 m stark nach links und steil zum Gipfelgrat zwischen Gipfel und P. 2947, von dort zu Fuss zum höchsten Punkt (S+, bis 44°, ausgesetzt, bei Hartschnee Steigeisen, stark lawinengefährdet, ab Jochstock 1.30 Std.). Abfahrt auf gleicher Route.

Unterkunft: Grassenbiwak (2650 m), 18 Plätze, immer offen, Kochmöglichkeit, Notvorrat.

Hinweis: Bei Andrang kommt es an den Abseilstellen (wo man nicht überholen kann) oft zu Rückstau, Zeitdruck, Stress und Unmut. Wer Abseilmanöver nicht zügig abwickeln kann, leistet sich besser einen Bergführer.

Karten: 1211 Meiental, 1191 Engelberg.

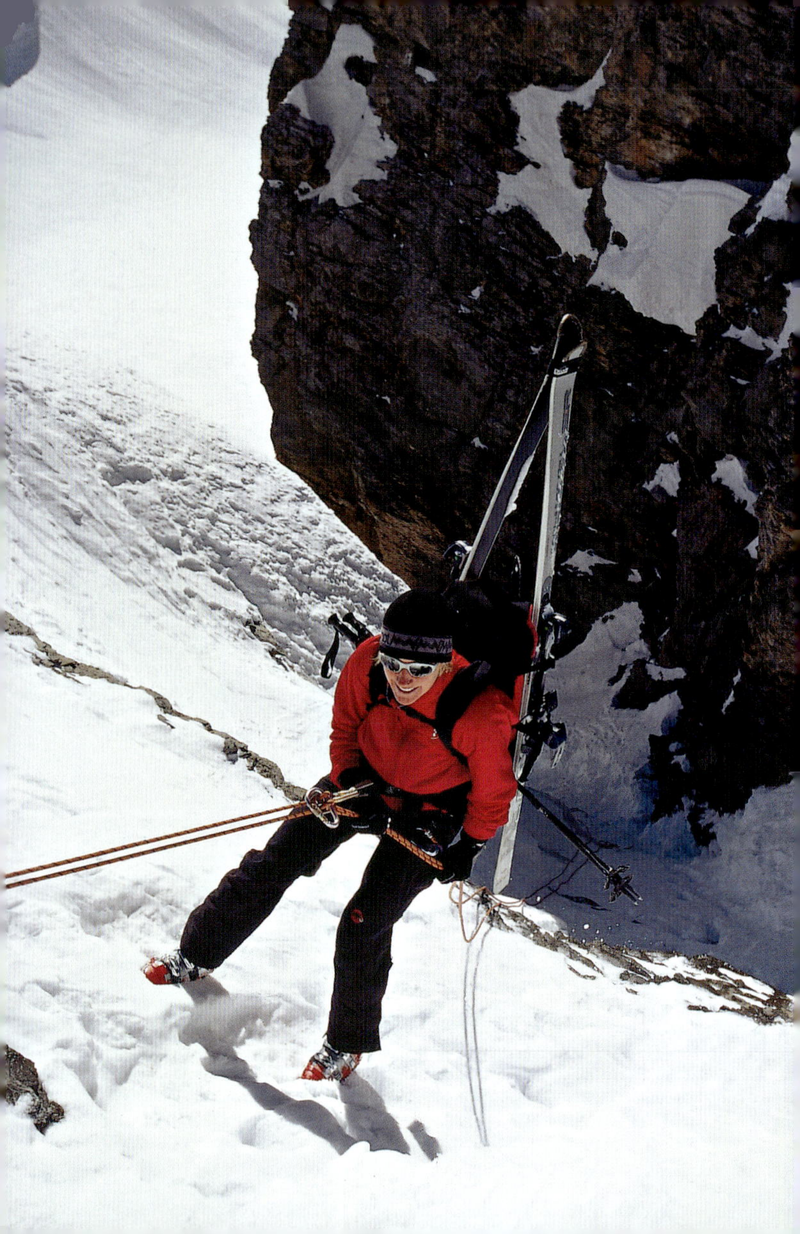

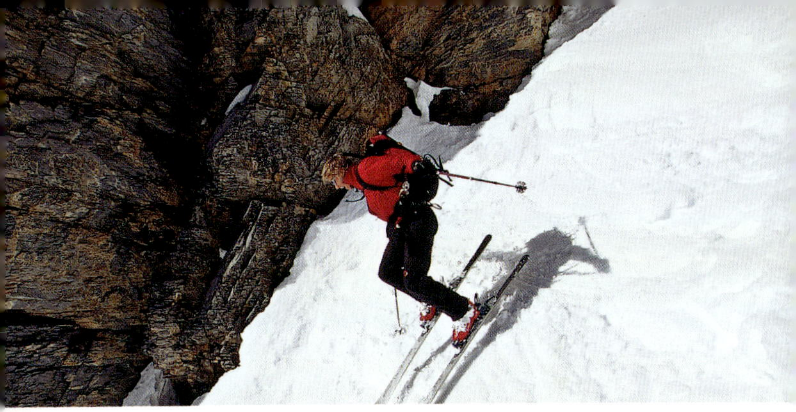

Das Couloir vom Vorderen Titlisjoch zum Chli Gletscherli wird zuerst abseilend überwunden (Bild links) und dann steil, aber nicht ausgesetzt ausgefahren (oben).

Vom **Klein Titlis** kurz nordostwärts, dann nach links über den Gletscher bis ca. 2700 m (Vorsicht, Eiswulst), um horizontal ins **Hintere Titlisjoch** zu queren. Zu Fuß über den mit einigen Metallgriffen entschärften, aber schmalen und ausgesetzten Verbindungsgrat zum **Vorderen Titlisjoch**. Nun durch ein erstes Couloir südwärts hinab – je nach Schneelage und Fahrkönnen mittels Abseilen (25 oder 50 m, Seilverankerung vorhanden, bei Neuschnee oft eingeschneit) oder gesichertem Abrutschen.

Über das **Chli Gletscherli** abfahren und links haltend zum Einstieg ins zweite Couloir (Schwarzi Naad). Die oberste Abseilstrecke kann meist abgerutscht werden (Vorsicht, unten abbrechend!) bis zu einer überdeckten Nische mit der zweiten Verankerung, von wo man über die 50 m hohe Wandstufe abseilt (dank Zwischenstand ist auch 2 x 25-m-Abseilen möglich, bei Andrang aber ungünstig). Nun über die Hänge des **Schwarze Bergs** südostwärts zum Fuß eines Felsausläufers auf ca. 2080 m. Vom Klein Titlis bis hier sind knapp 2 Std. einzuplanen, allfällige Wartezeiten an den Abseilstellen nicht eingerechnet.

Anfellen und durch eine steile Mulde links von P. 2302 auf den weiten, spaltenarmen **Wendengletscher**. Auf diesem sanft hinauf, die Schneerutschgefahr aus der steilen Titlis-Südwand im Auge haltend, bis zum **Grassenbiwak**.

Abfahrt nordostwärts durch das Gletschertälchen zwischen P. 2582 und P. 2562, ab 2300 m stark nach links zur **Gorisegg-Moräne** (hierher auch via Wendenjoch, dann eine Spaltenzone links unter der Titlis-Ostwand umgehend). Am Ende der Moräne hält man durch unübersichtliches Gelände stark nach rechts zum **Ober Stäfeli** und gelangt im Bereich des Sommerwegs über das **Firnalpeli** zu den Hütten P. 1378. Dort die untere Brücke wählen, auf dem Wanderweg über eine Geländestufe zum Goldboden und auf der Straße zur Talstation der **Fürenalpbahn**.

36 Eggenmanndli, 2448 m

1020 Hm
3.30 Std.

Verstecktes Tourenziel inmitten wilder Berge

Nicht, dass es kein richtiger Gipfel wäre, und seine Abfahrt lässt sich mehr als sehen. Aber zwischen den wuchtigen Felswänden des Schlossbergs und der Blackenstock-Brunnistock-Kette wirkt das Eggenmanndli doch recht verloren. Der lange Gang über den aussichtsreichen Grat und durch den wilden Kessel unter dem Surenenpass ist denn tatsächlich mehr ein »in die Berge« denn »auf die Berge« gehen – und macht den besonderen Reiz dieser Tour aus.

Ausgangspunkt: Bergstation Brüsti (1531 m). Seilbahn (2 Sektionen, an Wochenenden oft Wartezeiten), attinghausen-tourismus.ch. Bus ab Altdorf bis Haltestelle Attinghausen Seilbahn.
Endpunkt: Attinghausen (493 m).
Aufstiegszeiten: Brüsti – Sattel P. 2042 2 Std., P. 2042 – Eggenmanndli 1.30 Std.
Höhenunterschied: Aufstieg 1020 m, Abfahrt 2060 m.
Anforderungen: ZS. Drei Hürden: eine im Aufstieg vor Chäserli (50 Hm bis 35°), eine zwischen Nussfruttli und Angistock (30 Hm bis 38°), eine auf der Abfahrt unter Eifrutt (kurz 41°).
Orientierung: Bei guter Sicht problemlos, bei Nebel schwierig.
Hangrichtung: Ost, Nordost, Südost.
Lawinengefährdung: Vorsicht ist geboten in der Hangstufe oberhalb Hinter Chulm, vor dem Angistock, unter dem Surenenpass und im Steilhang unter Eifrutt.
Günstige Zeit: Dezember – März.
Varianten: Auf der Aufstiegsroute zurück zu P. 2042 und zur Brunnifurggi. Steile Abfahrt zum Gitschitaler Boden, auf dem Sträßchen talauswärts, durch einen Tunnel und in vielen Kehren nach Seedorf (ZS+, nur bei sicheren Bedingungen und Schnee bis weit hinunter).
Einkehr: Brüsti: Berggasthaus Brüsti und Alp Catrina.
Karte: 1191 Engelberg.

Das Eggenmanndli überragt die Skitourendame. Der Weg zum Gipfel führt über den Surenenpass, rechts im Bild.

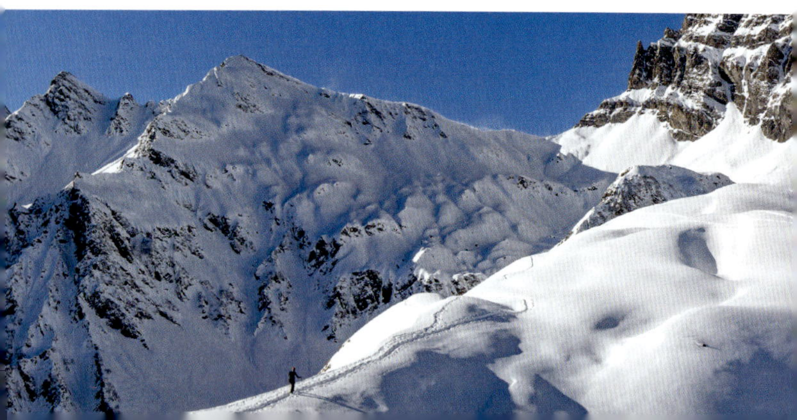

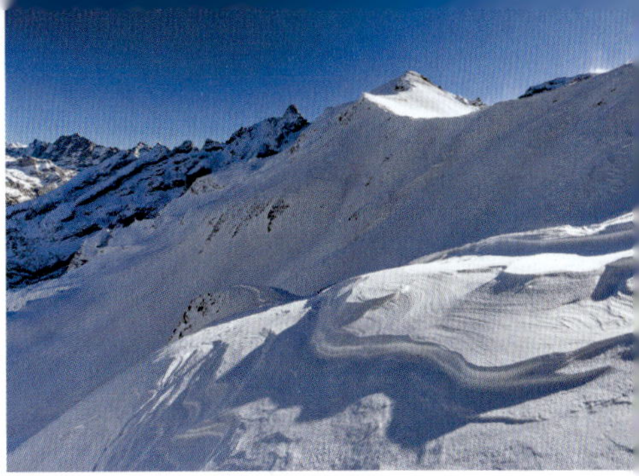

Der Wind ist der Baumeister der Lawinen. Kurz vor dem Surenenpass, das Tourenziel in der Bildmitte.

Vom **Brüsti** nur wenig aufsteigen und auf einer Flurstraße, den Skilift kreuzend, Richtung Hinter Chulm. Über eine verbuschte Steilstufe zum Chäserli und nach links hinaus auf den **Grat**. Diesem entlang bis zum Geissrüggen, dann etwas ausgesetzt unter P. 1955 westwärts und steil hinauf zur Ebene nördlich des Angistocks. Über den **Sattel P. 2042** gelangt man in die Lang-Schnee-Mulde, dann unter den Wänden des Brunnistocks (eher tief halten) zum **Surenenpass** (2292 m). Auf dem Nordwestgrat ohne Schwierigkeiten zum **Eggenmanndli**.
Zurück zum **Surenenpass**, dann via Unter Mättenflue zum Restibiel (bei stabiler Schneedecke lässt sich vom Gipfel oder von etwas weiter unten auch über den Nordosthang abfahren). Unterhalb **Eifrutt**, wo das Gelände abbricht, hält man sich an den Sommerweg-Verlauf. Weiter in die weite Ebene der **Waldnacht** hinab, dieser bis zum See folgen und mit einem kurzen Gegenaufstieg zu **P. 1436**. Ab hier führt die unpräparierte Brüsti-Abfahrt, an Sticki vorbei, zurück zur Talstation in **Attinghausen**. Reicht der Schnee nicht bis ins Tal, fährt man noch vor Sticki nach links und auf einem Sträßchen zur Seilbahn-Zwischenstation Schwandenberg.

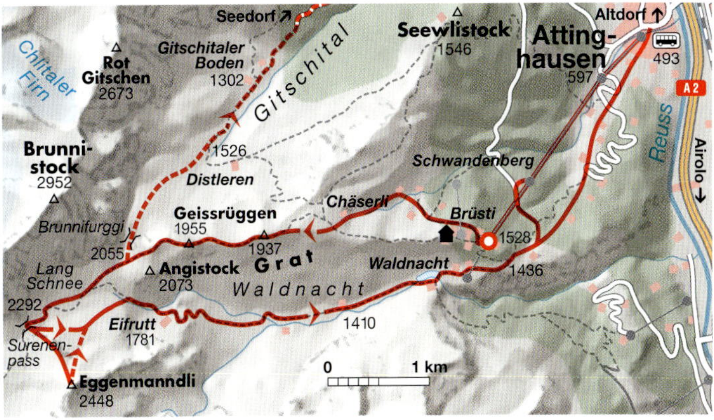

37 Rotsandnollen, 2700 m

N W O S

800 Hm

3.00 Std.

Kurzen Aufstiegs langer Sinn

Jene lange Bergkette, die Obwalden von Nidwalden trennt und vom Stanserhorn bis zum Jochpass verläuft, hat einen eindeutigen Höhepunkt, den Rotsandnollen. Er ist nicht der markanteste Gipfel der Kette, auch nicht der eleganteste oder jener mit dem schönsten Namen, aber eben der höchste. Und derjenige mit der längsten Abfahrt obendrein: Vom Gipfelfirst auf 2700 Meter bis zur Bushaltestelle auf 1071 Meter fallen da über 1600 Höhenmeter am Stück an. Und das bei einem nicht mal halb so langen Aufstieg. Wem auch das nicht genug ist, der kann sich unterwegs noch das Hanghorn vorknöpfen. Das wäre dann der zweithöchste. Und, ja, derjenige mit der zweitlängsten Abfahrt.

Ausgangspunkt: Melchsee-Frutt (1923 m). Bus ab Sarnen zur Stöckalp, dann mit der Gondelbahn empor, melchsee-frutt.ch.
Endpunkt: Stöckalp (1071 m).
Höhenunterschied: Aufstieg 800 m, Abfahrt 1660 m.
Anforderungen: ZS–. Im Aufstieg zum Tannenrotisand (P. 2537) um 30°, auf der Abfahrt einzelne Stellen 35°.
Orientierung: Bei Nebel heikel, besonders auf der Abfahrt. Oft besucht.

Der felsige Barglen trennt den sonnigen Aufstieg von der schattigen Abfahrt.

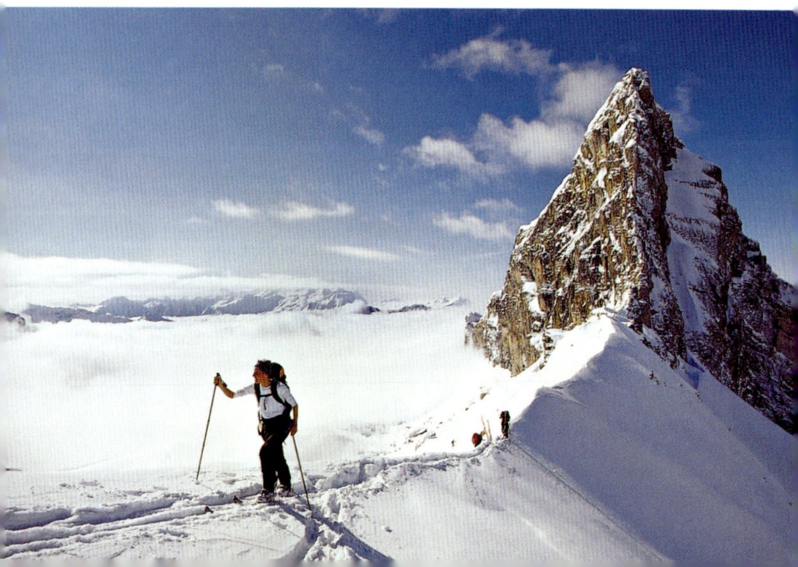

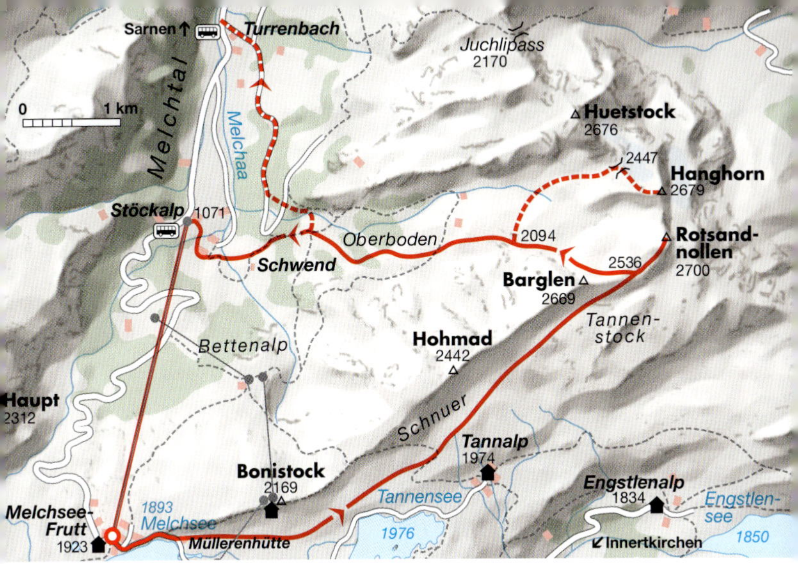

Hangrichtung: Süd, West, Nordwest.
Lawinengefährdung: Vorsicht im Bereich südlich des Barglen (Nassschneerutsche), in der Mulde nördlich desselben und im Bereich Heufrutt – Oberboden.
Günstige Zeit: Januar – März (im unteren Teil bei Schwend viel Schnee nötig, raue, steindurchsetzte Wiesen).
Varianten: Bei wenig Schnee ist der untere Teil der Abfahrt bei Schwend mühselig (hohe Weidestufen, Steine). Dann besser über Unterboden, Ziflucht und auf der Straße nordwärts nach Turrenbach (Bushaltestelle).
Hanghorn (2679 m): Vom Rotsandnollen wie beschrieben bis ca. 2030 m abfahren, rechts nach Fallenbach und nördlich an Hohbüel vorbei zum Sattel P. 2447. Weiter empor, zuletzt zu Fuß über den schmalen Grat, zum Gipfel (ZS, 2 Std.).
Einkehr: Restaurants auf Frutt.
Karten: 1210 Innertkirchen, 1190 Melchtal.

Von der Bergstation **Melchsee-Frutt** ostwärts zur Müllerenhütte gleiten. Anfellen und die Richtung behaltend nur langsam Höhe gewinnen. Oberhalb des Tannensees über Schnuer und Murmoltereneggen in die Mulde südlich des Barglen. Nun steiler auf den **Grat** bei Tannenrotisand (P. 2536) und über den breiten Rücken (oft abgeblasen, zuletzt evtl. zu Fuß) auf den **Rotsandnollen**. Vom Gipfel zurück zu P. 2536 und nach rechts in die schöne Mulde nördlich des Barglen. Links an P. 2094 vorbei und weiter zum Stall P. 1933. Dort stark nach links bis **Heufrutt**. Etwa 400 m west-südwestlich der Alphütten zu einem Tälchen, durch einen Felsriegel hindurch und an dessen Fuß nach links zum Oberboden queren. Nordwestwärts hinab, dann nach links und durch eine Schneise nach **Schwend**. Bei Hugschwendi über die beiden Bäche zur **Stöckalp**.

38 Salistock, 1896 m

N W O S

500 Hm
2.00 Std.

Kurzweiliger Skiausflug mit Ambiente und Aussicht

Was von unten völlig unbesteigbar ausschaut, ist in Wirklichkeit eine sympathische, sorgenfreie Skitour auf einen prächtigen Aussichtspunkt hoch über dem Engelbergertal. Sympathisch am Salistock sind auch die luftigen zweimal zwei Seilbahnfahrten sowie die Tatsache, dass man bei schönem Wetter auf Eggen gleich mit prallem Sonnenschein begrüßt wird.

Die große Frage bei der unteren Hüethütte: Schon rasten oder noch eine Weile weiterspuren?

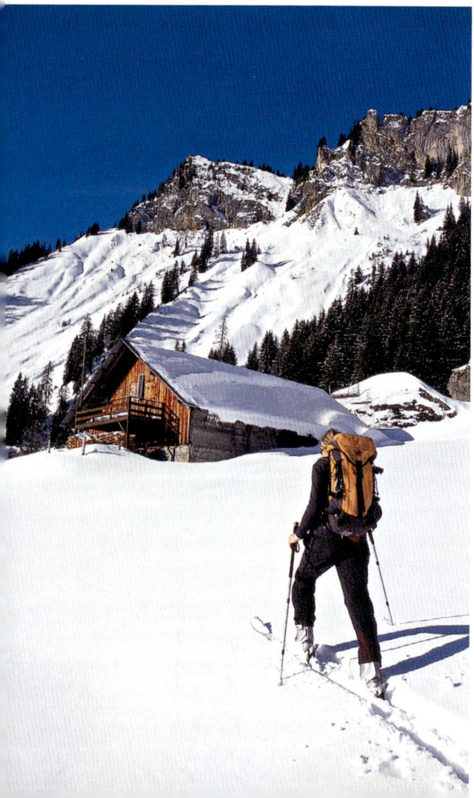

Ausgangspunkt: Eggen (1412 m), Bergstation der Kleinseilbahn Mettlen-Rugisbalm-Lutersee (2 Sektionen). Per Bahn nach Grafenort, dann zu Fuß in 20 Min. der Engelberger Aa entlang zur Talstation.

Anforderungen: L. Kurze, leichte Skitour für alle.

Orientierung: Keine oft besuchte Tour, aber bei guten Sichtverhältnissen völlig unproblematisch.

Hangrichtung: Südost, Nord und West.

Lawinengefährdung: Zwischen Eggen und Hüethütte Gefahr von Nassschneelawinen beachten.

Günstige Zeit: Dezember – März.

Varianten: Die rassige Alternative im Gebiet heißt Widderfeld Stock (2351 m). Er lässt sich vom Lutersee südwärts über eine Steilstufe (kurz bis 44°), dann via Ober Frutt, Bocki und Bocki-Rotisand erreichen (S–, ab Eggen 3.15 Std.). Abfahrt evtl. auch über Gruebi, Ober Stafel und Rütialp nach Melchtal (ZS+, bis 35°). Für eine Überschreitung empfiehlt sich die Richtung von Eggen ins Melchtal (Bus nach Sarnen). Beide Routen erfordern sehr sichere Verhältnisse.

Karte: 1190 Melchtal.

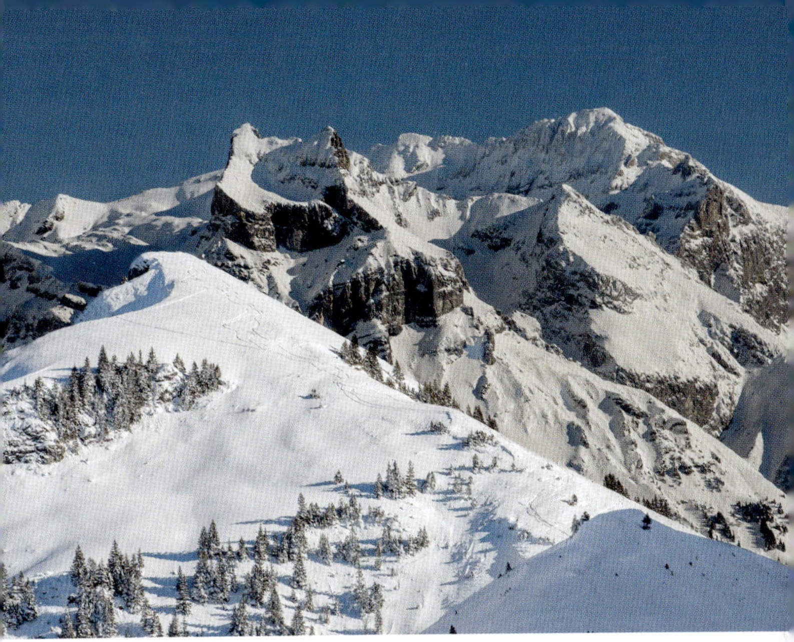

Sanft steigt der Salistock an, streng zeigen sich dahinter Hahnen und Schlossberg. Und dazwischen, im Tal unten, müsste irgendwo Engelberg liegen.

Von der Bergstation **Eggen** quert man an der (unteren) Hüethütte vorbei zum Lochstafel, um dann im Bereich des Alpwegs via P. 1524 zur Trümmerebene von Ober Teil anzusteigen. Zwischen Chrüzegg und der (oberen) Hüethütte hindurch gelangt man zum etwas steileren **Südwestrücken**, dem man bis zum **Salistock-Gipfel** folgt.

Auf gleicher Route zurück zur **Seilbahn-Bergstation**. Wer die Fahrt bis Rugisbalm fortsetzen möchte (über Cholboden und Geissrüti, dann durch eine Waldschneise ruppig hinab), benötigt viel Schnee und gute Skitechnik.

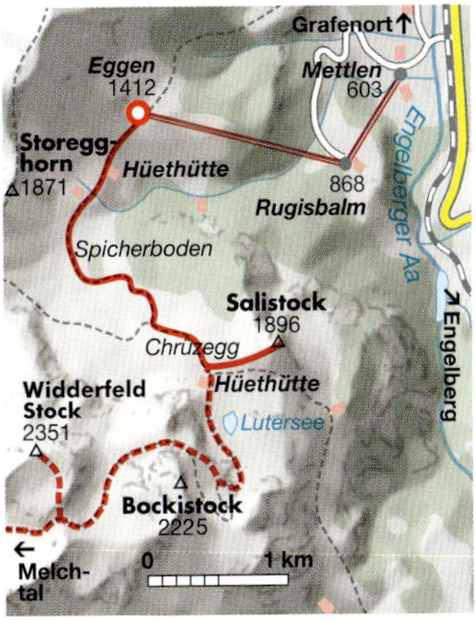

39 Arvigrat, 2014 m

N W O S

490 Hm

1.45 Std.

Zwei Drittel schweben, ein Drittel laufen, drei Drittel schwingen

Remigi Niederberger, einst Schmied in Dallenwil, verdient unsere Wertschätzung. Als Miterfinder der »fliegenden Kiste« begann er um 1900, seinen Kanton mit Luftseilbahnen auszurüsten, und verkürzt uns damit heute noch viele Aufstiege. Ohne Niederberger müssten wir womöglich ganz unten starten, in Dallenwil. So aber beginnt die Tour zum Arvigrat auf praktischen 1578 Meter. Dass die Obwaldner auf der anderen Seite keine Anlage installiert haben, stört uns da weniger: Die Verkürzung des Abstiegs mittels Seilbahn ist uns im Winter eher selten ein Bedürfnis.

Ausgangspunkt: Bergstation Seilbahn Gummenalp (1578 m). Von Dallenwil (483 m) mit Shuttle-Bus (kostenlos, Tel. +41 41 6282394) oder zu Fuß in 20 Min. zur Talstation, mit der Seilbahn nach Wirzweli (wirzweli.ch) und dort in 10 Min. zur Gummenalpbahn (gummenalp.ch).

Letzte Schneeflocken und erste Sonnenstrahlen auf der Abfahrt nach Kerns.

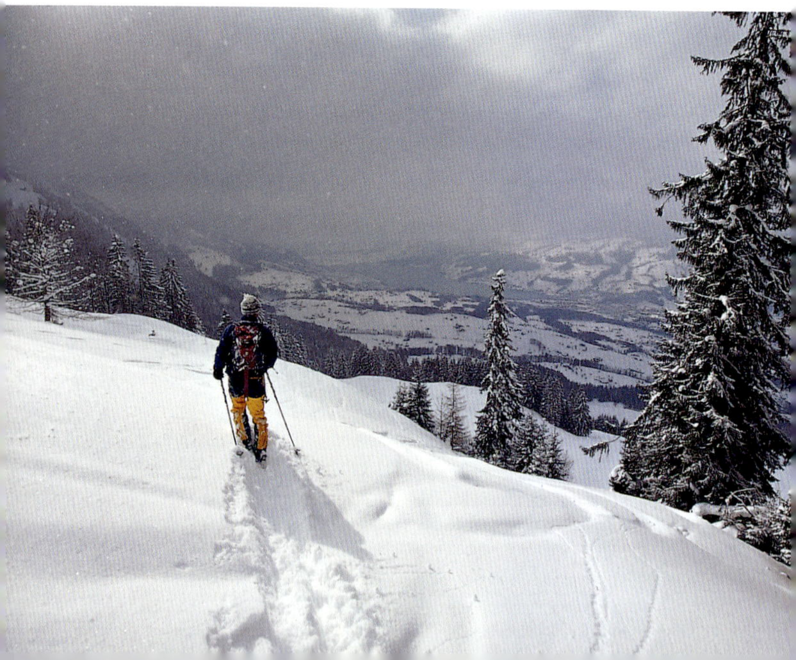

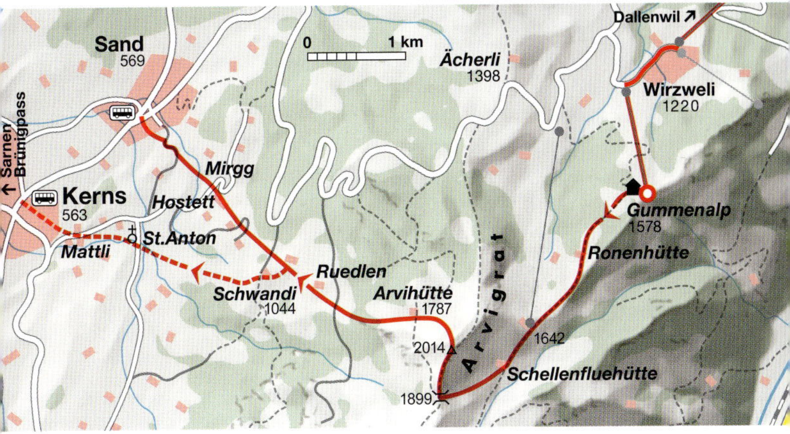

Endpunkt: Kerns Sand (568 m). Bus nach Sarnen.
Höhenunterschied: Aufstieg 490 m, Abfahrt 1500 m.
Anforderungen: WS+. Nach der Langbodenhütte und vor P. 1899 kurz um 30°. Der Gipfelgrat ist teils schmal, felsdurchsetzt und manchmal zu Fuß zu begehen. Auf der Abfahrt kurz 36° (nach der Gletti). Vorsicht vor halb eingeschneiten Stacheldrahtzäunen.
Orientierung: Bei guter Sicht einfach, bei Nebel im Gipfelbereich und auf der Abfahrt Augen offen halten. Oft besucht.
Hangrichtung: West, Nordwest, Südost, Süd.
Lawinengefährdung: Bei guter Spuranlage recht sicherer Aufstieg. Vorsicht zwischen Gipfel und Arvihütte; die übrigen Steilhänge in der Abfahrt sind dank tiefer Höhenlage und westlicher Exposition weniger heikel.
Günstige Zeit: Dezember – März (bzw. wenn der Schnee bis ins Tal reicht).
Variante: Wer nach Kerns Dorf abfahren möchte (häufigere Busverbindungen), hält bei Chlingen nach links über Schwandi, St. Anton und Mattli.
Einkehr: Berggasthaus Gummenalp.
Karten: 1170 Alpnach, 1190 Melchtal.

Von der **Gummenalp** auf dem Rodelweg südwestwärts hinab zur **Ronenhütte**. Hier anfellen und über den Miserengrat zu einer Seilbahnstation bei der Langbodenhütte aufsteigen. Auf dem Alpsträßchen, einen kurzen Steilhang querend, zur **Schellenfluehütte**. Nun nicht durch die Mulde, sondern über den Geländerücken südlich davon zum **Sattel P. 1899**, dort nach rechts und über den Hauptkamm (im oberen Teil evtl. zu Fuß) zum schmalen Gipfelfirst der **Arvigrats**.
Vom höchsten Punkt zunächst rechts an P. 2002 vorbei und fast bis zur **Arvihütte** hinab, nach links und in die Gletti hinein, dann links durch eine schmale, steile Waldschneise. Ab **Ruedlen** eher rechts halten, an Chlingen vorbei, zwischen Mirgg und Hostett hinab und links des Bächleins nach **Sand**.

40 Walegg, 1951 m

N W O S

490 Hm
1.45 Std.

Außenrum auf den Bug der Walenstöcke

Wer bei Stans ins enge Engelbergertal einbiegt, wird ganz hinten eine wuchtige und stark gegliederte Felsburg mit zahlreichen Türmen, Pfeilern und Couloirs entdecken: die Walenstöcke. Dass normalsterbliche Skitourenfahrer dort wenig verloren haben, lässt sich auf den ersten Blick erraten. Ist aber falsch. Die nördlichste Schulter des Felsstocks, die Walegg, ist ein richtiger Skiberg – und dazu noch ein einfacher. Der Blick von unten kann manchmal täuschen.

Ausgangspunkt: Bergstation Brunnihütte (1862 m). Vom Bahnhof Engelberg (1000 m) in 10 Min. (oder mit Bus) zur Talstation der Brunni-Bahnen (brunni.ch).
Endpunkt: Grünenwald (884 m). Seit Inbetriebnahme des Tunnels Grafenort–Engelberg existiert die Bahnhaltestelle nicht mehr. Deshalb ab Grünenwald Taxi bestellen (engelberg.ch).

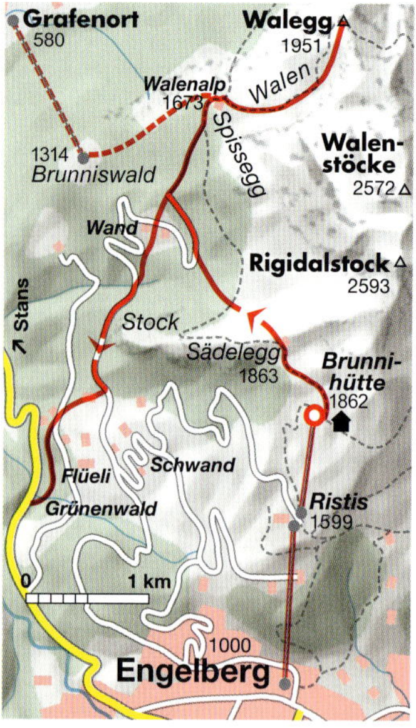

Aufstiegszeiten: Brunnihütte – Sädelegg 15 Min., Zopf – Walegg 1.30 Std.
Höhenunterschied: Aufstieg 490 m, Abfahrt 1460 m.
Anforderungen: WS–. Abfahrt von Sädelegg nach Stafel kurz 33°, der anschließende Wald nach Zopf ist gut durchlässig.
Orientierung: An sich problemlos. Über weite Strecken führt die Tour entlang erlaubter Korridore durch Wildschutzgebiete, weshalb man sich genau an die Beschreibung halten sollte.
Hangrichtung: Südwest, Nordwest, Nord.
Lawinengefährdung: Etwas Vorsicht bei der Abfahrt von der Sädelegg. Auf Walen evtl. Pulverschneestäuber von den Walenstöcken.
Günstige Zeit: Dezember – März.
Variante: Abfahrt von der Spissegg südwestwärts zum Brunniswald und mit der Kleinseilbahn nach Grafenort (Fahrt vorgängig anmelden,Tel. +41 79 2627744).
Einkehr: Brunnihütte.
Karten: 1191 Engelberg, 1190 Melchtal.

Von der **Brunnihütte** folgt man etwa dem Sommerweg nordwestwärts zur Sädelegg. In schattiger Abfahrt nach Stafel hinunter und durch den Wald zur Straßenkurve unterhalb Zopf. Auf der Straße nordwärts hinauf. Kurz vor der Spissegg wird der Hang etwas steiler und nach der

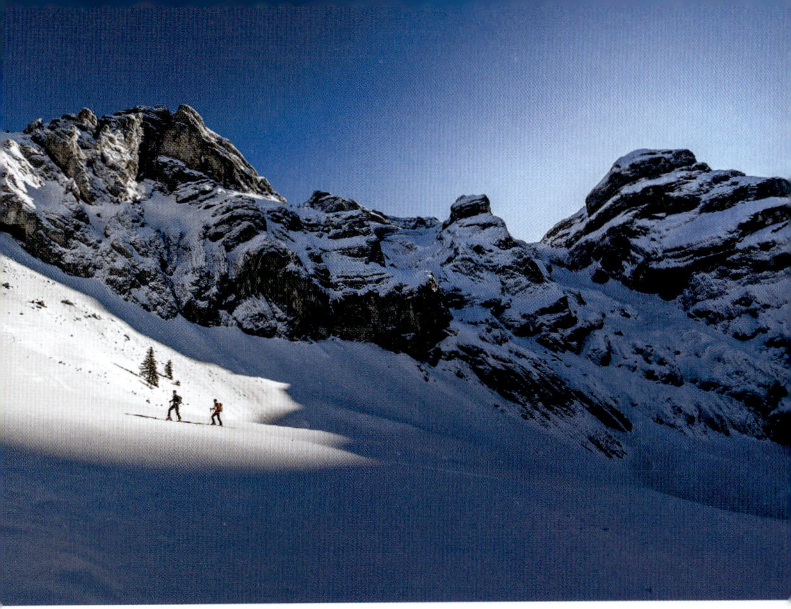

Leichter Aufstieg in eindrücklicher Umgebung: zwischen Walenalp und Walegg.

Geländekante taucht die von einem wilden Felskessel umgebene **Walenalp** auf. Ein flacher Abschnitt mit großen Felsbrocken führt zum Gipfelhang und dieser wiederum ohne Schwierigkeiten zur **Walegg**.

Zurück auf gleichem Weg bis 1600 m, die Straße verlassen und nach **Wand** abfahren. Ab ca. 1280 m hält man sich wieder an die Straße. Gleich bei den ersten Wiesen von **Schwand** rechts ins Paradis hinab, beim Loch auf 1030 m die Waldstraße einschlagen und zur ehemaligen Bahnhaltestelle **Grünenwald**.

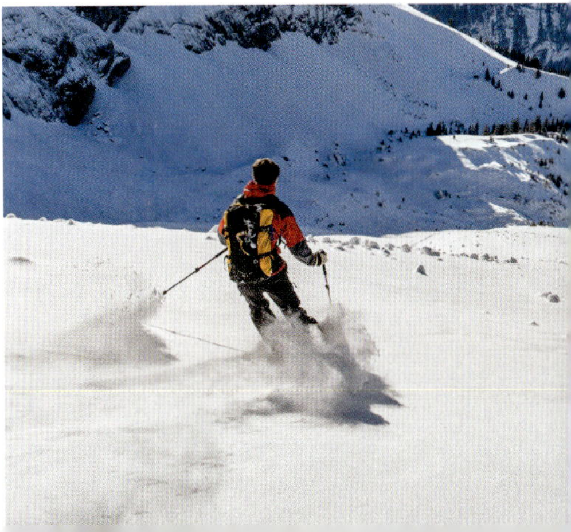

Und dann nichts wie runter.

41 Chaiserstuel, 2400 m

N W O S

700 Hm
2.00 Std.

Alles fährt Ski

Der Chaiserstuel ist – trotz monarchischem Namen – ein volksnaher Berg. Um ihn zu besteigen, muss man weder besonders mutig sein noch zur skitechnisch-konditionellen Elite gehören. Der Schnee reicht dank hoch gelegenem Ausgangspunkt für ein ganzes Volk und dank Südausrichtung steht hier niemand niemandem vor der Sonne. Da wird kaum erstaunen, dass sich am Chaiserstuel oft die halbe Schweiz einfindet. Aber Platz zum Ausweichen, Überholen, Austreten und Rasten hats im weiten Kessel selbst dann noch, wenn wieder mal alles unterwegs ist. Und, Demokratie hin oder her: Einmal im Leben möchte doch jeder auf einem Chaiserstuel sitzen.

Ausgangspunkt: Bannalp (1718 m), Bergstation der Seilbahn Fell – Chrüzhütte, bannalp.ch. Bus vom Bahnhof Wolfenschiessen (510 m) nach Oberrickenbach/Talstation.
Anforderungen: WS–. Zum Bannalp Pass auf ca. 70 Hm etwa 32°.
Orientierung: In aller Regel gespurt, weit offenes Gelände.
Hangrichtung: Süd, West.
Lawinengefährdung: Beim Direktaufstieg über Räckholteren 30°-Querung unter steilem Hang, nur bei guten Verhältnissen. Vorsicht auch im Westhang zum Bannalp Pass.
Günstige Zeit: Dezember – April.
Varianten: Vom Bannalp Pass nach Osten abfahren (Triebschneehang, eher rechts halten) und zum Läger. Links ausholend zur Hinter Alp (1775 m), durch die Schluecht zur Gossalp und auf dem Sträßchen nach St. Jakob (WS+). Die »Jöchlitour« führt von dort per Seilbahn nach Gitschenen, durchs Sulztal zum Schonegg Pass hinauf (1.15 Std.) und via Oberspies (bei wenig Schnee ab hier evtl. mit Seilbahn, ganzjährig in Betrieb) nach Oberrickenbach zurück.

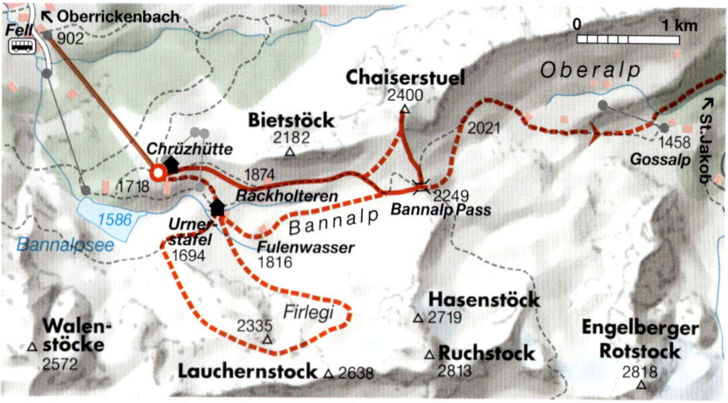

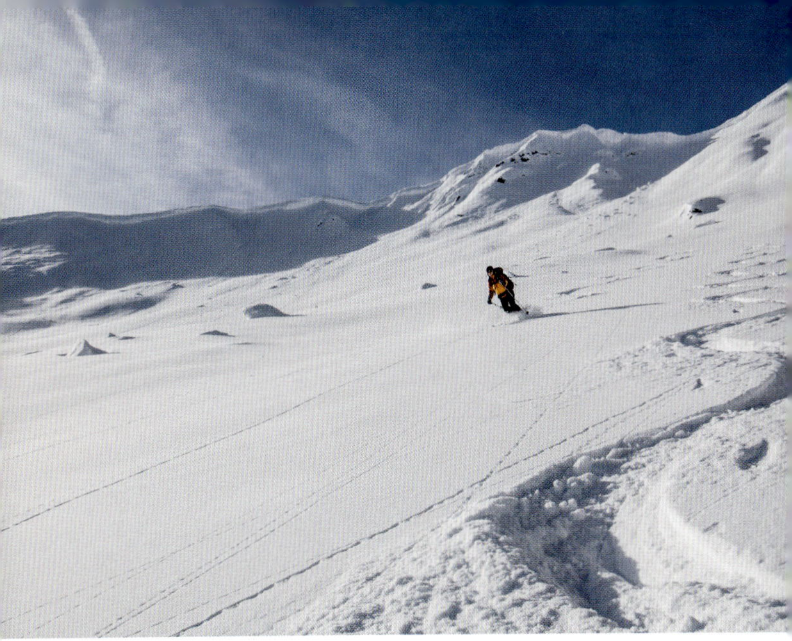

Eine überaus lohnende Variante: vom Chaiserstuel ins Isenthal hinab nach St. Jakob.

Die Schattenhänge gegenüber dem Chaiserstuel erfordern sicherere Verhältnisse, bieten aber oft besseren Schnee. Vom Urnerstafel durch den Schwarzgraben bis südlich des Münggenstöckli hinauf. Abfahrt auf gleicher Route (WS+, Aufstieg 2 Std.); oder zwischen Firlegi und Lauchernstock zu P. 2335, dann über den steilen »Seehang« auf den Bannalpsee zu. Ab 1800 m nach rechts zum Urnerstafel und schließlich zurück zur Chrüzhütte (ZS).

Einkehr: Bannalp: Chrüzhütte, Gasthaus Urnerstaffel.

Karte: 1191 Engelberg.

Von der Bergstation **Bannalp** (Chrüzhütte) waagrecht zum zweiten Skilift queren und allmählich ansteigend, aber tiefer als der Sommerweg, um eine Geländekante zum Alpweiler **Räckholteren**. Nun in einem weiten Bogen zum Gruenboden. (Länger, aber bei heiklen Verhältnissen sicherer ist die Route über Urnerstafel, Fulenwasser und Rossboden.)

Vom Gruenboden in einigen Spitzkehren, eher südlich des Sommerwegs, zum **Bannalp Pass** (2249 m). Weiter in nordwestlicher Richtung auf dem weiten, oft abgeblasenen Rücken zum Gipfelaufbau und zu Fuß über eine kurze Felsstufe auf den **Chaisterstuel**.

Zurück auf gleichem Weg. Oder, bei stabiler Schneedecke, über die etwas steilere Südwestflanke bis unterhalb Gruenboden.

TOP **42**

Wissigstock, 2887 m, Brunnistock, 2952 m

N W O S

2370 Hm

2 Tage

Kontrastprogramm durch drei Kantone

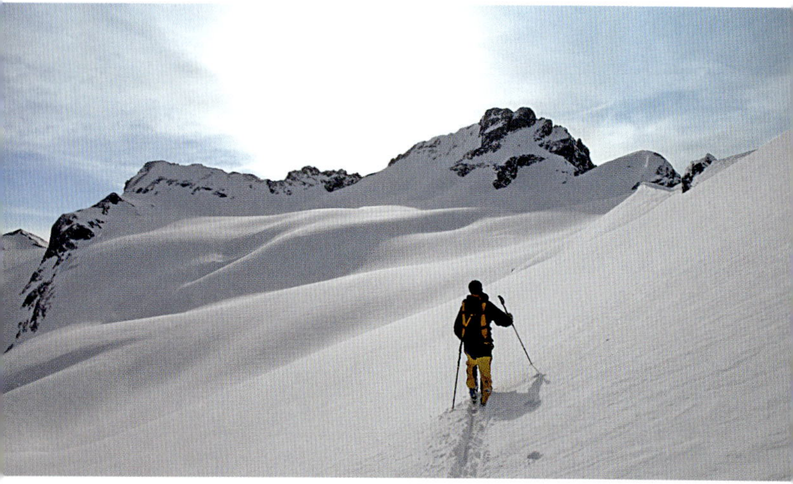

Neuland betreten: auf dem Blüemlisalpfirn, unterwegs zum Brunnistock (links).

Brunnistock: Auf diesen Namen hört einer der ganz heißen Skiberge der Zentralschweiz. Wer ihn in einem Zug vom Isenthal aus besuchen will, muss 2000 Höhenmeter in den Beinen haben. Es geht aber auch anders und noch schöner. Dafür brauchts zwei Tage, zwei Tage im Zeichen weiter Ebenen und kühner Felsschlösser. Bereits auf der Bannalp kontrastieren die wuchtigen Walenstöcke mit der lieblichen Seeplatte. Nördlich von Ruckstock und Engelberger Rotstock gibts dann eine erste Steigerung; eine zweite im weiten Kessel der Rugghubelhütte, aus dem die senkrechten Wände von Hasenstock und Lauchernstock wie Dolomiten emporragen. Und vollends zum Kontrastprogramm wird der zweite Tag, mit seinen weitläufigen Gletscherflächen zuerst und einer Abfahrt durch einen eindrücklichen Felskessel aus Kalkpfeilern und Wandfluchten als krönendem Abschluss.

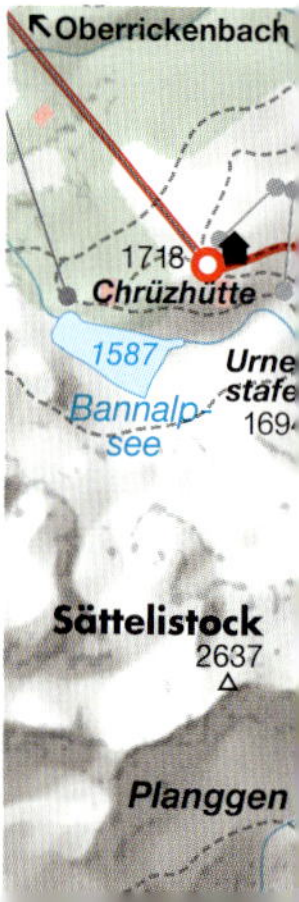

Ausgangspunkt: Bannalp (1718 m), Bergstation der Seilbahn Fell – Chrüzhütte, bannalp.ch. Bus vom Bahnhof Wolfenschiessen (510 m) nach Oberrickenbach/Talstation.
Endpunkt: Isenthal/St. Jakob (979 m). Bus nach Altdorf.
Aufstiegszeiten: Bannalp – Rot Grätli 3 Std., Rot Grätli – Wissigstock 1.30 Std., Rugghubelhütte – Brunnistock 3.30 Std.
Höhenunterschied: Aufstieg 2370 m, Abfahrt 3110 m.
Anforderungen: ZS+. Hochalpines, abgeschiedenes Gebiet ohne einfache Fluchtmöglichkeiten. Am Gipfelhang des Brunnistock und unter der Gitschenhörelihütte bis 39°, Schlossstocklücke bis 34°. Der erste Tag ist mit WS viel leichter. Gletscherseil bei guten Verhältnissen nicht nötig.
Orientierung: Bei schlechter Sicht auf allen Abschnitten zwischen Schonegg Pass und Steinhüttli sehr anspruchsvoll.
Hangrichtung: Alle.
Lawinengefährdung: Die Gipfelflanke des Brunnistock und der Hang unterhalb der Gitschenhörelihütte erfordern sehr sichere Verhältnisse. Vorsicht ebenfalls nach dem Bannalp Pass, am Rot Grätli und unter der Schlossstocklücke.
Günstige Zeit: Februar – April.
Variante: Ruckstock (2813 m): Am Westfuß von P. 2441 (Oberberg) durch ein Tälchen südwestwärts ansteigend zum Schlittchuechen-Firn, links über eine Steilstufe (kurz bis 44°, meist zu Fuß) auf das obere Plateau und in einem Bogen auf den Gipfel (ZS+, ab Bannalp 3.30 Std.).
Unterkunft: Rugghubelhütte (2290 m), 95 Plätze (Winterraum 20 Plätze), im Winter nur auf Anfrage bewartet, Tel. +41 79 3705375, rugghubel.ch.
Gitschenhörelihütte (2325 m), 12 Plätze, geschlossen, Reservation und Schlüsselcode bei A. und E. Bissig, Tel. +41 41 8802862 oder +41 79 6129025.
Karten: 1191 Engelberg, 1171 Beckenried.

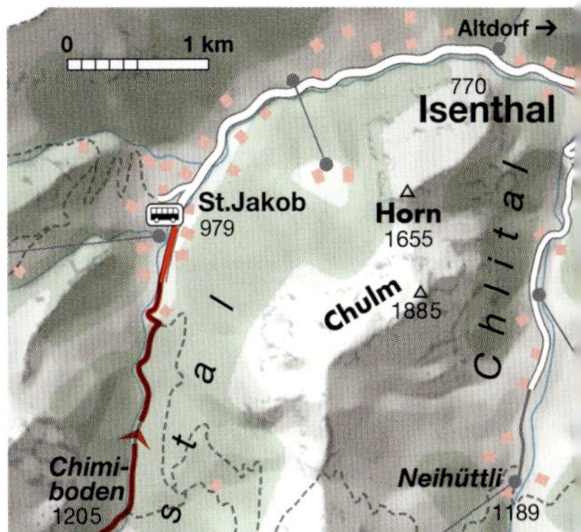
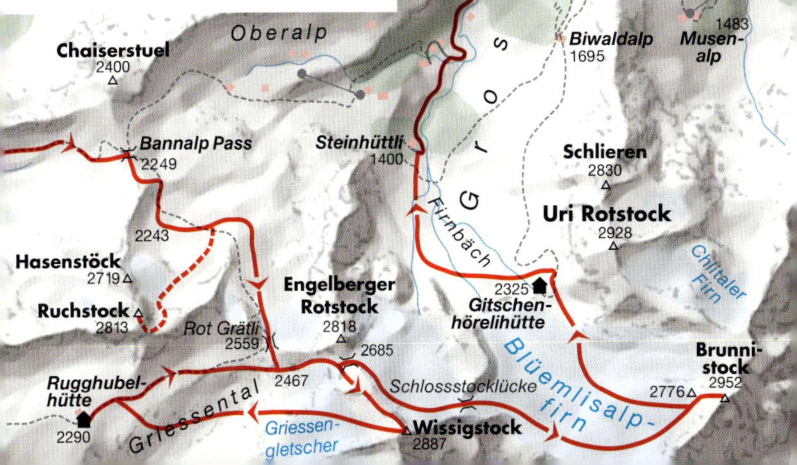

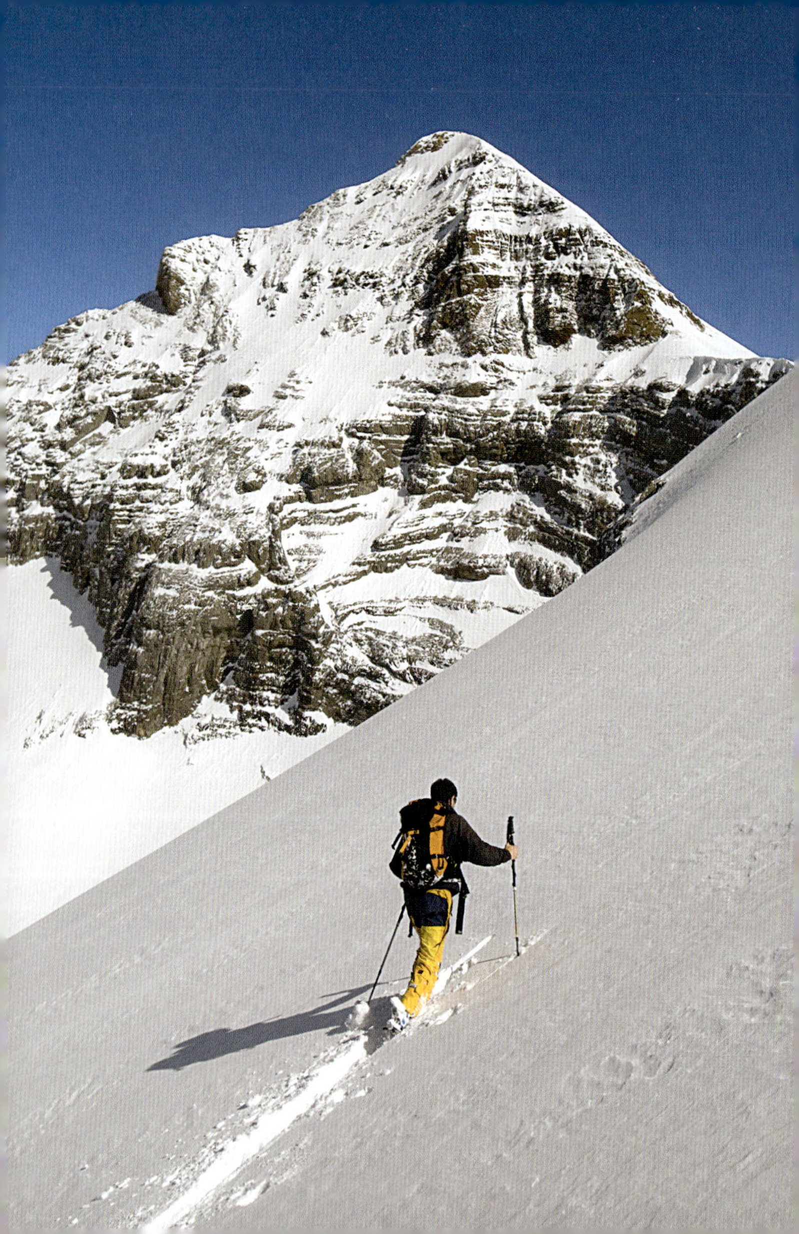

Von der **Bergstation Bannalp** (Chrüzhütte) waagrecht zum zweiten Skilift queren und allmählich ansteigend, aber tiefer als der Sommerweg, um eine Geländekante zum Alpweiler Räckholteren. Nun in einem weiten Bogen zum Gruenboden. (Länger, aber bei heiklen Verhältnissen sicherer ist die Route über Urnerstafel, Fulenwasser und Rossboden). In einigen Spitzkehren, eher südlich des Sommerwegs, zum **Bannalp Pass** (2249 m). Den ersten Hang Richtung Südosten queren, aber tiefer als der Sommerweg (Triebschnee), und zum großen Plateau von **P. 2243**. Oder etwas sicherer, vom Pass auf dem Grat bis ca. 2320 m hinauf und über eine Rippe ostwärts hinab. Vom Plateau leicht ansteigend ostwärts und auf ca. 2320 m, also tiefer als der Wanderweg, in den nächsten Talkessel. In südlicher Richtung weiter, im oberen Teil einer Rippe folgend, zum **Rot Grätli** (2559 m, Rettungsschlitten).

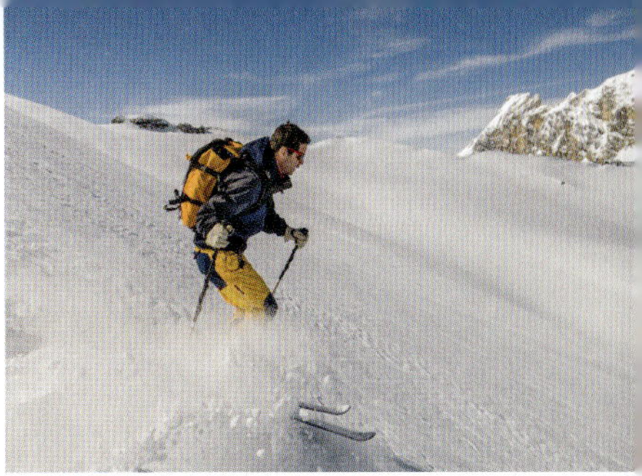

Vorspuren auf dem Blüemlisalpgletscher.

Kurze Abfahrt bis 2520 m und ostwärts gegen die Engelberger Lücke zu. Kurz davor nach rechts abzweigen, zum Sattel südlich P. 2791 queren, über eine schmale Steilstelle auf den Rücken und stets rechts vom Grat zum **Wissigstock**. Die Abfahrt führt westwärts, zwischen P. 2372 und P. 2297 hindurch; dann geht's leicht ansteigend via Hinter Griessbänder und Hinter Rugg zur **Rugghubelhütte**.
Von der Hütte wie am Vortag zurück, nun allerdings zur **Engelberger Lücke** (2685 m). Weiter mit wenig Höhenverlust in einem Bogen zur **Schlossstocklücke** (2664 m). Kurze Abfahrt auf den **Blüemlisalpfirn** bis ca. 2500 m, dann in gemütlicher Steigung etwas südlich der in der Karte eingezeichneten Spaltenzone zur Schulter östlich von P. 2776. Über den anfänglich steilen Gipfelhang, evtl. zu Fuß, zum **Brunnistock**.
Zurück zur Schulter und auf dem **Blüemlisalpfirn**, nicht zu weit rechts haltend (Spalten, Blankeis), zur Ebene auf ca. 2320 m. Kurzer Gegenanstieg nach rechts, an einem Steinmann vorbei, zur Moräne oberhalb der **Gitschenhörelihütte** und zum Wegweiser bei P. 2341. Nordwärts in den Steilhang tauchen, dann stark nach links über die Halden der Firnbäch hinab. Auf 1800 m zwischen einem Felsriegel und dem vom Gross Schloss herabkommenden Bach hindurch (das Bachbett selbst ist dem Eisschlag ausgesetzt) zum Bösenboden. Ab 1480 m auf dem Sträßchen nach **St. Jakob**.

Auch hier war seit dem letzten Schneefall noch niemand: im Aufstieg zum Rot Grätli, mitdem Engelberger Rotstock vor Augen. Ob der auch geht?

TOP 43 Brisen, 2404 m

890 Hm
3.00 Std.

Vielfältiges Tourenziel am Vierwaldstättersee

Mit seinen weiten Schneeflanken ist der Brisen vom Luzerner Seeufer aus im Winter wahrlich nicht zu übersehen. Der Schein trügt nicht: Er ist ein Skiberg erster Klasse. Schier unzählig sind seine Aufstiegs- und Abfahrtslinien. Alleine ist man dort zwar selten, doch selbst bei Andrang finden sich mit etwas Fantasie noch unverspurte Streifen.

Ausgangspunkt: Bergstation Gitschenen (1546 m). Bus ab Altdorf zur Talstation der Seilbahn bei St. Jakob, skiliftgitschenen.ch.
Endpunkt: Niederrickenbach (1156 m). Per Seilbahn (maria-rickenbach.ch) zur Haltestelle Niederrickenbach Station.
Höhenunterschied: Aufstieg 890 m, Abfahrt 1280 m.
Anforderungen: ZS. Im Hang unter dem Sattel Brisen/Hoh Brisen gute Spitzkehrtechnik nötig (38°). Die Überschreitung des Gipfels zu Fuß ist ebenfalls 38° steil, zudem ausgesetzt – falls heikel, besser umkehren. Bei der Abfahrt kurz 35°.
Orientierung: Einfach.
Hangrichtung: Alle.
Lawinengefährdung: Sichere Verhältnisse im Aufstieg (Nordost-Mulde), am Gipfelkopf (steile Südflanke) und im ersten Abfahrtshang (Nordwest) nötig.
Günstige Zeit: Dezember – April.
Varianten: Ab Haldigrat: Von Niederrickenbach in 30 Min. zur Sesselbahn, zum Haldigrat hoch (haldigrat.ch, Betrieb an Wochenenden/Feiertagen) und auf dem Grat zum Brisen (ZS–, 1.30 Std.).
Abfahrt über Steinalper Jochli: Vom Sattel Brisen/Hoh Brisen kurz nordostwärts hinab und möglichst hoch zum Grat zwischen P. 2250 und Steinalper Jochli queren. Weiter zwischen Zwelfer und Waldbrueder hinab (ZS).
Maisander (2152 m): Von Gitschenen bis Pfaffen, steil südwestwärts hinauf und links am Sinsgäuer Jochli vorbei (ZS+, 2 Std.).
Einkehr: Gitschenen: Gasthaus, Alpstubli.
Karte: 1171 Beckenried.

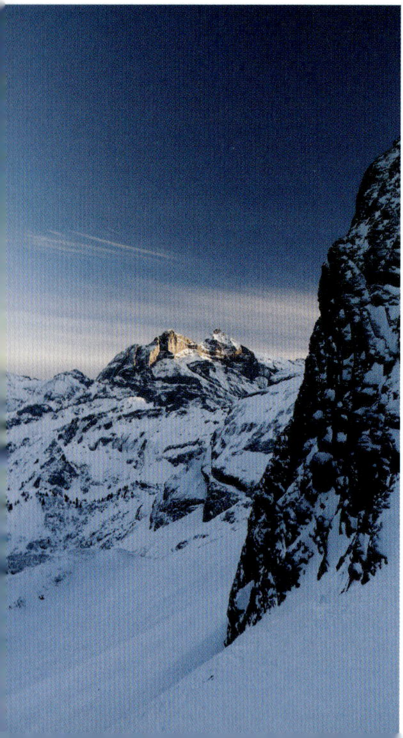

Kurz vor Sonnenuntergang auf der Abfahrt vom Brisen: ein Blick zum Uri Rotstock.

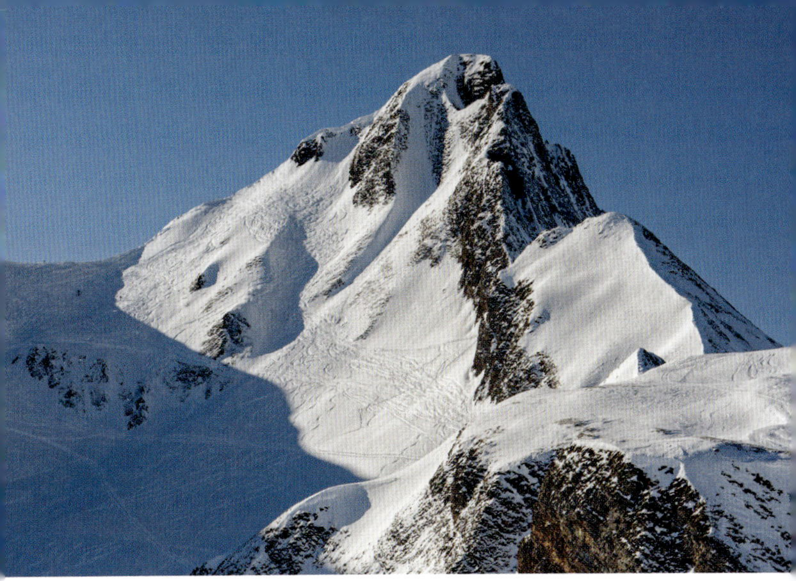

Ein steiler Zahn, der Brisen. Links der Sattel zum Hoh Brisen.

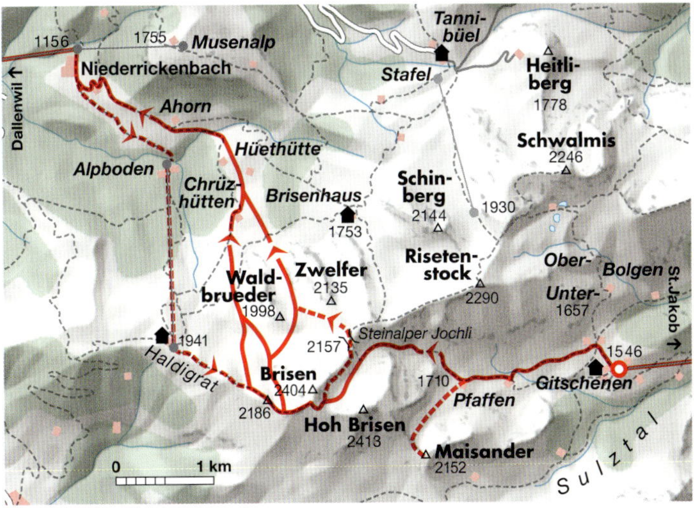

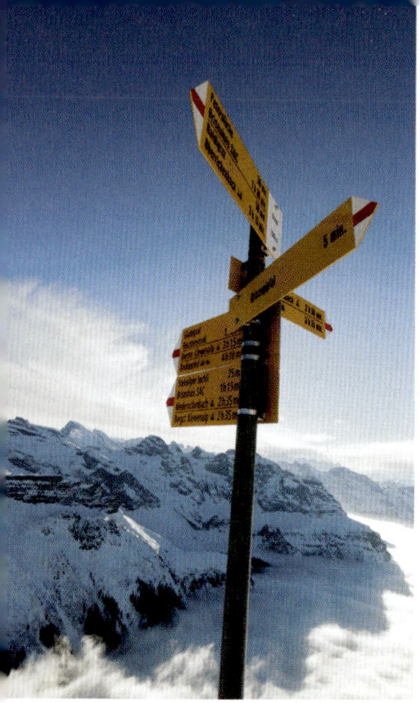

Von der Bergstation **Gitschenen** etwas nach Norden ausholend in die Mulde von Hintergitschenen. Rechts an **Pfaffen** vorbei über eine Steilstufe und durch ein Tälchen Richtung Steinalper Jochli. Auf 2000 m dreht die Route nach links und führt, ab 2260 m steiler und in Spitzkehren (Harscheisen), zum **Sattel Brisen/ Hoh Brisen**. Zu Fuß, die Ski schulternd, über den gestuften Grat auf den **Brisen**. Auf dem Südwestgrat zu Fuß hinunter, bei der ersten Möglichkeit wieder in die Ski steigen und in die Mulde zwischen Brisen und P. 2186 (oder zwischen diesem und dem Lauwistock) hinein. Weiter unten hält man entweder links des **Waldbrueders** oder zwischen diesem und dem Zwelfer, dann rechts an Chrüzhütten und Hüethütte vorbei zur Brücke P. 1315. Von dort auf dem Wanderweg und dem Sträßchen nach **Niederrickenbach**.

Oben: Viele Wege führen auf den Brisen und wieder runter – nicht nur im Sommer.
Unten: Der Sattel zwischen den beiden Brisen ist erreicht – es geht an der Sonne weiter.

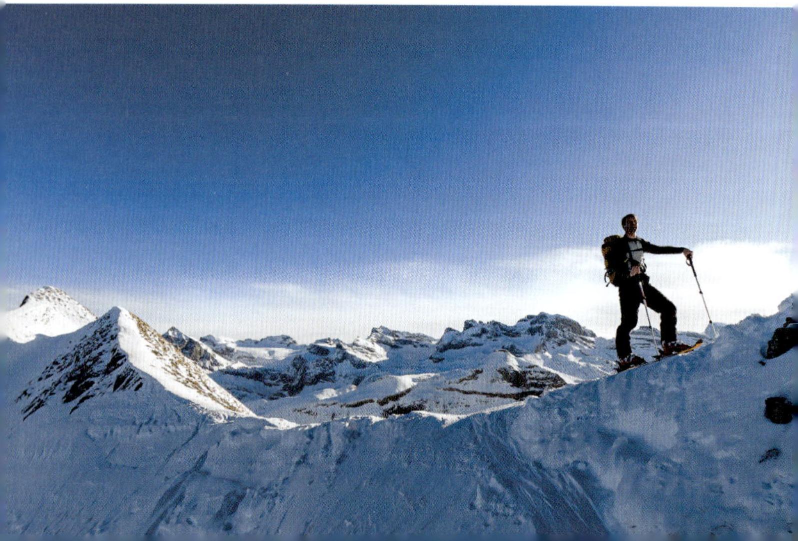

380 Hm
1.45 Std.

Risetenstock, 2290 m

44 TOP

Ein kurzer Aufstieg, eine schöne Gratwanderung und viel Abfahrt

Obwohl etwas im Schatten des Brisen, kann auch der Glattengrat Glücksmomente schenken. Nicht zuletzt, weil seine sanften Nordhänge oft mit Pulverschnee gesegnet und kaum lawinengefährdet sind und weil auf halber Abfahrt das Brisenhaus zur Einkehr lädt. Alpinistisch und landschaftlich besonders lohnend ist seine Überschreitung vom Risetenstock her – dank Sessellift eine kurze Angelegenheit.

Ausgangspunkt: Bergstation Sessellift Chälenegg (ca. 1930 m). Von Beckenried (436 m) per Seilbahn zur Klewenalp und in 15 Min. auf der Piste zur Talstation Stafel, klewenalp.ch.
Endpunkt: Niederrickenbach (1156 m), per Seilbahn (maria-rickenbach.ch) zur Haltestelle Niederrickenbach Station.
Höhenunterschied: Aufstieg 380 m, Abfahrt 1150 m.
Anforderungen: ZS–. Aufstieg zum Hinter Jochli bis 35°. Zwischen Risetenstock und Glattengrat schmaler, teils ausgesetzter Kamm (zu Fuß).
Orientierung: Einfach.
Hangrichtung: West, Nord, Nordost.
Lawinengefährdung: Erhöhte Vorsicht im Aufstieg zum Hinter Jochli und zum Risetenstock geboten.
Günstige Zeit: Dezember – März.
Varianten: Schwalmis (2246 m): Vom Hinter Jochli im Bereich des Sommerwegs nordostwärts, dann schräg ansteigend über eine ausgesetzte Rampe zum Schwalmisgaden und links ausholend zum Gipfel (ZS+, ab Chälenegg 1 Std.). Zurück zum Hinter Jochli; oder durch die Lücke zwischen Stöckli und Zingelgrat nach Unter Bolgen und Gitschenen.

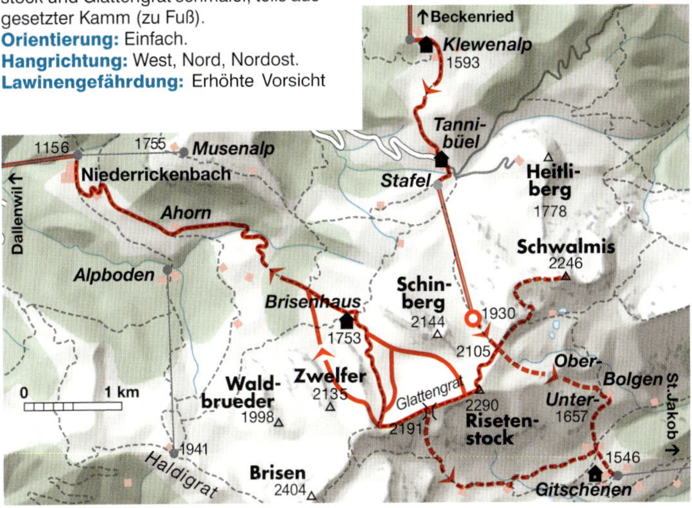

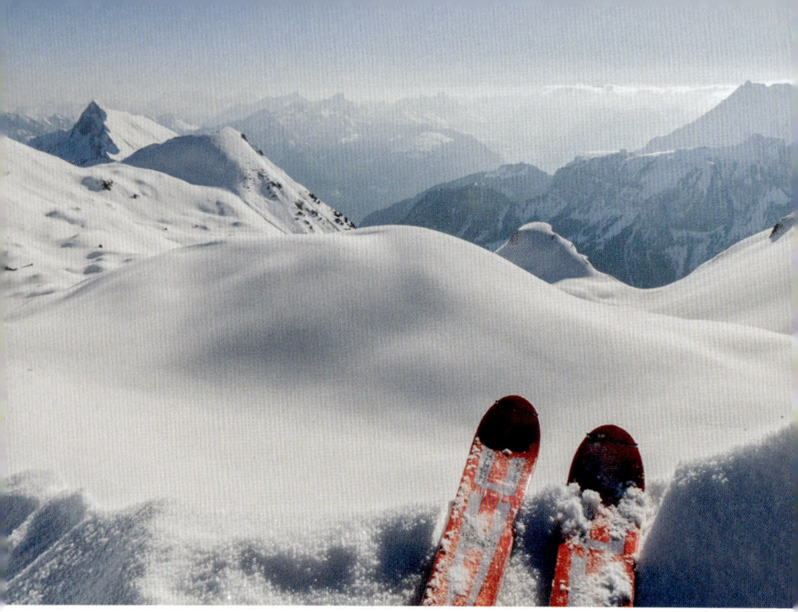

Beim Hinter Jochli fällt der Blick ins Isenthal – ebenfalls eine Abfahrt wert.

Südcouloir: Bei sicheren Verhältnissen bietet die Rinne unter P. 2191 (Chüewandeli) eine steile Abfahrt nach Gitschenen (S+, bis 45°).
Einkehr: Brisenhaus (SAC; 1753 m).
Karte: 1171 Beckenried.

Von der Bergstation **Chälenegg** auf dem Sommerweg recht steil zum **Hinter Jochli** (2105 m) hinauf. Nun auf dem Grat (Wechten!), weiter oben leicht nach rechts in die steile Nordflanke ausweichend, zum **Risetenstock**. Zu Fuß auf dem Grat in einigem Auf und Ab, zuweilen leicht ausgesetzt, zu P. 2191 (bei Hartschnee heikel), dann wieder mit Ski über den eigentlichen **Glattengrat** zur Schuenegg (2168 m).

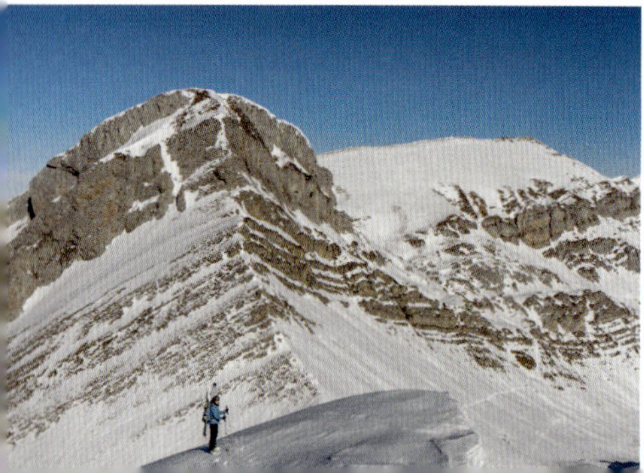

Traute Einsamkeit am Risetenstock – vor prächtiger Schwalmis-Kulisse.

Gemütliches Winterwandern auf dem Glattengrat.

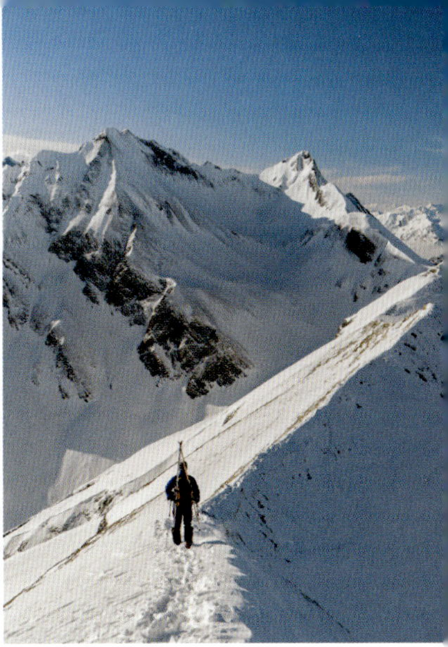

Die leichteste Abfahrt führt ab hier direkt nordwärts zum **Brisenhaus**; steiler ist das Tälchen rechts davon, auf das Oberseewli zu. Bei guten Verhältnissen kann man von der Schuenegg auch links halten und auf ca. 2100 m in die Mulde zwischen Elfer und Zwelfer wechseln; die Einkehr im Brisenhaus erfordert dann einen kurzen Gegenaufstieg. Ebenfalls lohnend ist das Tälchen gleich westlich des Risetenstocks, am Südfuss des Schinbergs.
Vom Brisenhaus via Morschfeldboden und Brändlisboden, dann auf dem Sträßchen über Ahorn nach **Niederrickenbach**.

Im Aufstieg zum Risetenstock reisst der Himmel auf.

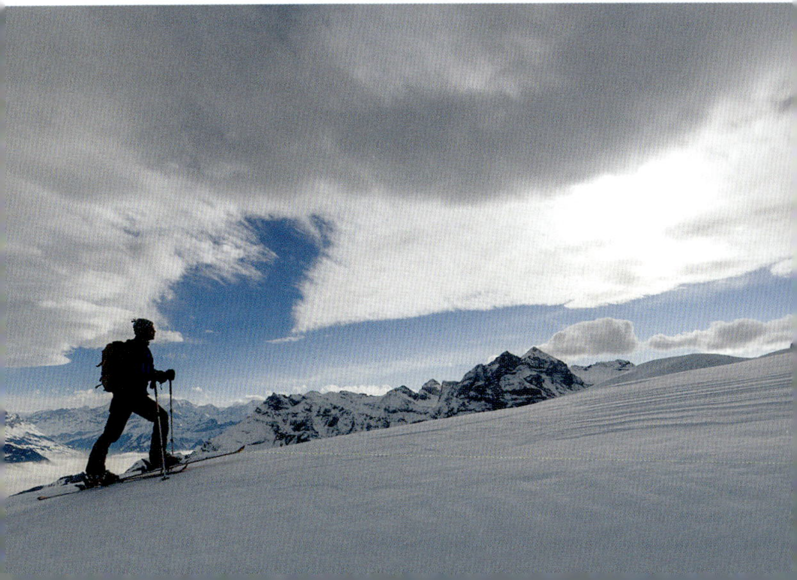

45 Niderbauen Chulm, 1923 m

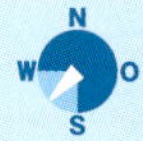

390 Hm
1.15 Std.

Rasch an die Sonne!

Der Niderbauen Chulm ist ein beliebtes Ziel für Schneeschuhläufer, gibt aber auch eine kurze, sympathische Skitour ab – gerade richtig, um beispielsweise am frühen Morgen dem Nebel zu entfliehen und nachmittags ganz entspannt wieder an die Arbeit zu gehen. Die frei stehende, exponierte Lage am Knick des Urnersees macht den nördlichsten Urner und östlichsten Nidwaldner Berg zu einem der unbestritten schönsten Aussichtspunkte der Zentralschweiz, aber auch zu einem der zugigsten. Deshalb stellt man sich am besten auf verblasenen Windharsch ein. Und wenns dann doch Pulver oder Sulz ist: umso besser!

Ausgangspunkt: Bergstation Niederbauen (1570 m). Seilbahn ab Emmetten (754 m), niederbauen.ch.
Anforderungen: L+. Auch für Anfänger geeignet.
Orientierung: Übersichtliches Gelände, oft besucht (vor allem von Schneeschuhläufern).
Hangrichtung: West, Süd.
Lawinengefährdung: Im Spurbereich nie über 30°, einzelne Stellen im Hang erreichen jedoch 35°.
Günstige Zeit: Dezember – März (Gipfelhang apert rasch aus und ist oft verblasen).
Variante: Abfahrt ins Choltal: Vielleicht nicht die ultimative Abfahrt, weil sie ab Hohberg auf Wegen und Straßen verläuft, aber landschaftlich interessant und eine gute Alternative, wenn bei der Seilbahn mit längeren Wartezeiten zu rechnen ist. Von Ebnet zu den Hütten auf 1484 m, auf dem Sommerweg nach Hohberg und ab dort dem Alpweg folgen, der auf ca. 1300 m den Fritersbach quert und oberhalb der Felsabbrüche nach Chipfi führt. Hinab zur Abedweid und auf der Talstraße – sie ist ab Stärten meist geräumt, am Straßenrand bleibt aber oft ein fahrbarer Schneestreifen – nach Emmetten zurück (WS+).
Einkehr: Restaurant an der Bergstation Niederbauen; an schönen Wochenenden ist das Beizli der Tritthütte geöffnet.
Karte: 1171 Beckenried.

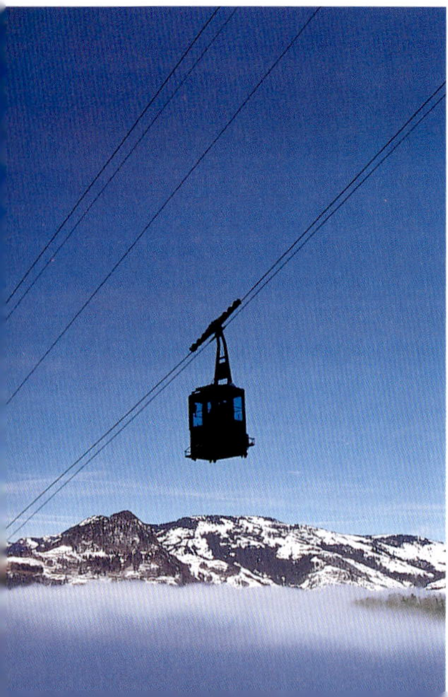

Unten grau, oben blau, vorne Niederbauenbahn, hinten Rigi.

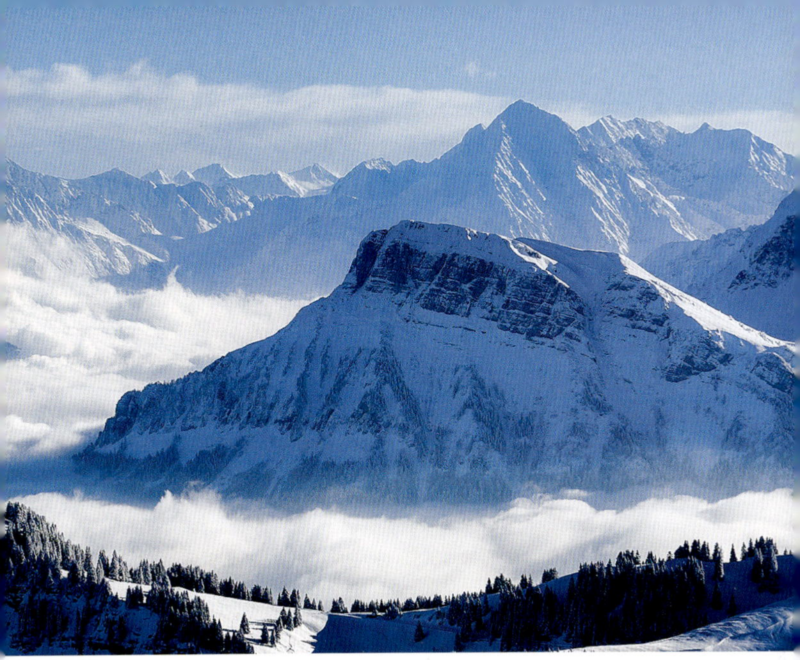

Nicht alles überragend, aber über dem Nebel ragend: der Niderbauen Chulm.

Von der Bergstation **Niederbauen** quert ein gepfadeter Winterwanderweg ostwärts zu den Hütten von **Ebnet**. Ab hier steigt man, je nach Schneebeschaffenheit, entweder über die West- oder die Südflanke auf den Vorgipfel des Niderbauen Chulm, den sogenannten **Gütsch** (1883 m). Die flachsten Anstiege ergeben sich am rechten Rand der Südflanke oder von der Tritthütte direkt ostwärts. Vom Gütsch geht es in die Senke hinab und mit kurzem Schlussaufstieg zum **Niderbauen Chulm**. Vorsicht bei schlechter Sicht, der Berg bricht nach Norden unvermittelt ab.
Für die Abfahrt kommen sowohl Süd- wie Westflanke in Frage.

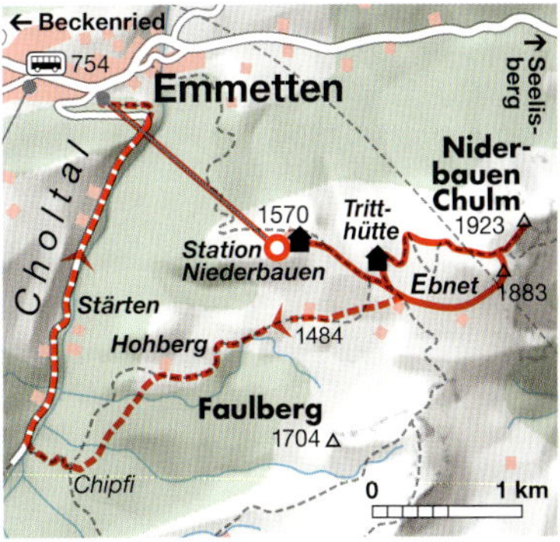

46 Buochserhorn, 1807 m

N W O S

650 Hm
2.00 Std.

Von weiß bis blau – alle Farben des Wassers

Fjorde, das gibts auch im Binnenland der Schweiz. Sie heißen Walensee, Thunersee, Brienzersee, Lago di Lugano, Lago Maggiore. Wägitalersee, Klöntalersee. Oder, ganz besonders, Vierwaldstättersee. Im Winter, wenn der Schnee bis ans Wasser reicht, lässt sich hier ein Vergnügen der besonderen Art zelebrieren, wofür andere mindestens bis nach Norwegen fahren: auf einem weißen Teppich bis zum blauen Spiegel schwingen. Zum Beispiel am Buochserhorn. Wirklich rund ist der Tag allerdings erst, wenn die Berg- und Talfahrt mit einer Schifffahrt ausklingt. Für Inhaber eines SBB-Generalabonnements übrigens kostenlos.

Ausgangspunkt: Niederrickenbach (1156 m). Von Niederrickenbach Station per Seilbahn ins autofreie Dorf.
Endpunkt: Beckenried (436 m). Bus nach Stans, Kursschiffe nach Brunnen und Luzern.
Höhenunterschied: Aufstieg 650 m, Abfahrt 1370 m.
Anforderungen: WS–. Der Gipfelhang kann manchmal blank sein. Abfahrt unmittelbar unterhalb P. 1594 (Einfahrt in den Nordosthang) kurz 32°.
Orientierung: Waldweg, Sträßchen und Gipfelgrat dienen als gute Orientierungshilfen. Die Abfahrt toleriert auch den einen oder anderen Verhauer.
Hangrichtung: Süd, Ost, Nordost.
Lawinengefährdung: Vorsicht bei der kurzen, locker bewaldeten Steilstelle zwischen Bleikigrat und Bocki.
Günstige Zeit: Dezember – März (bzw. wenn der Schnee bis ins Tal reicht).

Variante: Sowohl als Aufstieg wie auch als Abfahrt geeignet, aber dann ohne den See: Büren (Bus ab Stans) – Oberschwanden – auf der Waldstraße nach Trogmatt – Untermüllerboden – Unterochsenweid – Buochserhorn (WS, 4 Std.).
Karte: 1171 Beckenried.

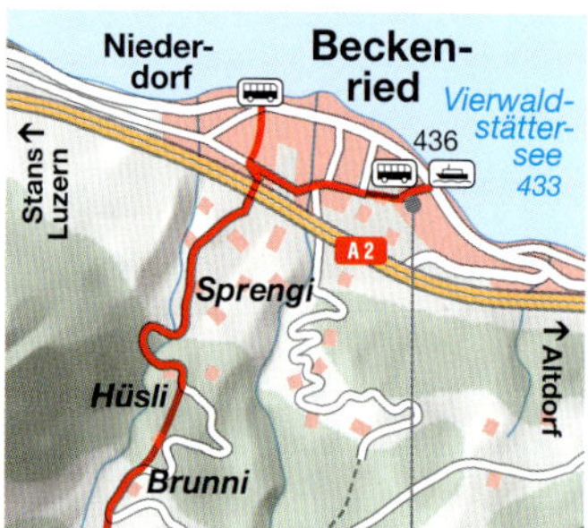
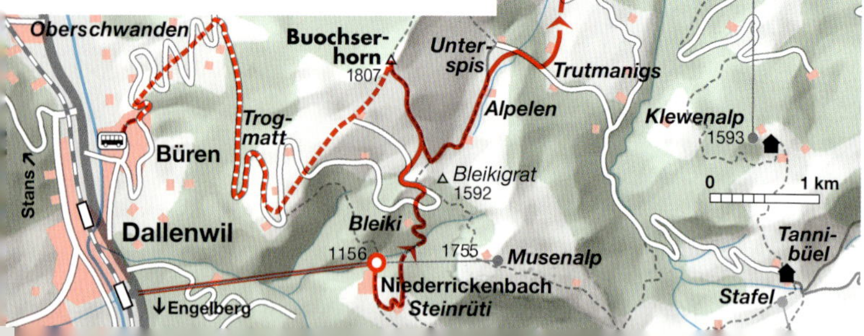

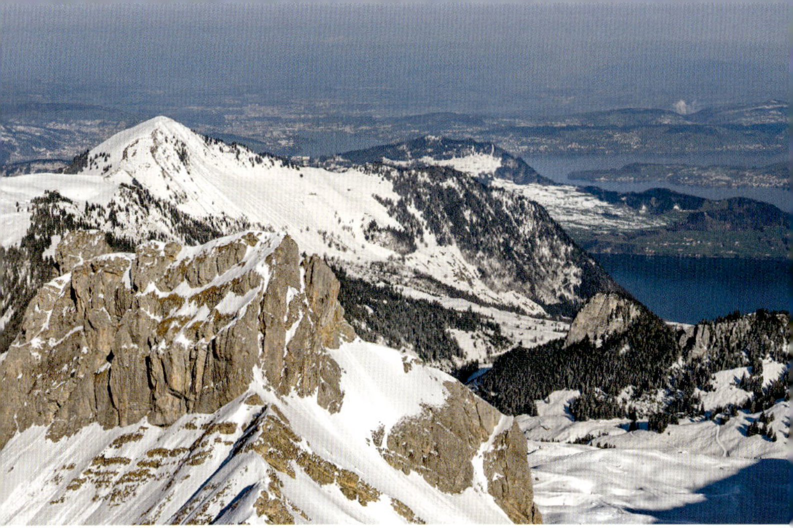

Vom Buochserhorn, hinten links im Bild, führt die Abfahrt nach rechts zum Vierwaldstättersee. Blick vom Brisengebiet.

Durch das Dorf **Niederrickenbach** in einem Bogen nach Steinrüti und auf dem Sommerweg in den Wald traversieren. Nach Überschreitung des Bleikigrabens über die Wiesen von **Bleiki** hinauf, dann auf der Straße um die Rippe von P. 1594 herum. Nun über den SE-Grat bzw. knapp links davon (Wechten) zum **Buochserhorn**.

Die Abfahrt erfolgt auf der gleichen Route bis zum Sattel nördlich P. 1594, von wo eine schmale Waldrinne nach Bocki führt. Über offene Hänge via Alpelen zur Straße östlich von **Unterspis** und auf dieser nach rechts. Noch vor Trutmanigs hinunter nach Hegi, um dort den waldfreien Rücken von **Berg Wil** zu erwischen. Gleich nach **Hüsli** wird ein steileres Waldstück auf der Straße links umfahren, dann wieder zurück zum Rücken und über Sprengi zur Autobahn-Überführung im **Oberdorf**. Weiter zum **Dorfplatz** unweit der Klewenalpbahn (436 m, Bus und Schiffsanleger) oder zum **Niederdorf** (Bus).

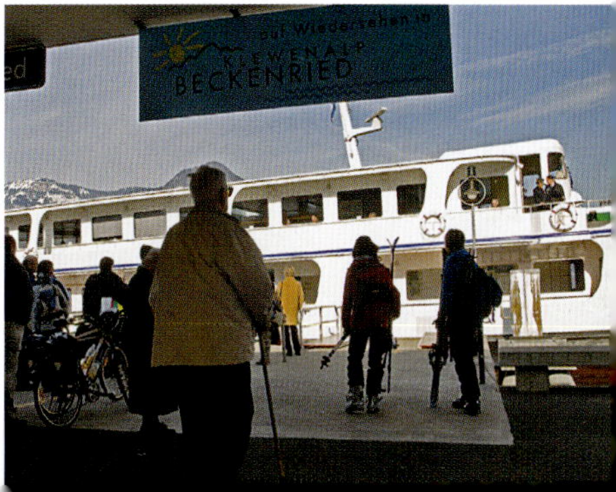

Ganz weiß: MS Gotthard.

TOP 47 Pilatus, ca. 2070 m

N W O S

380 Hm

2.00 Std.

Cable car, free ride & cross country

Als Ausflugs-, Wander- und Kletterberg braucht der Pilatus beileibe keine Vorstellung. Aber schon mal was von einem Skiberg Pilatus gehört? Dabei lässt sich am berühmten Touristenberg eine witzige, nicht zu unterschätzende »wilde Abfahrt« zusammenstellen, die nicht nur abwärtsführt. Allerdings sollte man gegen Lampenfieber immun sein, wird man doch bei der Abfahrt des Gipfelhangs von Hunderten von Augen und Kameras aus der halben Welt beobachtet. Wie viel angenehmer es doch ist, später seine Kurven, seine Stürze im privaten Rahmen vollziehen zu dürfen!

Ausgangspunkt: Pilatus Kulm (ca. 2070 m). Vom Bahnhof Luzern (435 m) mit Bus Nr. 1 bis Haltestelle Zentrum Pilatus und in 10 Min. zur Talstation, pilatus.ch.
Endpunkt: Alpnach Dorf (452 m).
Aufstiegszeiten: 2 Std., verteilt auf mehrere Aufstiege und Traversen.
Höhenunterschied: Aufstieg 380 m, Abfahrt 2000 m.
Anforderungen: ZS–. Abenteuerliche Route durch viele, teils unübersichtliche Geländekammern. Am Gipfelhang kurz 35°. Enge Waldpassagen, an der Schwandschliere abschüssige Traverse.
Orientierung: Anspruchsvolle Routenfindung. Selten ausgeführte Tour.
Hangrichtung: Alle.
Lawinengefährdung: Da alle Hangrichtungen in verschiedenen Höhenlagen vorkommen, muss nebst der Schneebrett- auch die Schneerutschgefahr an steilen Südhängen beachtet werden.
Günstige Zeit: Dezember – Februar (bzw. bei genug Schnee bis ins Tal).
Varianten: Widderfeld (2076 m): ab Blätz via Märenschlag, Alt Stafel und Feld (ZS–, 2.30 Std.).
Reicht der Schnee nicht bis nach Alpnach, bei Blätz abbrechen und z. T. auf der Straße via Lütholdsmatt – Sattel ins Tal.
Einkehr: Restaurants auf Pilatus Kulm.
Karte: 1170 Alpnach.

Am rechten oder linken Ende der Gipfelterrasse auf den **Südhang** treten und auf diesem hinab (links ist er weniger steil). Bei den **Chilchsteinen** quert man nun nach rechts und fährt im Bereich des Sommerwegs bis **Fräkmünt** (1499 m) ab. Aufstieg zum Sattel bei **Birchboden**. Höhe haltend unter den Felsen der Musflue (steile Hänge über dem Kopf!) ca. 700 m nach links hinaus und erst dort über eine Waldschneise hinab. Auf dem Wanderweg über den Bach nach Schy, am Südzipfel der Lichtung (Wegzeichen beachten) nach **Blätz** und zur

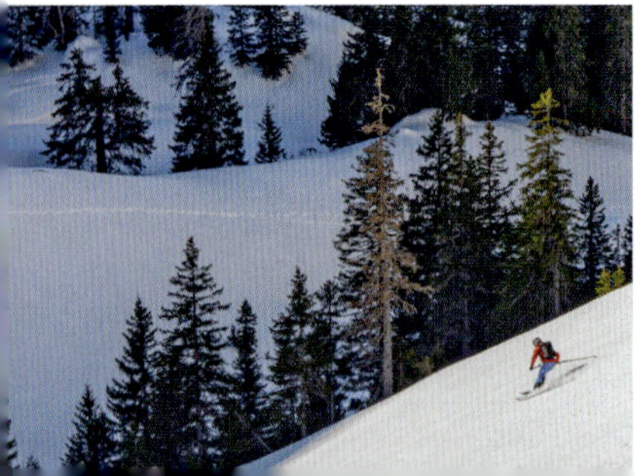

Irgendwo zwischen den Chilchsteinen und Fräkmünt.

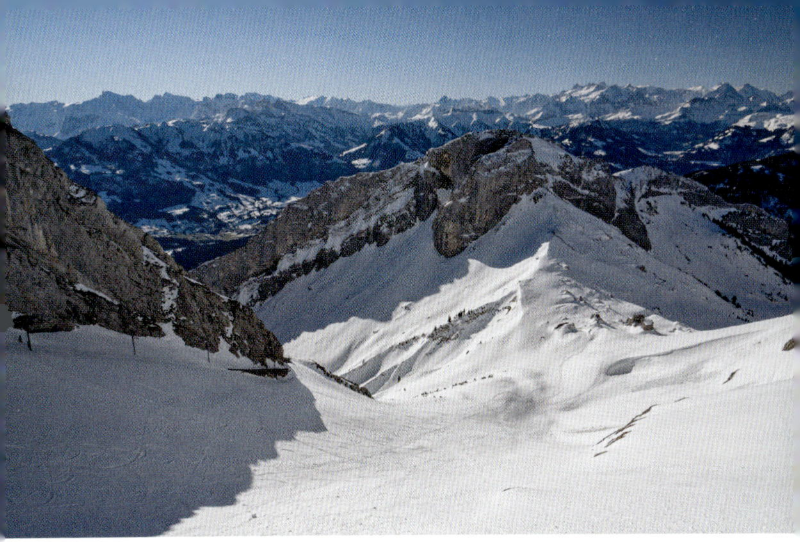

Wo gibts das sonst? Die Tour beginnt gleich mit einer Abfahrt durch den Gipfelhang.

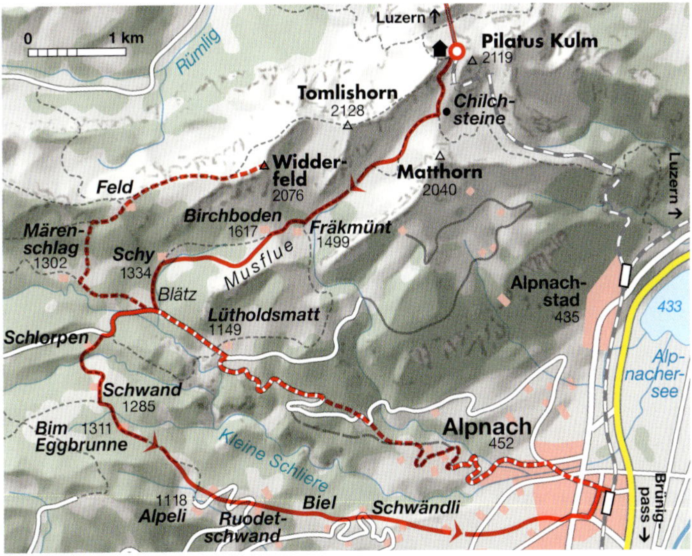

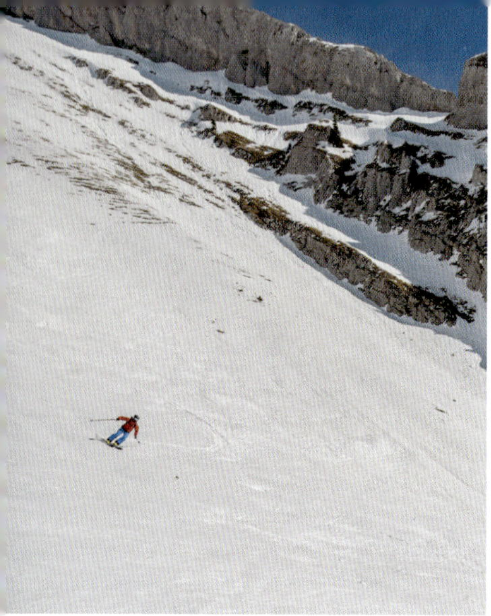

Straße auf ca. 1200 m. Dieser bis zum Unterstand P. 1234 folgen, dort links abzweigen und unterhalb der Hütte von Schlorpen auf abschüssigem Weglein durch die steile Südflanke (Schneerutsche!) zur **Schwandschliere**, wo man auf einer schmalen Verbauung über den Bach balanciert.

Aufstieg über **Schwand** zu einem Sträßchen, das beim Eggbrunne zum Wanderweg wird. Durch den Wald nach Schlad hinab, an Alpeli vorbei zu Ruodetschwand, auf einem Waldweg zu P. 884 und eher links haltend über Biel, Schwändli und Hostatt nach **Alpnach**.

Oben: Lohnt einen Abstecher – die Mulde zwischen Tomlishorn und Widderfeld.
Unten: Und wenn der Schnee nicht bis ins Tal reicht, reicht es noch für eine frühlingshafte Wanderung.

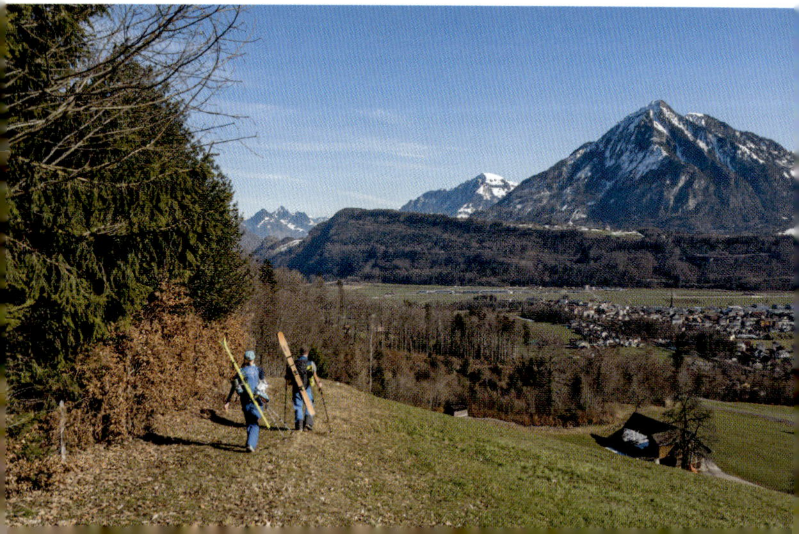

900 Hm
3.15 Std.

N W O S

Schimberig, 1817 m 48

Rings um einen einsamen Gesellen

Eine originelle Tour, bei der man den Berg vollständig umrundet und gleich noch besteigt. Die Runde ist im Gegenuhrzeigersinn klar empfehlenswerter: Man steigt zwar weitgehend im Schatten auf, doch der Weg via Stettili ist für den Aufstieg deutlich interessanter, während der Abstieg nach Chätterech wesentlich mehr Fahrspass bietet. Wobei die kurze Abfahrt ohnehin nicht im Vordergrund steht; vielmehr locken eine schöne, teils rauhe Landschaft und eine prima Gipfelaussicht.

Ausgangspunkt: Gfellen (1016 m). Bus ab Entlebuch (683 m).
Aufstiegszeiten: Gfellen – Schimbrigbad 1.45 Std., Schimbrigbad – Schimberig 1.30 Std.
Anforderungen: WS+. Die Schwierigkeiten beschränken sich auf den teils bewaldeten und coupierten Gipfelgrat.
Orientierung: Bei guter Sicht unproblematisch.
Hangrichtung: Alle.
Lawinengefährdung: Vorsicht beim kurzen Aufschwung am Gipfelgrat (kurz bis 34°, südwestexponiert). Einzelne Passagen knapp über 30° auch nach dem Schimbrigbad und je nach Routenwahl auf der Abfahrt, allerdings in bescheidener Höhenlage. Mögliche Nassschneerutsche vor und nach Ober Loegg.
Günstige Zeit: Dezember – März.
Einkehr: Bergrestaurant in Gfellen.
Karte: 1169 Schüpfheim.

Von der Postauto-Endstation **Gfellen** (Skilift, Gasthaus) auf der – im Winter gesperrten – Strasse leicht abfahrend taleinwärts zur Brücke P. 1017. Dort nach rechts unter Stilaub hindurch und links ansteigend auf ein kleines, gut sichtbares Holzhüttchen zu. Etwas unterhalb des Hüttchens den Sommerweg einfädeln, der zum nächsten Rücken quert und auf diesem in sanften Kehren ansteigt bis Understettili. Weiter zum Boden des **Stettili**, von wo man leicht absteigend nach P. 1389 gelangt und dem Strässchen zum Gasthaus Schimbrigbad (1427 m, Winterschlaf) folgt. Oberhalb des Restaurants die Flanke querend zu einem Durchschlupf mit Fahrverbotstafel, wo man auf die Südseite des Bergs wechseln kann. Nun etwas rechts ausholend über die Rippe von Ober Loegg und einen offenen Hang auf den SW-Grat des **Schimberig**, den man auf ca. 1620 m betritt. Auf dem schmalen, aber nicht ausgesetzten Grat zu einem kahlen Aufschwung (ca. 1730 m, ca. 34°, falls verblasen evtl. zu Fuss) und auf einem letzten, etwas exponierteren und oft verwechteten Gratabschnitt zum Gipfelkreuz.
Abfahrt wie Aufstieg bis kurz vor Ober Loegg. Dort nach links hinunter über schöne, offene Hänge nach Chätterech. Es folgt ein Abschnitt auf einem Flursträsschen, bei dem man alternierend fahren kann, etwas anschieben und zweimal kurz hinauftreppeln muss (evtl. Ski abziehen und zu Fuss) bis

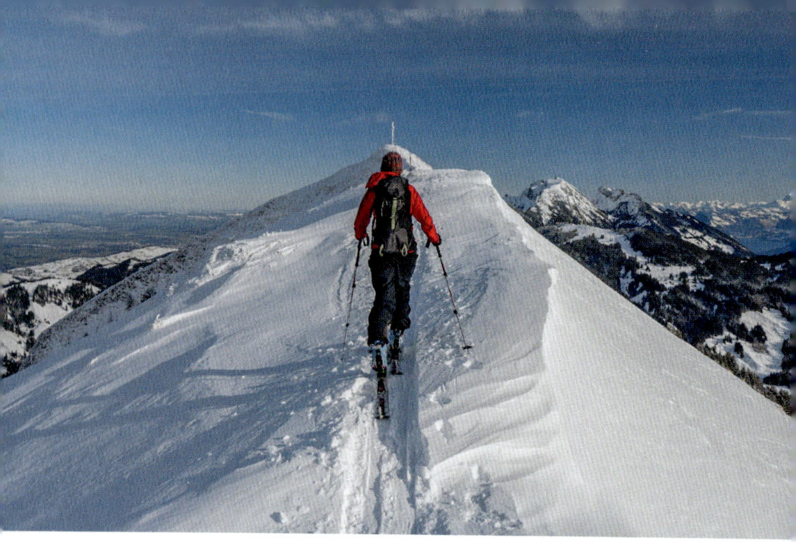

Kurz vor dem Gipfel: links das Mittelland, rechts die Voralpen.

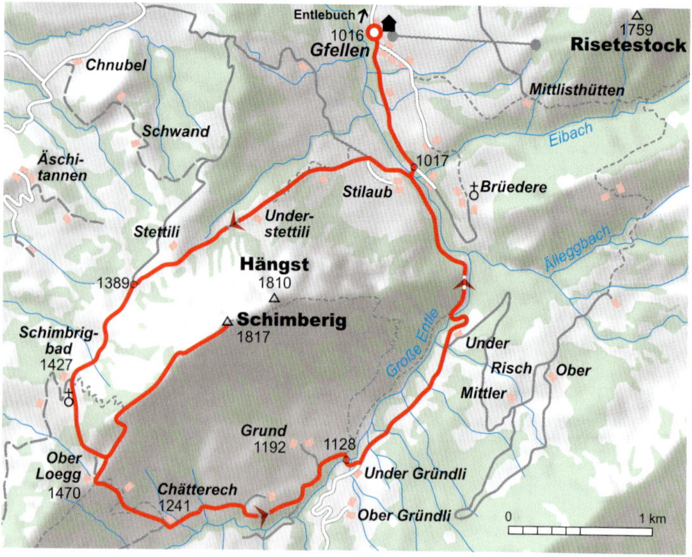

zur Mündung in die **Glaubenbergstrasse** nach der Brücke P. 1128. Von dort auf der Strasse (geräumt, aber nicht schwarz) zunächst eher flach, später mit besser fahrbarem Gefälle zur bereits bekannten Brücke P. 1017 und nach **Gfellen** hinauf.

Kurz, aber schön: der Hang oberhalb Ober Loegg.

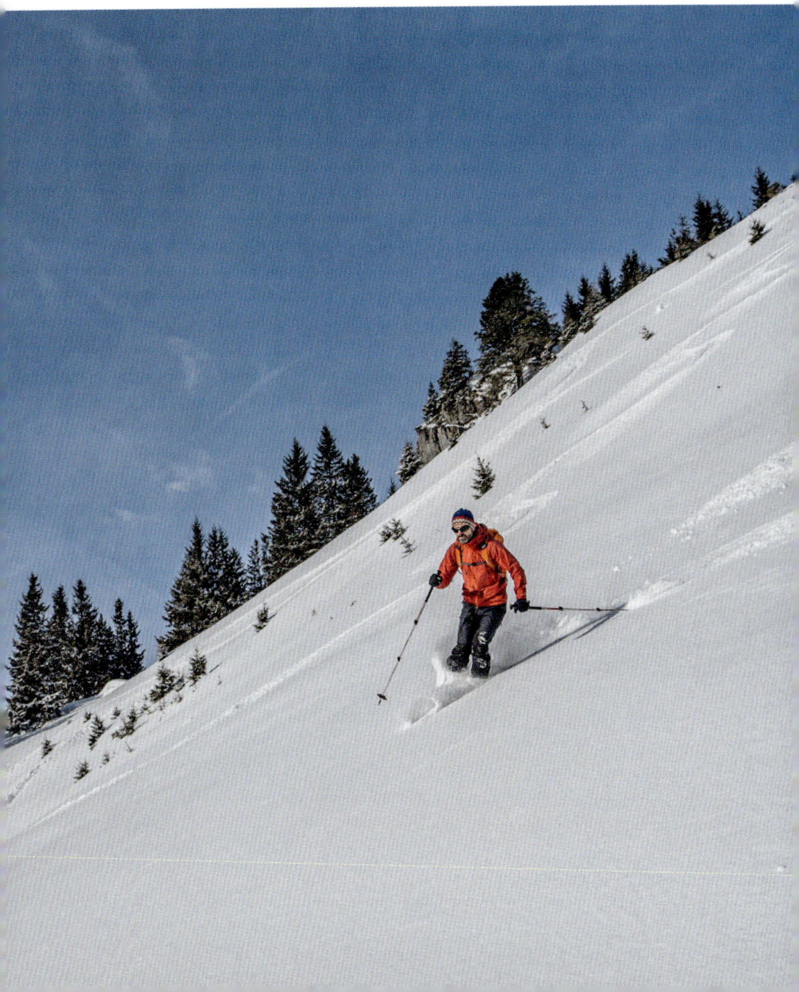

49 Fürstein, 2040 m

800 Hm
3.00 Std.

Skiwandern zwischen Obwalden und Entlebuch

Zwischen Pilatus und Brienzer Rothorn haben nur wenige Berge Skitourenprofil. Einer unter ihnen ist der Fürstein, immerhin der höchste der ganzen Kette. Er kann zwar keine langen Abfahrten bieten, wartet aber mit einer schönen, stark gegliederten, voralpinen Landschaft auf – und mit einem tollen Blick in die Berner Alpen. Und ist eine gute Alternative, wenn die Lawinenlage keine großen Sprünge erlaubt.

Abstieg vom Fürstein: durchaus schneeschuhtauglich.

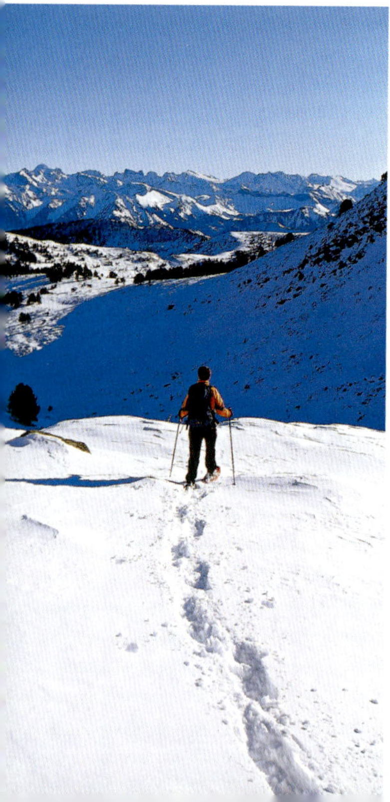

Ausgangspunkt: Langis (1442 m). Bus ab Sarnen (472 m).
Aufstiegszeiten: Langis – Rickhubel 1.45 Std., Rickhubel – Fürstein 45 Min., Ober Sewen – Sewenegg 30 Min.
Anforderungen: L+. Einfache Skitour mit kurzen Aufstiegen und Abfahrten.
Orientierung: Häufig begangen.
Hangrichtung: Südost bis Nordost.
Lawinengefährdung: Die Direktabfahrt vom Fürstein und die Sewenegg-Nordostflanke überschreiten 30°, können aber umgangen werden.
Günstige Zeit: Dezember – März.
Varianten: Noch kürzer ist die Tour auf das Jänzi (1738 m): Vom Langis auf der Straße zurück zu P. 1386, auf markiertem Schneeschuh-Trail (nicht verlassen, Wildschutzgebiet) über Hohnegg und Wolfetsmatt nach Siwellenbrunnen und auf den Gipfel (L, 2.15 Std.). Zurück auf gleichem Weg – oder ab Wolfetsmatt über Stillenbach zum Luchsboden (WS), dann via Schönenböldli und Oberhueb bis Hölzli, oder via Arben und Obstalden nach Stalden (Bus nach Sarnen).
Hinweis: Die Abfahrt von Sewen ins Entlebuch ist bedingt empfehlenswert, da nur bis Ställdeli lohnend; dann folgt eine lange Fußstrecke auf der geräumten Straße, erst ab Bleikebode wieder Fahrgelände (L+).
Einkehr: In Langis und Schwendi-Kaltbad (10 Min. nördlich vom Langis).
Karten: 1169 Schüpfheim, 1189 Sörenberg.

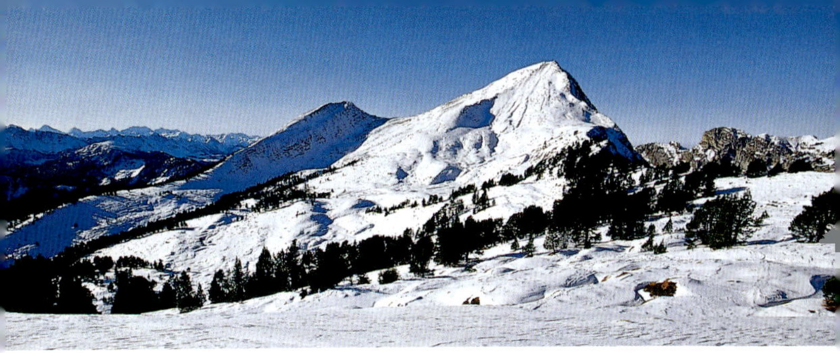

Der Fürstein, vom Rickhubel her.

Vom **Langis** folgt man der Straße (Wintersperre) bis zur **Glaubenberg-Passhöhe**. Nun nördlich ausholend auf einem Forstweg zum Boden auf 1570 m, den Fahrweg verlassen und über Rick zur offenen Südostflanke des **Rickhubel**. Ab etwa 1800 m quert man allmählich nach rechts und erreicht den Gipfel (1943 m) zuletzt über den Ostgrat. Weiter auf dem Sommerweg nordwestwärts, dann durch lichten Baumbestand zu einem Sattel hinab, wo man wieder anfellt und auf dem breiten Rücken bzw. knapp links davon zum **Fürstein** aufsteigt.
Die Direktabfahrt vom Gipfel nach Südosten ist eher steil; besser nach Süden halten und erst ab 2000 m in die Südostflanke tauchen. Weiter unten durch ein Tälchen und nach rechts zur Kapelle von **Ober Sewen** queren. Auf schneebedecktem Fahrweg zum Sattel bei P. 1755 m, von dort dem Grat entlang zum **Sewenegg** (1835 m).
Bei sicheren Verhältnissen über die Nordostflanke (kurz 35°) abfahren, sonst besser nach Osten. Beim **Glaubenberg** schließt sich die – auch in umgekehrter Richtung lohnende – Runde.

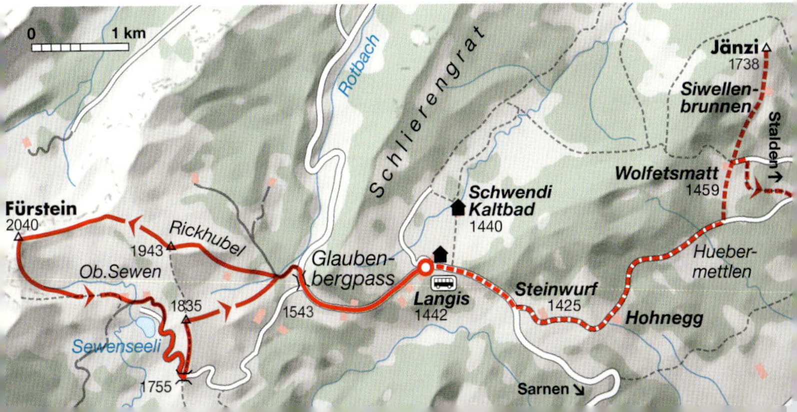

50 Hächle (Schratteflue), 2088 m

N W O S

1030 Hm
3.00 Std.

Schratteflue ja, aber einmal anders

Die Schratteflue – genauer: der Hängst, ihr höchster Gipfel – ist ein beliebtes Tourenziel: landschaftlich reizvoll, weit offen und mit Hangneigungen, die auch bei erhöhter Lawinengefahr Spielraum lassen (siehe Variante). Entsprechend beliebt und manchmal überlaufen sind seine verschneiten Hänge. Deshalb stellen wir hier die weniger bekannte Hächle vor: ein bisschen niedriger, ein bisschen schöner und ein bisschen schwieriger als der Hängst.

Ausgangspunkt: Haltestelle Sörenberg Hirsegg (1071 m), Bus ab Bahnhof Schüpfheim.
Aufstiegszeiten: Hirsegg – Bodehütte 1 Std., Bodehütte – Hächle 2 Std.
Anforderungen: WS+. Um 1600 m – 1700 m etwas Zickzack, am Gipfelhang bis 35°. Der an sich unnötige Übergang vom Winter- zum Hauptgipfel verlangt Kraxelgeschick (I, leicht ausgesetzt).
Orientierung: Wenn nicht vorgespurt, knifflige Routenfindung im Wald oberhalb der Bodehütte. Ansonsten keine Schwierigkeiten.
Hangrichtung: Südost, Ost, Nordost.
Lawinengefährdung: Am Osthang vor dem Gipfelgrat einigermassen sichere Verhältnisse erforderlich.
Günstige Zeit: Dezember – März, nur bei genug Schnee (Karstspalten und Löcher).
Variante: Der Hängst (2092 m), einfach und sicher(er): von Hirsegg via Bodehütte – P. 1637 – Heideloch oder via Schlund (L+, 3.15 Std.).
Karte: 1189 Sörenberg.

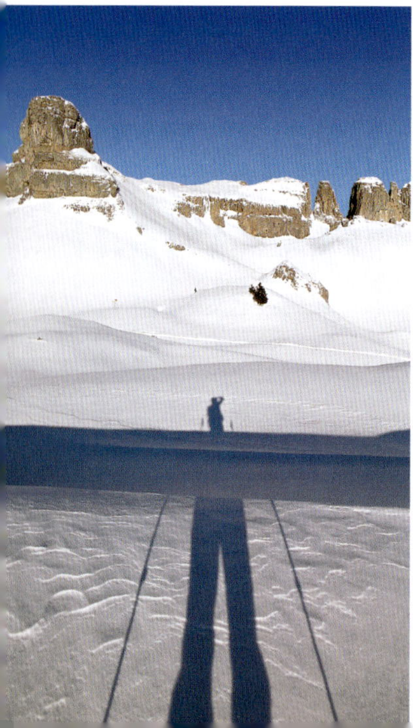

Von der Haltestelle **Hirsegg** bei P. 1071 über die Brücke zu einem Bauernhof. Nun entweder durchgehend auf der Straße oder direkter, links an Neuhüttli (1174 m) vorbei, nach **Cheiserschwand**. Nordwestwärts, nur anfänglich auf der Straße, zur **Bodehütte**. Weiter nordwärts zum oberen Rand der Waldlichtung,

Blick zur Seite: Turm und Hächlezänd.

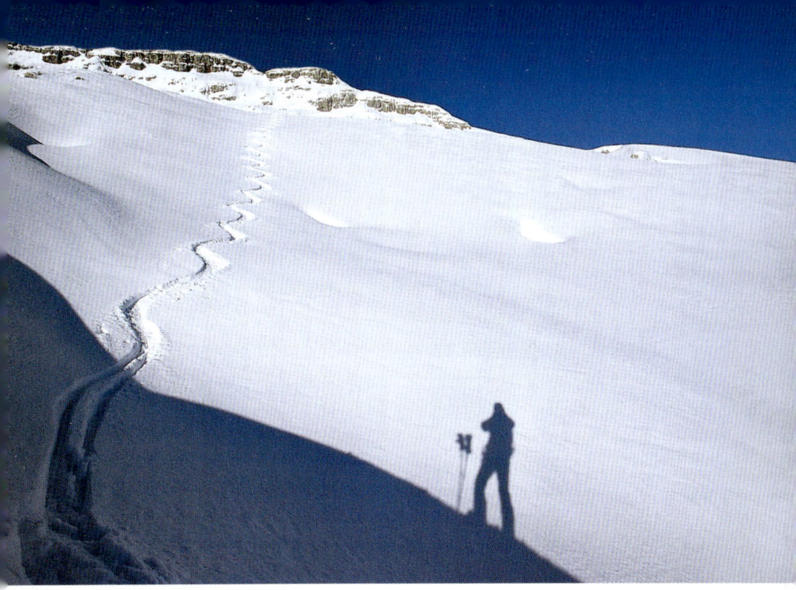

Blick zurück: Die Spur führt zur Scharte zwischen Winter- und Hauptgipfel.

dort etwas links halten und durch den stellenweise geschlossenen Wald hinauf, mit allgemeiner Richtung Heftibode. Die Vegetation lichtet sich ab ca. 1700 m. Etwas später dreht man nach links und erreicht eine Geländeterrasse. Unter dem **Turm** hindurch zum Fuß der Hächle. Von links her über einen steilen Hang ansteigend queren, zum Hauptgrat und diesem entlang südwestwärts zum **Hächle-Wintergipfel** (2088 m). Der Übergang zum Hauptgipfel (2091 m) ist kraxelig.

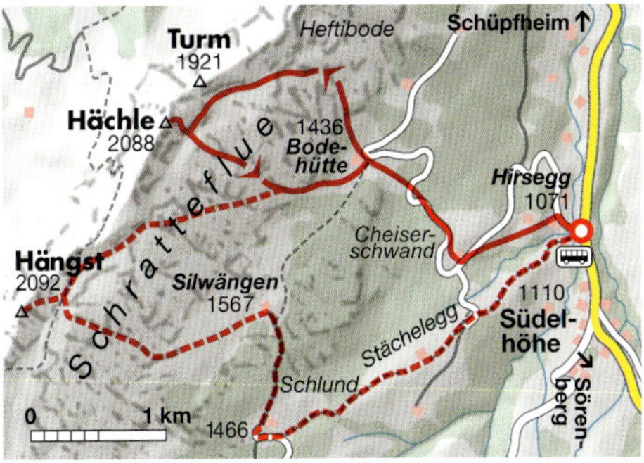

Vom Wintergipfel auf gleicher Route zurück bis ca. 1980 m. Hier verlässt man mit Vorteil die Aufstiegsspur und fährt über offene Hänge direkt südostwärts ab, hält ab etwa 1680 m nach links zu P. 1637 und mündet bei der Bodehütte wieder in die Aufstiegsroute.

51 Haglere, 1948 m

N W O S

820 Hm
2.30 Std.

Guter Tourenberg über Sörenberg

Die ausgeprägten Sonnenhänge, die westlich von Sörenberg bis zur Haglere emporziehen, weisen ein für Skitouren geradezu ideales Gefälle auf. Weniger optimal ist die Südlage, die dem Schnee recht schnell zusetzt. Allerdings ist die Unterlage zumeist grasig, weshalb es in der Regel selbst eine relativ dünne Schneedecke tut. Wer luftigen Pulverschnee dem pappigen vorzieht, sollte allerdings nicht bis zum Azorenhoch warten – und frühmorgens starten.

Ausgangspunkt: Haltestelle Sörenberg Camping (unweit von P. 1132), Bus ab Bahnhof Schüpfheim.
Aufstiegszeiten: Sörenberg – Mittlistgfäl 1.15 Std., Mittlistgfäl – Haglere 1.15 Std.
Anforderungen: WS+. Beim Sattel P. 1805 kurz 34° durch lichten Wald.
Orientierung: Bei schlechter Sicht ist die Waldverteilung nicht so eindeutig erkennbar, wie sie auf der Karte scheint. Sonst problemlos.
Hangrichtung: Südwest, Nordwest.
Lawinengefährdung: Die kurze Steilstelle auf 1800 m ist eine Triebschneemulde, lässt sich bei geschickter Ausnützung des (lichten) Baumbestandes aber meist sicher begehen.
Günstige Zeit: Dezember – März.
Hinweis: Im oberen Teil verläuft die Route durch eine Wildruhezone, Route gemäß aktueller Skitourenkarte bitte einhalten.
Karte: 1189 Sörenberg.

Am Sonnenbergli: morgens hoch, mittags runter, dazwischen keiner Seele begegnet.

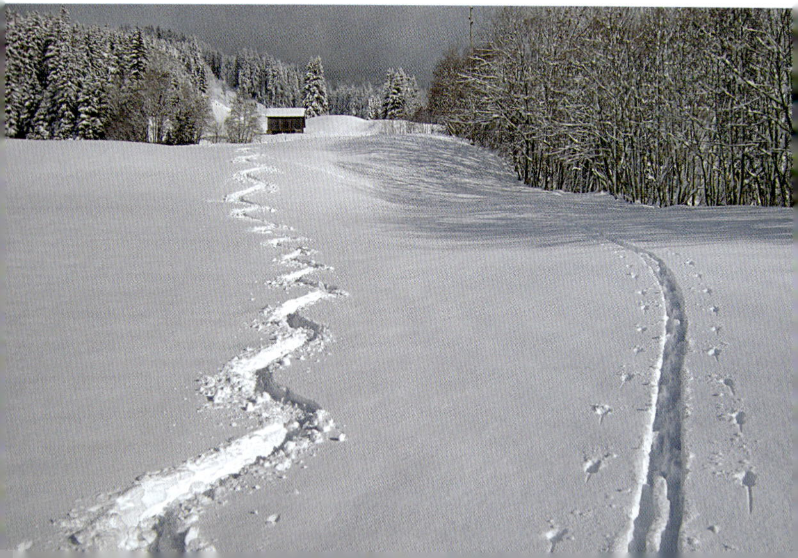

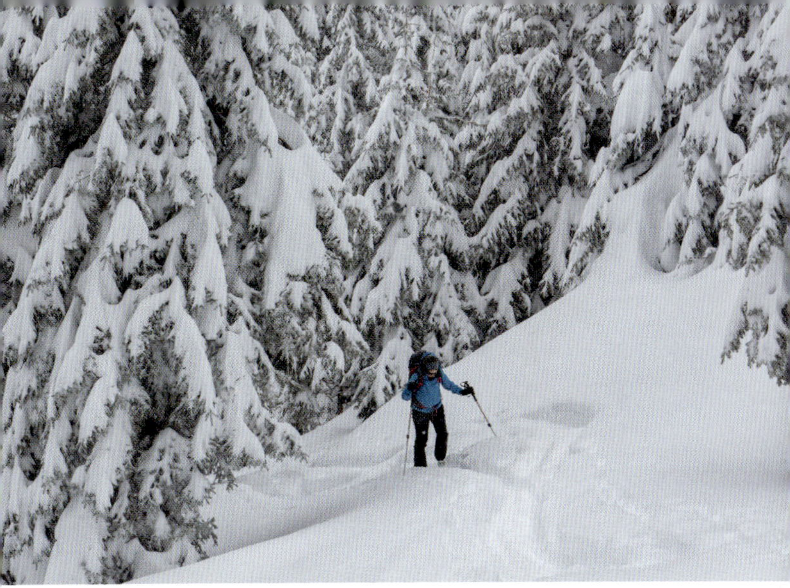

O Tannenbäume! Kurz vor dem Sattel auf 1805 Meter.

Von der Bushaltestelle **Sörenberg Camping** kurz Richtung Dorf bis vor die Brücke P. 1132. Über den sanften Hang hinauf, rechts am Hinter Sonnenbergli vorbei und durch eine Schneise bis 1340 m. Auf der Waldstraße gehts nun links hinauf. Kurz vor Schlagweid über einen Geländerücken rechts ansteigen bis ca. 1480 m (hierher auch von Sörenberg Post/Kirche über Alpweid und den Sommerweg). Weiter zum **Mittlistgfäl**, dann über offene Hänge eher links ausholend hinauf. Ab ca. 1700 m folgt man dem undeutlichen Sommerweg (einzelne Markierungen), um über einen kurzen, steilen und locker bewaldeten Schlusshang zum Sattel und Wegweiser auf 1805 m zu gelangen. Von dort ohne Schwierigkeiten in einem Linksbogen zum Gipfelplateau der **Haglere**.
Abfahrt auf gleichem Weg. Oder via Alpweid direkt ins Dorf hinab.

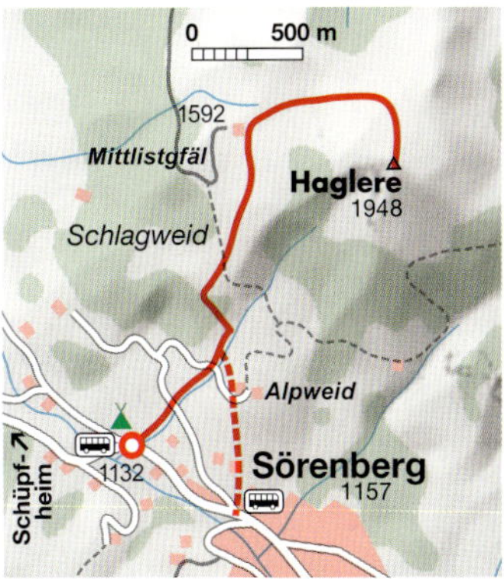

TOP

52 Arnihaaggen, 2217 m

1050 Hm
3.30 Std.

(Auch) am Rand ist die Zentralschweiz spitze

Es war Anfang Februar, an einem dieser strahlend schönen Tage mit schon fast unwirklich tiefblauem Himmel. Wir saßen alleine auf dem Arnihaaggen, dem südwestlichen Zipfel dieses Führers, die Zentralschweiz lag hinter uns. Eindrücklich sahen sie aus, verlockend und abweisend zugleich, schwer auf dem Brienzersee lastend und trotzdem elfenhaft im mittäglichen Winterlicht, die Berner Alpen. Ein paar Pläne dort drüben hätten wir schon noch. Dann stiegen wir in die Bindungen, zogen die Schnallen an den Schuhen fest, nickten uns wortlos zu und fuhren in die Zentralschweiz zurück, die steile Nordflanke hinunter, durch unverfahrenen, federleichten Pulverschnee, Jahrhundertpulverschnee. Es war zum Jauchzen, so schön, dass der sonst pflichtbewusste Fotograf die Kamera Kamera sein ließ. Weshalb es von der Abfahrt keine Beweise gibt, und auch die Spuren sind längst weg, dahingeschmolzen. Zumindest die Spuren im Schnee.

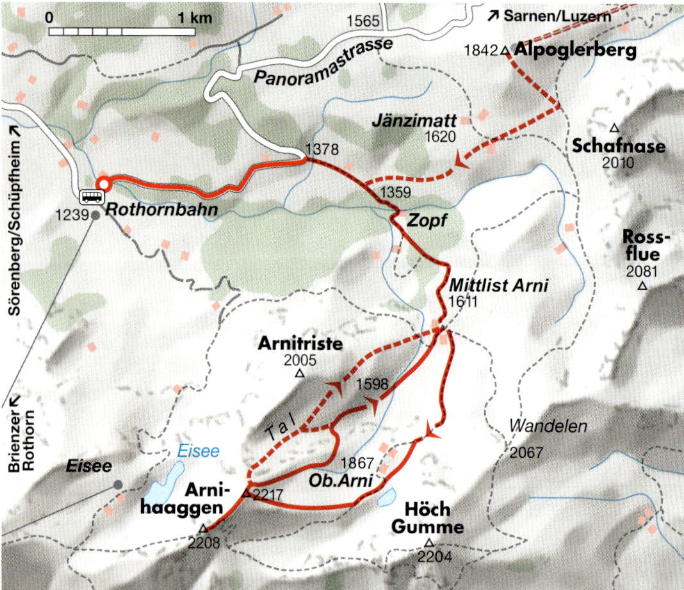

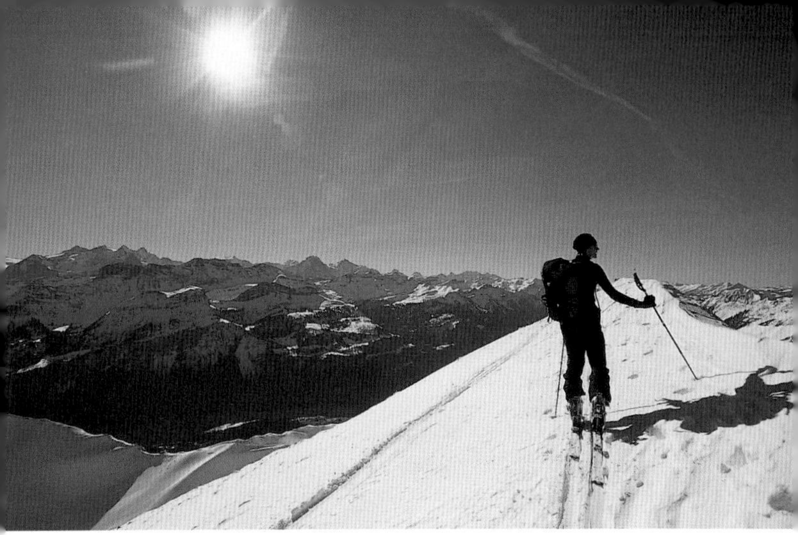

Die Gipfelaussicht umfasst die ganzen Berner Alpen, vom Wetterhorn über Eiger und Blümlisalp bis zum Niesen. Weiter vorne gibt's den Brienzersee umsonst dazu.

Ausgangspunkt: Haltestelle Sörenberg Rothornbahn (1239 m), Bus ab Bahnhof Schüpfheim.
Anforderungen: ZS+. Steile Skitour, die sicheres Steigen und Fahren erfordert. Schlüsselstellen sind der Abschnitt vor Obrist Arni (bis 38°) und die Nordabfahrten (bis 40°).
Orientierung: Bei guter Sicht problemlos.
Hangrichtung: Alle.
Lawinengefährdung: Aufgrund der steilen Passagen sind sichere Bedingungen zwingend erforderlich – im Aufstieg wie auf der Abfahrt.
Günstige Zeit: Januar – März.
Variante: Auch vom Skigebiet Mörlialp lässt sich der Arnihaaggen erreichen: Vom Skilift Alpoglerberg geht es via P. 1734 und Jänzimatt zur Alpstraße vor Zopf.
Karte: 1189 Sörenberg.

Der Arnihaaggen. Links der Aufstiegsgrat, in der Mitte und rechts die steilen Abfahrtsflanken, und keine Spur weit und breit. Wenn das kein Glückstag ist …

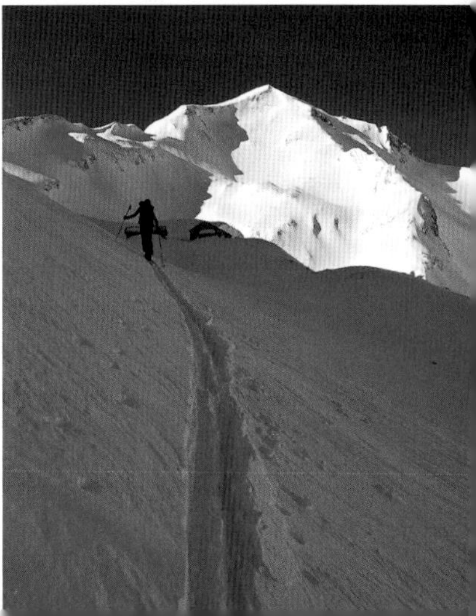

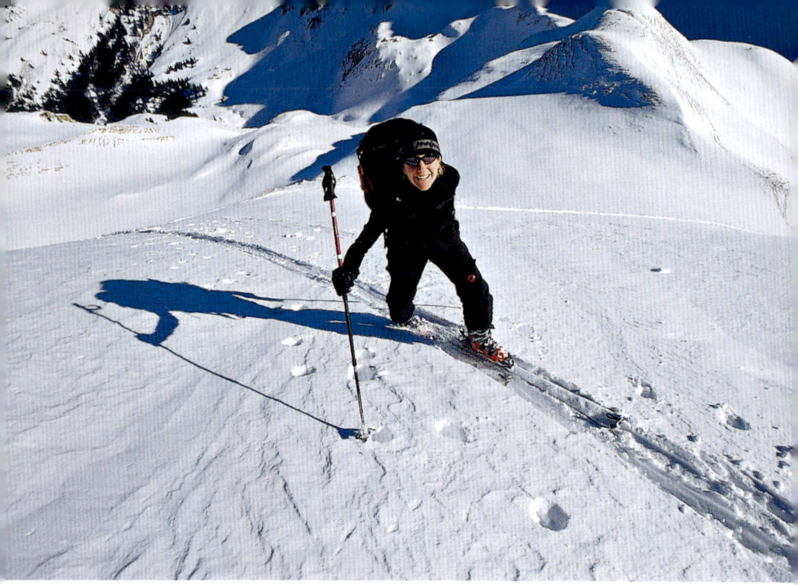

Immer schön lächeln: Spitzkehrengelände.

Von der Talstation der **Rothornbahn** auf der (im Winter nicht geräumten) Hauptstraße bis zur ersten Haarnadelkurve auf 1378 m. Ab hier folgt man einem Fahrweg: Zunächst leicht absteigend zur Brücke über den Chruterenbach, dann hinauf via Zopf und (die lange Südkurve abkürzend) Abendweid bis **Mittlist Arni**. Nun im Bereich des Wanderwegs durch zunehmend steile Hänge nach **Obrist Arni**. Noch vor der Alpsiedlung links hinauf zum Arniseeli und zum langen Ostgrat des Arnihaaggen. In der Regel steigt man zunächst in der Südflanke dieses Grats, ab P. 2071 auf dem stellenweise steilen Rücken selbst bis zum **Gipfel**. Der Abstecher zum aussichtsreicheren Südgipfel P. 2208 erfordert etwas Trittsicherheit (bei pickelhartem Schnee heikel).
Falls es die Verhältnisse erlauben, fährt man vom Gipfel über die steile (Nord-)Ostflanke ab und quert auf ca. 1830 m nach links in ein Tal, das direkt nach **Mittlist Arni** führt. Noch eine Spur steiler ist die Abfahrt vom Gipfel durch die felsdurchsetzte Nord(ost)flanke und eine markante Mulde (»Tal«) ebenfalls nach Mittlist Arni; auf 1900 m kann dabei auch zum Südosthang des Arnitriste traversiert und auf einer höher gelegenen Rampe abgefahren werden, allenfalls sogar mit einem Abstecher zum 2005 m hohen **Arnitriste**.
Ab Mittlist Arni auf dem Aufstiegsweg zurück zur **Rothornbahn**.

680 Hm
2.15 Std.

N W O S

Höch Gumme, 2204 m

53

Skitouren, wo einst Skilifte standen

Ab den 1960ern entstand oberhalb Lungern ein kleines Skigebiet, dessen Lifte fast bis zum Höch Gumme führten. Verschiedene Schwierigkeiten führten 2013 zur Schliessung sämtlicher Anlagen. Die Stille dauerte indes nur wenige Jahre: Seit 2016 führt wieder eine Seilbahn von Lungern zum Turren, gleichzeitig wurden die alten Skilifte rückgebaut. Und so entstand ein einzigartiges, sehr beliebtes Wintersportgebiet für all jene, die gerne aus eigener Kraft die Natur erkunden – sei es mit Tourenskis, mit Schneeschuhen oder auf präparierten Winterwanderwegen.

Ausgangspunkt: Bergstation Turren (1530 m). Die Talstation befindet sich rund 20 Min. zu Fuß vom Bahnhof Lungern (749 m) entfernt, die Bahn bietet aber einen Abholdienst auf Bestellung an (turren.ch).
Anforderungen: WS. Recht einfache Skitour, am Gipfelhang einige Spitzkehren erforderlich.

Orientierung: Häufig begangen, meist gespurt.
Hangrichtung: Nordost bis Südost.
Lawinengefährdung: Etwas Vorsicht lohnt sich beim Schlussanstieg (breiter Rücken, knapp über 30°) sowie bei einer allfälligen Abfahrt über die Ostflanke oder den Südosthang.
Günstige Zeit: Dezember – März.

Im Aufstieg zum Höch Gumme – angesichts der Blüemlisalp wähnt man sich fast schon im Berner Oberland.

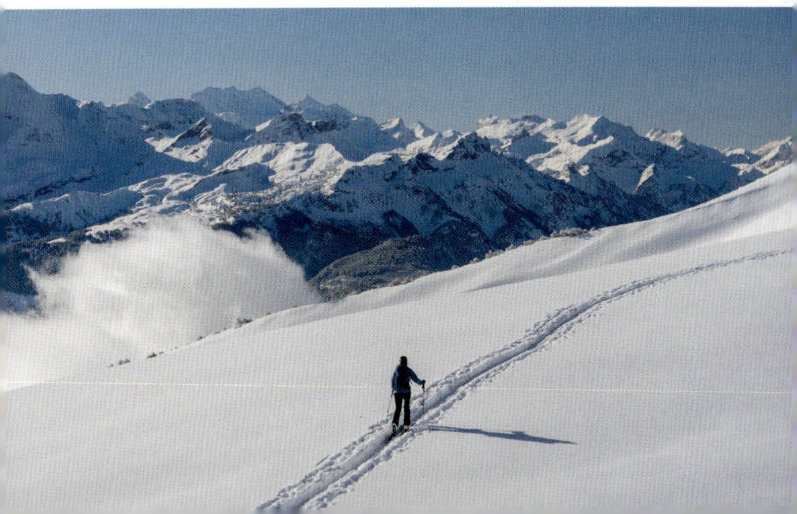

Varianten: Der weite Kessel mit seinen offenen Hängen bietet unzählige Möglichkeiten, lediglich die Südhänge von Mändli und Rückenegg sind als Wildruhezonen tabu. Beliebt ist etwa die Abfahrt vom Höch Gumme über die Südostflanke (ab 1860 m stark linkshaltend zum Schneeschuhpfad, dann über P. 1741 und Chuematt zurück zum Turren, ZS–). Wer es steiler mag, kann vom Schönbüel nordwärts zum Grat bei P. 2068 aufsteigen und dort in die rassige Mulde von Wandelen tauchen (ZS+), von Mittlist Arni vielleicht noch auf Arnitriste oder Arnihaaggen steigen und dann nach Sörenberg kurven.

Einkehr: Berggasthaus Turren und Schönbüel.

Karten: 1189 Sörenberg, evtl. 1209 Brienz.

Von der **Bergstation Turren** zum Gasthaus hinab und auf dem präparierten Winterwanderweg südlich um den Finsterbüel, dann in einer ausholenden Schlaufe auf dem Strässchen (hierher auch direkter, über ein Tälchen nördlich des Finsterbüel) zur Sommersiedlung beim **First** (1764 m). Westwärts hinauf zur Hochebene beim **Berghaus Schönbüel** (2009 m) und über den breiten, sich etwas aufsteilenden Rücken in engen Spitzkehren zum **Höch Gumme**.

Die Abfahrt erfolgt auf der gleichen Route, wobei zuoberst meist der Osthang links der Aufstiegsspur genutzt wird. Anschliessend kann sich je nach Schnee auch die Variante südöstlich des Berghaus Schönbüel lohnen, hinunter zum Breitenfeld (etwa im Bereich des Schneeschuhtrails).

Stiebende Verhältnisse in der Südflanke. Etwas Glück muss auch mal sein.

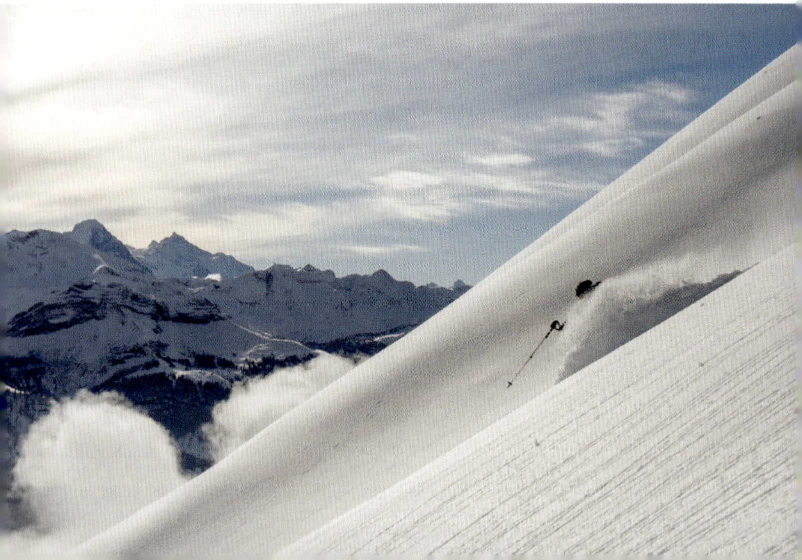

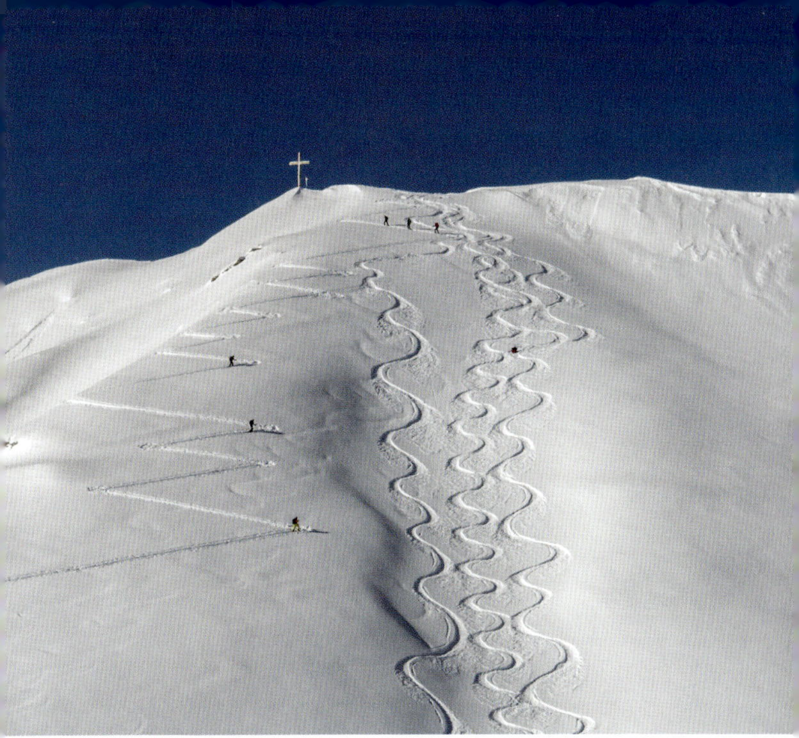

Im Zickzack zum Gipfel, und wedelnd wieder runter.

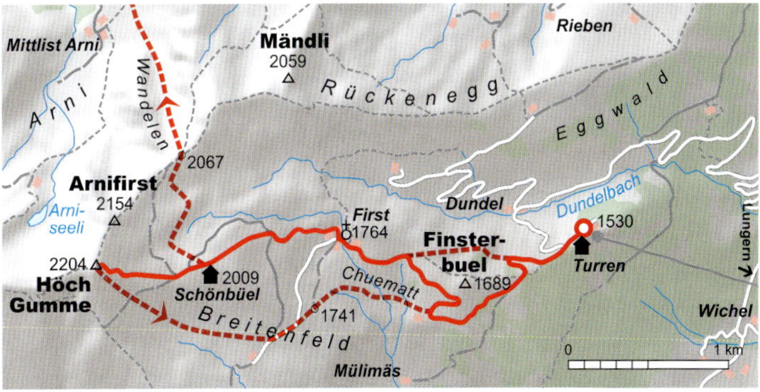

54 Haute Route Andermatt – Engelberg

7510 Hm
5 Tage

Fast wie Chamonix – Zermatt

Chamonix und Zermatt, wer kennt sie nicht? Treffpunkte der internationalen Skiszene, wo heiße Pistenflitzer, easy Riderinnen und coole Backcountry Skiers tagsüber ihre Linien ziehen und abends die Szenekneipen bevölkern. Das gibts auch in Andermatt und Engelberg, Schnee und Sound sind genauso gut, aber alles in einem intimeren Rahmen.
Die Haute Route, wer kennt sie nicht? Die klassische, anspruchsvolle Skidurchquerung von Chamonix nach Zermatt, die in 6 Tagen mitten durch faszinierende Landschaften führt, von Hütte zu Hütte, ohne je ins Tal abzusteigen. Das gibts auch, in 5 Tagen, von Andermatt nach Engelberg. Etappen und Gipfel sind genauso gut, aber eben, in einem intimeren Rahmen.

Ausgangspunkt: Bergstation Gemsstock (2962 m) bei Andermatt (1436 m).
Endpunkt: Herrenrütiboden (1084 m), Ortsbus oder Taxi nach Engelberg.
Höhenunterschied: Aufstieg 7510 m, Abfahrt 9390 m.
Anforderungen: S+ (Tag 4). Konditionell anspruchsvolle Skitourenwoche, bei der alpine Erfahrung, gute Aufstiegs- und Fahrtechnik und Orientierungssinn gefragt sind. An den Tagen 4 und 5 besteht Spaltengefahr.
Orientierung: Der Aufstieg Gotthardpass – Pizzo Lucendro (Tag 1) wird während der Wintersperre selten ausgeführt und muss oft gespurt werden. Dasselbe gilt für die Strecke Muttental – Chli Bielenhorn (Tag 2). Für die übrigen Etappen siehe dort.
Hangrichtung: Alle.
Lawinengefährdung: Zahlreiche heikle Hänge, nur bei sehr sicheren Verhältnissen.
Günstige Zeit: März – April.
Varianten: Die beschriebenen Etappen führen oft auf Gipfel, die man auf Wunsch auslassen (und damit ein paar Höhenmeter sparen) kann, so beispielsweise der Pizzo Lucendro, das Gross Leckihorn, der Stucklistock oder der Grassen.
Einkehr: Rotondohütte (2567 m), 75 Plätze (Winterraum 20 Plätze), in der Tourensaison durchgehend bewartet, Tel. +41 41 8871616, rotondohuette.ch. Albert-Heim-Hütte (2543 m), 64 Plätze (Winterraum 8 Plätze), während der Tourensaison meist bewartet, Tel. +41 41 8871745, albertheimhuette.ch. Voralphütte (2127 m), 40 Plätze (Winterraum 18 Plätze), in der Tourensaison zeitweise bewartet, Tel. +41 41 8870420, voralphuette.ch). Sustlihütte (2257 m), 69 Plätze (Winterraum 13 Plätze), während der Tourensaison auf Anfrage bewartet, Tel. +41 41 8851757, sustlihuette.ch. Grassenbiwak (2650 m), 18 Plätze, immer offen, Kochmöglichkeit, Notvorrat.
Karten: 1251 Val Bedretto, 1231 Urseren, 1211 Meiental, 1191 Engelberg.

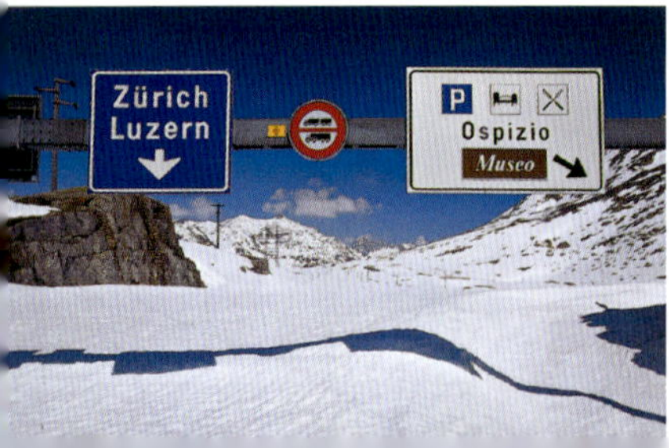

Tag 1, Gotthard. Wenn aus einer Transitroute eine Haute Route wird.

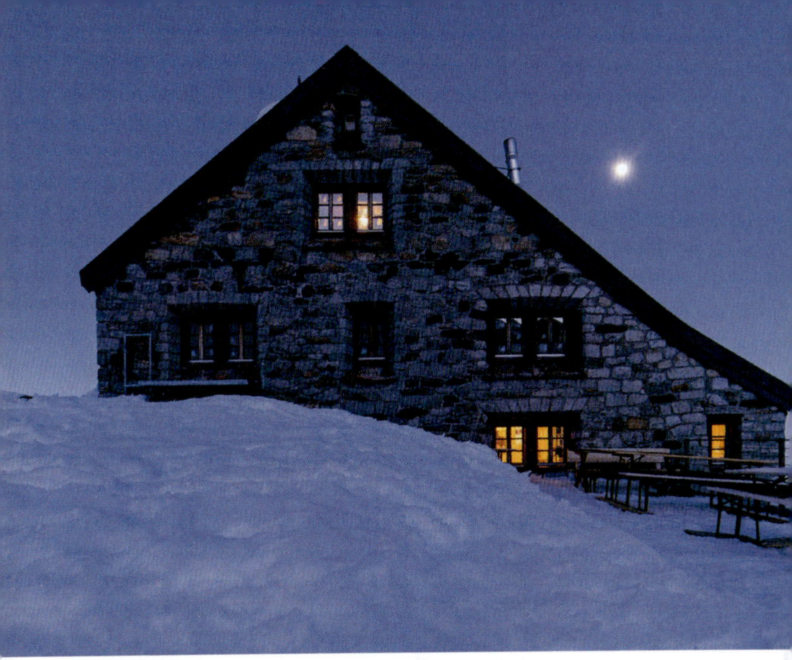

Nacht 1: In der Rotondohütte.

1. Tag: Gemsstock – Rotondohütte

Schwierigkeit: ZS. Aufstieg 1730 m (1 Std. zu den Gloggentürmli, 3 Std. zum Pizzo Lucendro, 1 Std. zur Rotondohütte), Abfahrt 2120 m.

Vom **Gemsstock** gemäß der Variante zur Tour 24 zu den **Gloggentürmli**, zur Bassa della Prosa queren und zum **Gotthardpass** hinab. Dort die Variante zur Tour 26 einschlagen bis zum **Pizzo Lucendro**, auf deren Hauptroute hinab zum **Oberstafel** und wie bei Tour 28 zur **Rotondohütte**.

2. Tag: Rotondohütte – Albert-Heim-Hütte

Schwierigkeit: ZS. Aufstieg 1500 m (1.30 Std. zum Leckihorn, 1 Std. zum Deieren-Sattel und 2 Std. zum Chli Bielenhorn), Abfahrt 1530 m.

Von der **Rotondohütte** zum **Gross Läckihorn**. Über den **Muttengletscher** abfahren, dann links ausholend über Deieren-Älpeltli zum **Deieren-Sattel** (2732 m). Nordwestwärts hinab und unter dem Blauberg zum **Furkapass**. Anfellen und über **Galenbödmen** nordwärts zur (geschlossenen) **Sidelenhütte**. Steil zur **Unteren Bielenlücke**, von dort Abstecher zum **Chli Bielenhorn**. Abfahrt zur **Albert-Heim-Hütte**.

3. Tag: Albert-Heim-Hütte – Voralphütte
Schwierigkeit: ZS+. Aufstieg 1530 m (2 Std. zum Lochberg, 2.30 Std. zur Voralphütte), Abfahrt 1950 m.
Von der Albert-Heim-Hütte via Winterlücke zum **Lochberg**. Abfahrt ins Göschenertal nur bis **Wiggen**, von dort zur **Voralphütte** aufsteigen.

4. Tag: Voralphütte – Sustlihütte
Schwierigkeit: S+. Aufstieg 2040 m (4 Std. zum Stucklistock, 3 Std. zur Sustlihütte), Abfahrt 1910 m.
Die schwierigste und anstrengendste Etappe. Aufstieg mit einigen Steilabschnitten, Tragepassagen und Kletterstellen zum Stucklistock. Rassige Abfahrt nach **Färnigen**. Zur Sustenpassstraße aufsteigen und weiter zur **Sustlihütte** (Vorsicht, Nachmittagshitze, Nassschneerutsche).

5. Tag: Sustlihütte – Engelberg
Schwierigkeit: ZS+. Aufstieg 710 m (2.30 Std.), Abfahrt 1880 m.
Der krönende und verdiente Abschluss. Hinauf via Stössensattel zum Grassen und lange, genussreiche Abfahrt via Grassenbiwak ins Engelbergertal.

Tag 2: Eine einsame Spur zieht vom Furkapass Richtung Sidelenhütte. Andrang gibt es hier nie.

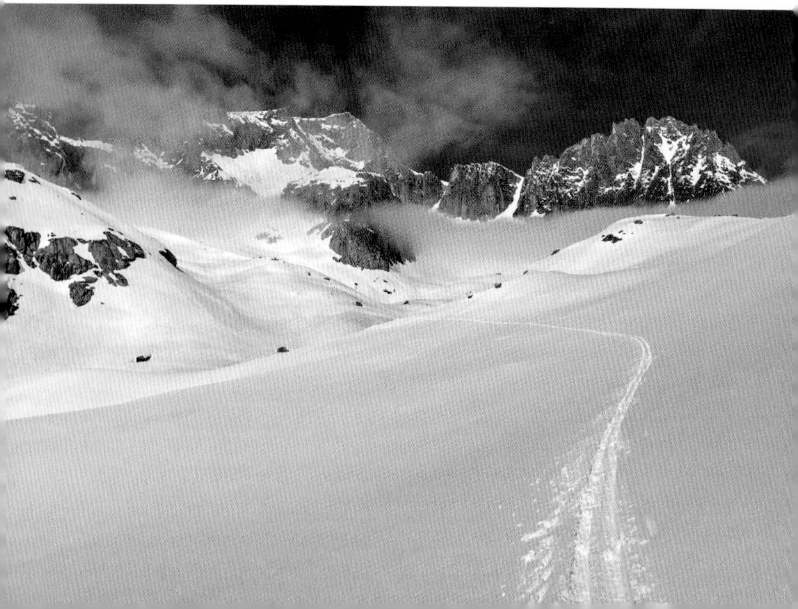

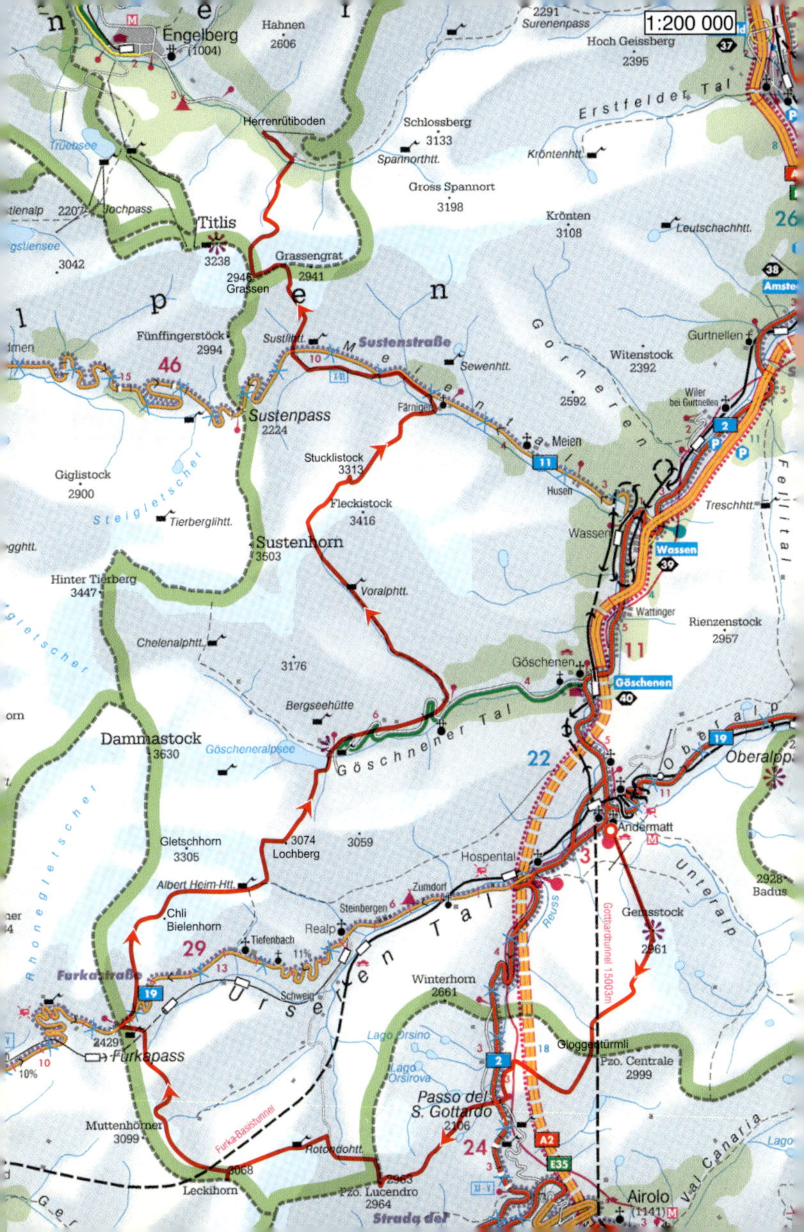
1:200 000
Engelberg
(1004)
Hahnen
2606
2291
Surenenpass
Hoch Geissberg
2395
Erstfelder Tal
Herrenrütiboden
Schlossberg
3133
Spannorthtt.
Trübsee
Gross Spannort
3198
Kröntenhtt.
Jochpass
2207
Titlis
3238
Krönten
3108
Leutschachhtt.
3042
Grassengrat
2941
2946
Grassen
Amsteg
Fünffingerstöck
2994
Sustlihtt.
Sustenstraße
Meiental
Sewenhtt.
Gornerental
Gurtnellen
Witenstock
2392
Wiler bei Gurtnellen
2592
Sustenpass
2224
Färnigen
Meien
Stucklistock
3313
Giglistock
2900
Steigletscher
Tierberglihtt.
Fleckistock
3416
Husen
Treschhtt.
Fellital
Wassen
Sustenhorn
3503
Hinter Tierberg
3447
Voralphtt.
Wattinger
Rienzenstock
2957
Chelenalphtt.
3176
Göschenen
Bergseehütte
Göschener Tal
Dammastock
3630
Göscheneralpsee
Oberalp
Oberalppass
Andermatt
Rhonegletscher
3074
Lochberg
3059
Gletschhorn
3305
Hospental
Unteralp
2928
Badus
Albert Heim-Htt.
Zumdorf
Steinbergen
Chli Bielenhorn
Realp
Gemsstock
2961
Tiefenbach
Ursern Tal
Reuss
Gotthardtunnel 15003m
Furkastraße
Schweig
Winterhorn
2661
2429
Furkapass
Lago Orsino
Gloggentürmli
Pzo. Centrale
2999
Lago Orsirova
Passo del S. Gottardo
2106
Val Canaria
Muttenhörner
3099
Furka-Basistunnel
Rotondohtt.
3068
Leckihorn
2963
Pzo. Lucendro
2964
Strada del
Airolo
(1141)

Stichwortverzeichnis

Umschlagbild:
Auf dem Gipfelgrat zum Schimberig (Tour 48).

Bild im Innentitel (Seite 1):
Ein Schatten steigt verstohlen auf die Schratteflue (Tour 50).

Alle Fotos vom Autor.

Kartografie:
54 Tourenkärtchen im Maßstab 1:50.000, 1:75.000 und 1:100.000
www.rolle-kartografie.de, außer
Kärtchen der Tour 15 © Bergverlag Rother GmbH, München
(gezeichnet von Barbara Häring),
Kärtchen der Touren 10, 48 und 53 © Bergverlag Rother GmbH,
München (gezeichnet von Martina Rieger)
Übersichtskarten im Maßstab 1:200.000, 1:480.000 und 1:1.000.000
© Freytag&Berndt, Wien.

Werk-Nr.: 5928

4., aktualisierte Auflage 2024

ISBN 978-3-7633-5938-7

MIX
Papier | Fördert
gute Waldnutzung
FSC® C147178
FSC www.fsc.org

Wir freuen uns über jeden Korrekturhinweis zu diesem Skitourenführer!
Bitte per E-Mail an: leserzuschrift@rother.de

ROTHER BERGVERLAG · München
D-82041 Oberhaching · Keltenring 17 · Tel. +49 89 608669-0 · rother.de